普天之下・齊風好書

普天出版家族
Popular Press Family

凌雲文創
A Plus Creative Company

一個混亂失序的時代，
一群令人目瞪口呆的怪咖！

史記裡的那些怪咖

春秋戰國篇

齊 楚 趙 燕 韓 魏 秦

趙家三郎 著

春秋戰國時期，世道亂糟糟，春秋五霸、戰國七雄忙著打打殺殺，彼此殺紅了眼，也殺出一篇篇名人傳奇。

亂世中，不甘平凡的能人、怪人、奇人使出渾身解數，砍人的、打仗的、動嘴的、搞陰謀的……紛紛冒出頭，試圖以獨特的方式在亂世中闖出一片天！

這些亂世高手想盡一切辦法犧牲別人成就自己，種種不合情理的怪誕行徑，只有一個目的，那就是成就自己！

出版序

一個混亂的時代，一群讓人震驚的怪人

《戰國怪人特別多》顛覆了一般人對春秋戰國名人的刻板印象，字裡行間奇趣橫溢，以另類的解讀方式以及火辣犀利的文筆，一一點名這些牛人。

春秋戰國的故事很精采，春秋戰國的怪咖很雷人！

五個霸主、七個強權彼此打來打去，形成緊張而紊亂的局面，各國君主的目標完全一致：想辦法搞死別人，由自己當霸主！

於是，亂世中，不甘平凡的奇人怪人紛紛出籠，砍人的、打仗的、動嘴的、搞錢的……全部登上歷史舞台。這群人的目標很簡單，就是在亂世之中使出渾身解數，讓自己揚名立萬！

商鞅入秦、吳起殺妻、蘇秦合縱、張儀連橫、伍子胥復仇、荊軻刺秦王……這些全是特立獨行的戰國名人，也是亂世裡最令人震驚的一群怪人！

這些亂世高手想盡一切辦法行銷自己，種種不合情理的怪誕行徑，只有一個目的，那就是成就自己！

不擇手段成就自己！

●著重行銷企劃的燦爛亂世

春秋戰國時期，世道亂糟糟，春秋五霸、戰國七雄忙著打打殺殺。為了贏過別人、一統天下，各國開始變法圖強、渴求各方人才，自此百家爭鳴，理論百出，究竟是你強悍還是我霸道，打了一仗又一仗後，結果才會出現。

如此紛亂的時代裡，自然有一群不甘平凡的高手出現，有的是想出人頭地的平民，有的是驍勇善戰的武將，有的則是身擁大權的有錢貴族，身份或許不一，理念卻是一致，希望能在亂世中拼出屬於自己的一方天地。

各方逐鹿中原，情勢瞬息萬變，各國殺紅了眼，也殺出一篇篇壯烈鐵血的傳奇。新生代歷史作家趙家三郎以輕鬆搞笑的文筆、犀利的角度剖析，道出許多戰國名人的故事，整本書生動有趣，令人幾乎快忘卻那股戰亂時無處不生的煙硝味。

行刺秦始皇的荊軻，是個文人盡相歌詠的悲劇英雄，但他眞的那麼神勇嗎？會不會只是一個光會吹牛，劍術根本端不上檯面的肉腳？

母喪不臨、殺妻求將，被儒家掃地出門的吳起，到底是毫無道德概念的厚黑高手，還是爲求功名而不擇手段的神經病？

驍勇善戰的樂毅領著大軍消滅齊國，臨時被推上前線的田單卻一夜之間顚覆局勢，靠著火牛陣收復失土，當時的情勢究竟如何糾葛變化？田單又使出哪些讓人瞠目結舌的怪招？

鬼谷子的兩名徒弟孫臏和龐涓爲什麼非得在戰場上鬥得你死我活？龐涓一生徹底執行「忌恨孫臏」的理念，爲什麼最終反倒成就了孫臏的赫赫聲名？

一心想出人頭地的商鞅跑到秦國變法，爲秦國奠定了消滅六國的基礎，最終卻換來五馬分屍的下場，他的政治生涯究竟哪裡出了錯？

被王安石評爲「雞鳴狗盜之雄耳」的孟嘗君田文，出身低微，卻憑著口才及眼光一步步往上爬，他究竟有什麼不爲人知的致勝秘訣？

●犀利獨特的輕鬆評析

《史記裡的那些怪咖：春秋戰國篇》描述的是一個混戰失序的時代，一群令人震驚的怪人！作者以現代角度切入，用詼諧中帶著犀利剖析的筆法，書寫這些爲了出人頭地而不擇手段的怪人，輕鬆搞笑的分析，引起廣泛讀者共鳴，是一本從人性角度看歷史的風趣作品。

同時，作者也顛覆了一般人對春秋戰國名人的刻板印象，字裡行間奇趣橫溢，以另類的解讀方式以及火辣犀利的文筆，一一點名這些熱血澎湃的牛人出列。

不管是哪種類型的怪人，都將帶給讀者前所未有、不同於陳舊史書裡的生動形象，令人耳目一新、拍案叫絕。

翻開書，便能以嶄新的閱讀角度欣賞那些原本湮沒在舊史中的發黃篇章，這群怪人是春秋戰國中最耀眼奪目的璀燦星辰，絕不能輕易地移開視線！

【出版者】一個混亂的時代，一群讓人震驚的怪人

第一卷 砍人的—刺客篇

第三卷 動嘴的—政客篇

第五卷 玩刀的──亂世一名醫

他在中醫學做出重大貢獻，影響深遠，千百年後的今天，我們都還在沿用他的方法，後世醫家尊其為祖師。有的人死了，他還活著，扁鵲永遠活在後世人民的心中……

卷一【砍人的——刺客篇】

除了給智伯報仇，我還要做天下的榜樣！
主意既定，豫讓再一次刺擊趙襄子，
悶不吭聲地潛藏在趙襄子外出時必經的橋下，
可能是殺氣太重，趙襄子的座騎都被驚得焦躁嘶鳴……

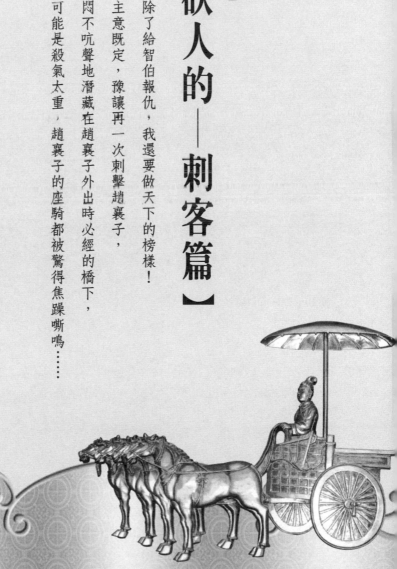

第 1 章

荊軻：
水貨是怎麼練成的

很難知道荊軻的劍術底子深淺，不說別的，光「與蓋聶論劍」及「魯句踐怒而叱之」兩件事，荊軻都應該仗劍出手，那可是揚名立萬的大好機會，但他卻灰溜溜地跑了。

1. 炒作方可成名

他與狗屠夫、高漸離在街市上旁若無人的自娛自樂，無非具有另一種意義，想刻意吸引別人注意，尤其是當地著名人士的目光，這肯定是古代版的炒作。

荊軻在《史記．刺客列傳》中筆墨占得最多，可說是歷史上影響力最高的刺客，以他爲主角改編而成的電影、電視劇不計其數，是導演編劇眼中的大熱門。

究其原因，不過是因爲他刺殺的人是後來統一全國的秦始皇，所以名聲直飛沖天，響亮至極，如果他刺殺只的是某位村長，肯定不會名垂後世。

荊軻是衛國人，他的祖先是齊國人，後來遷移到衛國，衛國人稱呼他「慶卿」，到燕國後，燕國人又稱呼「荊卿」……名號倒是不少，可惜實力一般般，完全是靠炒作起家，接下來就爲各位分析這人如何炒作自己。

荊軻生平愛好有兩點，一是讀書，二是擊劍，放在現在來看，發展好的話沒準還能參加奧運會，為國爭光。

荊軻仗著自己劍術有兩下子，想憑著劍術遊說衛國總統衛元君。人家衛元君能當上衛國總統，好歹也是個有實力的人物，一眼看穿荊軻不過是個紙上談兵的料，沒賦予什麼重任。荊軻心想，此地不留爺，自有留爺處！衛元君你個老眼昏花不識英才，大爺不在你這裡幹了，馬上打包行李走人。

但要走到哪去？這是一個問題，通常來說，拜訪名人，提高自己的名聲，是一條常見的成名捷徑。

荊軻到了榆次（今山西省晉中市榆次地區），這地方並不大，但山不在高，有仙則名，榆次這裡正巧有位「仙」，是名震天下的劍術名家蓋聶，劍術十分了得。

荊軻慕名而來，想與蓋聶論劍，切磋切磋，反正閒著也是閒著。

論劍有兩種意思，一是論劍道，開個座談會，大家闡述一下各自的觀點並辯論，二是乾脆比試一場，誰贏了，誰的劍道就是真理。

之前提過，荊軻喜歡讀書，而讀書人的本事大多在嘴上，不喜動武，見了蓋聶後，只管天南地北胡扯些什麼「南山打過虎，北山殺過狼」之類的事蹟，反倒扯出對方怒氣，兩人話不投機半句多。

蓋聶是成名劍客，很有紳士風度，沒有出言反駁，只是白眼斜視著他，綻出冷冷凶光。這是一種不友好的舉動，荊軻不是一般人，看見蓋聶凌厲的眼神，得知對方絕不是普通劍客，立時乖乖鼻子一摸，一溜煙地走遠，說不定走遠後，還補了句「他媽的，你等著瞧」的話來安慰自己。

從這一情節可以看出，蓋聶挺符合非比尋常的劍術高人形象，而原以為張力十足的兩強對決，荊軻倒令人大失所望。

有人勸蓋聶把荊軻叫回來，畢竟人家不遠千里而來，不管來拜訪也好，或是想踢館也罷，總得盡些地主之誼，請頓飯吧？

這時，蓋聶說話了，「剛才他盡說一些亂七八糟的東西，我氣得瞪了他一眼，想叫他小心，大爺我真氣起來，就在他身上刺個透明窟窿，敢跟我論劍？他應該早就走了，哪還敢留在這？」

派人到旅店處詢問，得知荊軻已駕車離開，看來逃跑的功夫挺有經驗的，僕從回來報告此事時，不免疑惑地問道：「荊軻果然走了，但是為什麼呢？」

蓋聶沉聲道：「很簡單，這種靠炒作起來的偽劣產品，明明沒有多大本事，還敢來跟我論劍，哼！」

荊軻離開榆次，來到邯鄲（今河北省邯鄲），見到樹下有群人正在下棋，湊過去看看，剛開始，只在一旁指導別人，後來乾脆自己上場，準備和地頭蛇魯句踐一較高下。沒想到都還沒下，便因為誰先誰後的問題發生爭執。

事本無大小，關鍵是看放在什麼樣的背景條件下，一件雞毛蒜皮大的小事，放在民族間衍生爲衝突，放到國與國之間的話，甚至會引發戰爭。

不過，發生在魯句踐和荊軻當中，最多應該也只是抄起扁擔，痛快打上一場而已。魯句踐忿忿罵著，「哪兒來的山炮（方言，意指做事不經大腦，行事莽撞之人，多用於貶義）？滾遠點！」

傳統的好漢豪傑，便當有「該出手時就出手」的骨氣，但荊軻沒有，只是「嘿嘿」一笑，又跑離了邯鄲。

這一天陽光明媚，碧空如洗，荊軻走進燕國勢力範圍，見附近父老鄉親和藹至極，就此待下不走，與附近賣狗肉的屠夫交上朋友，又和打擊樂手高漸離稱兄道弟。

人以群分，物以類聚。荊軻能和狗屠結交，也許是因爲他們身懷利器、臭味相投；至於高漸離，人家好歹是個樂手，有一技之長，爲人豁達，性子也與荊軻合得來。

三人沒事就在街上吃燒烤，喝點酒，然後漫天胡侃，喝多了便開始耍酒瘋。

通常來說，喝醉的人大致可以分爲四種類型——酒後無德、多言亢奮、壓抑，還有情緒失控。

首先是「酒後無德」型，喝了酒後便打爹罵娘，天下老子最大，什麼皇上、二大爺的，全都不放在眼裡。

再來是「多言亢奮」型，醉話連篇、滔滔不絕，將自己一丁點光輝事蹟翻來覆去地講上八百多遍，唯恐還有誰不知道，就算知道了，也逼著人家再聽一次。

還有一種是「壓抑」型，典型表現是睡覺——喝多後什麼話也不說，表情呆滯，最後往床上一倒，呼呼大睡，即使火星撞地球也沒關係。

最後則是「情緒失控」型，喝醉後大多或哭或笑、又喊又鬧，這個類型比較複雜，呈現多元化發展，根據酒量高低，可以爆發如跳樓、喝藥，甚至裸奔等令人意想不到的藝術效果。

荊軻他們三人顯然是最後一種類型。

高漸離擊筑（筑，古代擊絃樂器，頸細肩圓，中空，有十三弦），荊軻唱歌，三人一旦喝醉後，便擊筑謳歌，行跡奔放，在大街上旁若無人、肆無忌憚。

《史記》中提到，荊軻爲人深沉穩重，又喜歡讀書，遊歷各國，也會有意與當地賢士豪傑或德高望重之人結交，爲自己發跡打下良好人脈關係，顯見城府深沉。

這樣一來，他與狗屠夫、高漸離在街市上旁若無人的自娛自樂，無非具有另一種意義，想刻意吸引別人注意，尤其是當地著名人士的目光，這肯定是古代版的炒作。

炒作得很有效果，對布衣平民來說，成名發跡需要有個機會。

田光給了他這個機會。

2. 田光識荊軻

當你辦不成大事時，最好的方法就是把事情轉給別人，所以，田光向太子丹推薦了勇士荊軻。至此，荊軻終於正式踏上政治舞台，開始發光發熱。

田光，燕國著名隱士，喜歡在家裡憋屈，就是眼力不太好。這也難怪，歲數大了難免會有些老花眼什麼的毛病，才會沒看出荊軻其實是個水貨。

小隱隱於野，大隱隱於市。田光懂得這道理，所以隱藏在鬧市中，別人以爲他是普通公民，殊不知他其實有著極深的政治背景。

田光憑藉多年的人生閱歷，發覺荊軻是個不甘平庸的人物。

荊軻見到田光那一刻，醉酒忽然清醒，自己面前是個道貌岸然、雙目灼灼的老人。

田光問道：「你是荊軻？」

「在下正是。」

「老朽田光。」田光鄭重地說：「燕國隱士。」

田光默默地打量，又友好地善待荊軻，暗暗告訴自己，眼前叫「荊軻」的年輕人不平庸，遲早有一天會幹出驚天地、泣鬼神的事來。

沒過多久，適逢原本在秦國當人質的燕太子丹逃回燕國，這便是「荊軻刺秦王」的導火線。

出生在戰國時代的貴族，是一種悲哀，一生的主要工作就是當人質、當人質、當人質，最後被殺死，除非運氣好得離譜，才有可能返回祖國。

燕太子丹便是落入這淒慘的宿命中，他以前曾在趙國做過人質，與嬴政是從小長大的朋友，關係不錯，兩個可能發過「苟富貴，不相忘」的誓言。可惜誓言說起來很容易，通常很難實現，等到嬴政做了秦王，太子丹又被派到秦國當人質。

都是熟人了，怎麼樣嬴政也得照顧照顧自己吧？燕太子丹想著，心裡不大擔心，怎知完全不是自己想的那般。

嬴政真的非常「照顧」太子丹，一日三餐全是粗茶淡飯，睡的地方更是冬冷夏熱，採光奇佳，有時遇到雨天，還得到屋外避雨。

秦王性格極端，心懷虎狼之心，寡恩冷情，沒有什麼人情可言，一個在娘胎裡就遭受蹂躪的人，長大成人後的性格肯定有偏差，對人的態度也可想而知。

太子丹沒有得到照顧，反倒承受許多冷嘲熱諷，這令他深深地感到世態炎涼，也種下仇恨種子。

都是道上混的，沒必要對我一個弱國太子這般絕情吧？可恨的嬴政，我看透你了，若不殺你，難消我心頭之恨！燕太子丹心中暗罵，不動聲色地趁隙逃回燕國，當了多年人質，逃跑的功夫早已練得爐火純青。

太子丹是個有思想、有頭腦、有報負，又有理想的四有新人，回到燕國後，便開始籌謀刺殺秦王的計劃。

此時燕國弱小，力不能及，秦國又正巧要出兵山東，攻打齊、楚和三晉，蠶食諸侯，戰火一旦擴大，燕國便大禍臨頭。

分析天下局勢後，太子丹得到一個結論——眼下根本沒有一個國家能打敗秦國，不禁深深憂慮，特地詢問老師鞠武該怎麼辦。

鞠武馬上說道：「秦王不可動！」

這老頭並不糊塗，慢條斯理地繼續爲太子丹分析，「秦國勢力遍及天下，要是因爲被欺負就去觸怒秦王，豈不是螞蟻吃恐龍，找死？」

「那你說我們能怎麼辦？」太子丹一聽不行，立馬微微動怒。

鞠武不愧是太子之師，胸有丘壑，想了良久，沉吟道：「請入，圖之。」

這老頭很有心計，「請入圖之」一句話是想點醒太子丹，只是沒有言明。太子丹也不是弱智，知道現在除了刺殺秦王外，再無他策，只是這件事難度太高了些。

過了不久，秦將樊於期得罪秦王，又知道一點皇室的隱私，怕被滅口，便匆匆逃到燕國，想求人收留。

太子丹二話不說地接納，還讓他住下。

鞠武見事情不妙，勸太子丹說：「這萬萬不行！」

「爲什麼？」

「太子你想，秦王生性兇暴，若是聽到樊將軍住這，『窩藏叛將』肯定會變成秦國攻打燕國的上好藉口，一旦戰事驟起，後果不堪設想。我建議還是快送樊將軍到匈奴去，以免落人口實，然後再與西邊三晉結盟，南聯齊、楚，北與單于修好，形成合縱之勢，力抗強秦，如此才有勝算。」

鞠武說得很有道理，顧慮的也是國家安危。

太子丹卻搖頭反駁，「時間太長，我等不了！樊將軍窮途末路才來投奔我燕國，總不能因爲迫於強秦而拋棄他，這樣做人未免太不厚道，不知老師還有沒有別的辦法？」

「沒有！」鞠武回答得很簡潔，同時還勸道：「太子，你這樣做眞的太危險，爲了結交一個新朋友，不顧國家安危……」

不論鞠武怎麼勸，太子丹還是不接受，一副「我就這樣，你能怎樣」的神態。

見此，鞠武也沒招了，想不出更好的辦法，只好把這個問題拋給別人解決，向太子丹推薦著名的燕國隱士，田光。

經過一番交涉，田光前來拜會太子丹。

太子丹對他很客氣，退為引路，跪下拂座，給予燕國最高禮遇。

「燕國與秦國勢不兩立，老先生，您有什麼好辦法嗎？」

田光明白太子丹的言下之意，淡淡說道：「我都一把年紀了，精力衰竭，做不成什麼大事，再說，我不做大哥也好多年……」

太子丹一聽，急忙打斷這推託的話頭，「眼下如此，先生作為燕國公民，必得傾力相助，不能不為國家著想！」

田光搖搖頭，「還是把機會留給年輕人吧！」

當你辦不成大事時，最好的方法就是把事情轉給別人，所以，田光向太子丹推薦了勇士荊軻。至此，荊軻終於正式踏上政治舞台，開始發光發熱。

3. 還不出發！

遲遲不見荊軻行動，太子丹坐不大住，一兩天還好，戰前心裡緊張，緩解下壓力可以理解，誰知一連等了很久，荊軻還是不行動。生怕日久生變，太子丹催促起荊軻。

太子丹感謝推舉，臨行前卻說出一句要了田光性命的話，「國家一級機密，望先生勿洩漏。」

聞言，田光心底暗嘆，自己一把年紀，好不容易混出不錯的口碑，絕不能讓人懷疑我的人格！

把事情源源本本地告訴荊軻後，田光便立即橫劍自刎，用鮮血詮釋人世間那比生命更重要的信念。

田光死了，是整個刺殺計劃中犧牲的第一人。

荊軻有勇有謀，知道達成一件事需要有策略。

荊軻拜見太子丹後，對方提出重利誘惑秦王予以刺殺的計劃。

荊軻沒想到剛一出道就接了件這麼大的活，猶豫了一下，「容我想想。」多想是對的，總不能一聽要刺殺秦王，便像影視作品中演的那般慷慨爽快、義憤填膺。如果眞是這樣，荊軻就不是位有勇有謀的水貨，只能算是水貨。

荊軻說了些才能低劣，不能勝任的客套話，畢竟這是會掉腦袋的事，不能不設身處地爲自己着想。

太子丹見狀，又不停勸說，說了三千六百句都沒效果，最後竟雙腳一屈，當場跪下！見狀，荊軻才終於答應，此後順利過著小康生活，住別墅、開小車，有吃有喝，還有美女陪伴，安樂得很。

過了很久，沒見荊軻有行動的意思。

當時，秦將王翦破趙，虜趙王，盡收入其地，進兵北略地至燕南界，兵臨城下，處境相當危險，太子丹不禁急了起來。

《史記》中對荊軻性格概括爲「深沉好書」，其性格深沉可見一斑，遲遲不發也是有原因的，因爲缺少條件。

荊軻道出了其中原委，「在我看來，太子這『重利誘惑秦王』的謀略固然好，但還少了一個人的頭。」

太子丹一怔，問道：「誰？」

「秦將樊於期。」

「什麼？」太子丹以爲聽錯，腦中一片空白，直接反駁道：「那怎麼行？不行，絕對不行！」

荊軻解釋道：「重利誘惑秦王，固然很好，可現下秦軍勢如破竹，天下土地都將是秦王囊中之物，他還在乎這點蠅頭小利嗎？既然懸賞千金、封邑萬戶來買樊於期首級，足見這姓樊的不是一般人物，如果得到他的腦袋和燕國督亢的地圖，一併獻上，他一定會十分高興地接見我。」

太子丹於心不忍，「還是想想別的辦法吧！」

「好的！我再想想！」荊軻知他不忍，也沒有繼續爭辯，私下找上樊於期。

樊於期原本是秦將，知道秦王私生活後才被一路追殺，弄得「父母宗族皆爲戮沒」的下場，被迫害得慘不忍睹，從此對秦王恨之入骨。

「將軍，我有一個可以幫你報仇的方法。」荊軻胸有成竹地說。

「什麼辦法？」

「我去刺殺秦王。不過，得借將軍身上的東西一用。」

「什麼東西？」

「你的頭顱。」

「好，給你！」

樊於期早已被仇恨逼到有些瘋狂，只要能殺了秦王，死又何憾？二話不說飲劍自刎，堂堂登上刺殺計劃犧牲的第二位。

事實既成，縱然太子丹心中哀慟，有一百二十個不願意，還是無法挽回，只能無奈地將首級封匣。

刺殺的基本條件已具備，眼下只剩工具，目標既然是秦王，匕首品質一定要有保證，絕對不能隨便拎著把西瓜刀就出發。

匕首出自趙國鑄劍師徐夫人之手——此人姓徐名夫人，不是什麼老公姓徐的夫人，而是個會做手工藝的爺們。

這把匕首甚是了得，不僅鋒芒森然，還淬有毒液，經過人體科學試驗，見血封喉，立馬暴斃。

有了工具後，太子丹興許怕不保險，又派個十三歲就殺過人的勇士秦舞陽幫忙。

說起來，這個秦舞陽十三歲就殺過人，真是了不得，莫非是把他弟弟推到井裡頭去？可惜他在整個刺秦事件當中，是最容易被忽略的路人。

遲遲不見荊軻行動，太子丹坐不大住，一兩天還好，戰前心裡緊張，緩解下壓力可以理解，誰知一連等了很久，荊軻還是不行動。

生怕日久生變，太子丹催促起荊軻，「時日不多，要不然我派秦舞陽先行一步？」

荊軻一聽，立時被激怒，再也裝不了深沉。

「靠！你派秦舞陽先去是什麼意思？我之所以不去，是在等一位朋友，你知道什麼啊你？」一氣之下，便準備出發。

荊軻在等誰呢？縱觀史料，筆者猜想，或許是蓋聶也未可知，當年你看不起我，不如咱們一起去刺殺秦王，蓋聶，你有沒有膽量跟我一起去？

4. 失敗的主因？

就算是現代社會，刺殺也很難知道事實真相，一些隨之而起的新聞報導，不過是在混淆視聽，何況是戰國末年紛亂的古社會？難道打鬥時，旁邊還有個目不轉睛的書記官在紀錄？

易水邊，荊軻向衆人告別，秦舞陽在他身邊，衆人聽著高漸離慷慨激昂的筑樂，在燕國碧青如洗的天空中飄盪。

風蕭蕭兮易水寒，壯士一去兮不復還。

唱完，荊軻上了馬車，頭也不回地揚長而去。

朋友穿著白衣爲我餞行，知道我不會活著回來，歷史的使命既已降臨，他娘的，老子還能說什麼？

荊軻刺秦的結果，有一點歷史常識的人都知道，這裡也沒必要再繼續寫下去，只是留給後人兩個問題。

第一，荊軻是水貨嗎？

第二，荊軻爲什麼失敗？

其實，不必過多解釋，第一個問題只要分析一下，答案自然明瞭。《史記．刺客列傳》關於荊軻的前半段敘述，他從頭到尾沒出手過，很難知道荊軻的劍術底子深淺，不說別的，光「與蓋聶論劍」及「魯句踐怒而叱之」兩件事，荊軻都應該仗劍出手，那可是揚名立萬的大好機會。

但他卻灰溜溜地跑了，後世有人說這是胸襟寬廣，未免有些牽強，依結果來看，筆者倒認爲他劍術應該不怎麼樣，後來之所以能得到太子丹的重用，主要是靠田光的推薦。太子丹結識荊軻後，也沒考較他的劍術，只是好吃好喝地供著。

再看回荊軻刺秦王這段敘述，首先，「至陛，秦舞陽色變振恐，群臣怪之。」見引起懷疑，荊軻反應倒機警，一句「農村人沒見過見世面，大家別笑話。」便搪塞過去，足見其深沉冷靜之處。

接下來是「軻既取圖奏之。秦王發圖，圖窮而匕首見。因左手把秦王之袖，而右手持匕首揕之。」也就是圖窮匕見，致命一擊。

「左手把秦王之袖」說明距離很近，這麼近的距離，不說見血封喉，換個普通人也能把秦王刺成重傷吧？

然而，結果卻是：「未至身，秦王驚，自引而起，袖絕。」

秦王輕易躲開這原應致命的一擊，「未至身」三字中明白，荊軻根本沒掌握住出手時機，分明不是職業刺客的水準，也看不出他哪裡劍法高明。接下來便是一場混亂，秦王掙脫荊軻後，繞著柱子跑，荊軻在後面緊追，繞著柱子跑上好幾圈，居然沒能追上！這速度還眞夠「快」的，莫非他劍術不強，連跑步也不大行啊？

秦王自己由於佩劍太長，沒能順利拔出，剛開始只能拼命逃跑，後來折騰了老半天才拔出，回身一劍砍向荊軻。

照理說，荊軻不先飛起一腳將秦王的劍踢開，也至少也來個側閃，再給他一刀，別忘了，那匕首上頭淬有劇毒，只要刮破點皮，秦王都有性命之虞。

可萬萬想不到，荊軻居然沒躲開，直接被砍斷大腿，緊跟著又連被劈了七劍，最後，有個投擲匕首的機會，可惜也沒投中，看來標槍技術也不怎麼樣。

當初筆者讀到《荊軻刺秦王》時，被荊軻的大義凜然感動，問過老師，荊軻是遊俠殺手，而秦王養尊處優，他爲什麼沒有殺了秦王？當下壓根沒想到，荊軻其實劍術不行的可能。老師說這是歷史上的偶然，不過，偶然的事情發生一次還能理解，在一個人身上連續發生四次，就很難用「偶然」兩字忽悠過去。

另外，按照生卒年推算，荊軻刺秦王是在西元前二二七年，而西元前一〇四年時，太史公才開始撰寫《史記》，相隔一百二十多年，難免有所訛誤。所謂七分史實，三分爲虛，由此可見，《荊軻刺秦王》中那段驚心動魄的打鬥，未必就是眞實場景。

就算是現代社會，刺殺也很難知道事實眞相，一些隨之而起的新聞報導，不過是在混淆視聽，何況是戰國末年紛亂的古社會？難道打鬥時，旁邊還有個目不轉睛的書記官在記錄，然後再把資料流落到民間，供大家欣賞？

至少從結果來看，荊軻不如刺殺成功的專諸及聶政兩位前輩，平庸的劍術不容置疑。

那麼來看第二個問題，荊軻爲什麼失敗了？

劍術太爛或是沒掌握時機都是原因之一，但除此之外，還有沒有其他原因？

《史記》中不止一次提到，荊軻與其他四位刺客不同，是個好讀書的人，書看得多，自然也明白一些道理。

綜觀中國歷史，奇怪的是，著書立世的文人並不崇尚那些成功的強者，反而同情失敗的悲劇英雄，比如項羽，還有後來的岳飛，他們在各自事業上都沒取得成功，卻名垂後世，光耀史冊。

總而言之，雖然荊軻刺殺失敗，卻無法掩蓋在文人眼中，那不畏強秦、不怕犧牲，在多事之秋時挺身而出的男子氣概及高大威猛的形象。

第 2 章

曹沫：千古刺客第一人

這時，載入史冊的一幕發生了。曹沫一雙眼死瞪著盟壇上得意洋洋的齊桓公，又看了看旁邊失意的魯莊公，心中暗道，老闆對我這麼夠意思，我絕不能忘恩負義，齊國雖強，但我不怕！

曹沫被稱爲是中國刺客第一人，什麼是刺客？

刺客（Assassin），是以暗殺爲職業的人，是一項古老而神秘的職業，這類人在武俠小說中十分常見。

但如果照這定義來看，曹沫顯然不是全職刺客，充其量只是個兼差的。

曹沫，魯國人，肌肉虯結，體格魁偉，正宗的山東大漢。

體格非常好的人，通常比較有市場，至少做個苦力遊刃有餘，不存在就業困難的問題。於是乎，曹沫便「以勇力事魯莊公」，到喜歡蠻力之士的魯莊公手下打起零工。

春秋戰國時期，魯國處在一個很尷尬的位置上，那些霸主們將其視爲「雞肋」，要說認眞打仗併呑嘛，戰略意義也不大，可有了魯國的存在，閒著沒事時，至少能解解悶。

有一次，齊桓公姜小白閒著沒事幹，又派兵騷擾魯國。

兩國實力相差懸殊，齊國才輕易一動，魯莊公就坐不住熱炕頭，頭疼得很，急忙召開軍事會議。會議上主要探討要派誰迎戰，最後，大臣們一致舉手表決，拜曹沫爲將，對齊國宣戰。

魯國妄想戰勝齊國的勝算幾乎爲零，無論派誰出戰，結果可能都一樣，曹沫只是比較倒楣，被大家推上火線。

果不其然，曹沫沒有辜負全國人民對他的期望，戰事也正如人們預期，三戰皆敗。

面對全盤皆墨的戰事，魯莊公害怕得很，這下舉國處境危險，該怎麼辦才好？

有「中國賈伯斯」之稱的企業家馬雲曾說過，戰略有很多意義，小公司的戰略意義簡單一些，就是活著，活著最重要。

兩千多年前的魯莊公也明白這一點，馬上當機立斷，獻出遂邑地區求和，這手段雖然古老沒創意，但十分實用。

魯莊公或許不是個好君王，卻是個好領導，仍然安排曹沫當將軍，也沒因為領軍失職而責罰。只有這種領導，員工才可能死心塌地追隨，而後來的事實也證明，曹沫沒有令魯莊公失望。

那年頭流行對天盟誓之類的大型公益活動，戰敗的魯莊公為表誠意，便邀請齊桓公在柯立下盟約。

訂立盟約是國際行為，排場極為浩大，兩國領導、重要單位的高官自然都得到場，就連大大小小的縣長也來了不少，曹沫當然也在其中。

齊桓公和魯莊公在盟壇上簽訂盟約後，這時，載入史冊的一幕發生了。

曹沫一雙眼死瞪著盟壇上得意洋洋的齊桓公，又看了看旁邊失意的魯莊公，心中暗道，老闆對我這麼夠意思，我絕不能忘恩負義，齊國雖強，但我不怕！

想到這裡，管他三七二十一，曹沫一溜煙地竄上盟壇，將藏在袖子中的匕首取出，以迅雷不及掩耳之勢直抵齊桓公姜小白後背，寒光閃閃。

「你要是敢動一動，我就讓你這個天下第一霸主身上多個透明窟窿，如果不信，大可以試試看，效果保證讓你滿意。」曹沫目光森冷地盯著齊桓公，語氣僵直。

姜小白一驚，「你是要殺我，我猜得對嗎？」

「你猜得沒錯。」

齊桓公姜小白生死一線間的經驗相當豐富，豈是一把匕首就能嚇唬得了，驚嚇過後，迅速冷靜下來，大腦飛速運轉。多年的從政經驗告訴他，眼前這人旨在威脅，一旦答應他開出的條件，自己性命便可保住。

「你想要什麼？說吧！」

曹沫義正詞嚴地說：「魯城壞即壓齊境，君其圖之。」翻譯成白話就是，強齊欺負弱魯，太他媽過分了，快把魯國失地還給我們！

齊桓公可是明白人，好漢不吃眼前虧的道理他還懂，知道若是不答應曹沫的條件，沒準要撕票，對方恐怖分子一個，什麼事都能幹得出來！

保命要緊，齊桓公立即答應要歸還魯國失地，這招純屬緩兵之計，只要性命在，還怕心頭惡氣不除？

曹沫沒費吹灰之力，便收復先前戰敗的失地，豪氣地扔下匕首，走下盟壇，回到自己位置上，臉色絲毫不改，談吐從容、毫無懼意。

曹沫不知道這一刻起，他成了刺客的祖師爺，後世追慕者不計其數。

此刻最害怕的是魯莊公，萬一姜小白不講誠信，毀了約，派兵壓境，他娘的，該往哪逃命？這份擔心並非多餘。

照理說，齊國是個大生產國，壓根不在乎魯國那幾座小城，重要的是，面子過不去，這有時比什麼都還重要。

齊桓公姜小白當了這麼多年的老大，第一次有人舉劍威脅他，還是在衆目睽睽之下，自己顏面盡數掃地，氣得想翻桌不顧前言，派兵平了魯國。

這時，老油條管仲開了口，「不行！這麼做會失信於諸侯，失信於天下，對您、對齊國都不利。」

「那怎麼辦？」

「只能歸還他們的失地了。」

管仲是明白人，沒有受到老年癡呆的困擾，知道得先保住信譽誠信，其他諸侯才能支持齊國。至於魯國，不過一個負責挨揍的小國，又與強齊接壤，想要收拾它還怕沒理由？何苦現下爭這一口氣？

齊桓公姜小白稍一細想，爲了顧全大局，權衡利害，只得強忍著怒氣，歸還先前佔走的魯國土地，將曹沫多次打仗丟失的土地全部還回去。

曹沫是行刺成功又能存活下來的刺客，《史記》中對曹沫劫持齊桓公一事著墨不多，前後不足三百字，但可以看出來他那股不畏豪強、赤膽忠心的俠義精神。

第3章

專諸：成功有時很憋屈

專諸在改寫歷史之時，形色出奇冷靜，甚至冷靜得令人害怕，什麼多餘的話都沒說，只是貌似平常地端上糖醋魚。在他眼中，殺豬和殺人本沒有區別，都只要將匕首插入致命部位即可。

1. 上場前的舞台

既然是伍子胥介紹的人，肯定會有些用處。公子光也不是一般人物，當然明白這點，一直對專諸很客氣，施予厚遇，這一養便是很多年，靜靜等著最佳時機。

也許正如《倚天屠龍記》中周顛所說的：「我雖然打不過你，但我就是不服你。」

曹沫劫持齊桓公一百六十七年後，吳國出現另一名刺客，專諸。

專諸，本該是母親膝下孝順的兒子，妻子身旁體貼的丈夫，孩子眼裡慈祥的父親，前途一片平靜，可以做一名好廚師或者屠夫。殊不知，命運無常，誰也不知道下一刻是巧克力還是白糖，當他遇見那個人時，吳國天空忽然一瞬間變了顏色。

那個人叫伍員，字子胥，是一個被仇恨折磨到喪心病狂的人，因遭楚國太子少傅費無忌陷害，父兄爲楚平王所殺，再也混不下去，才出逃至吳國來，發誓必傾覆楚國，報不共戴天之仇。爲了報仇雪恨，伍子胥不惜一切手段，當他第一眼看到專諸和人打架時，那情景帶給他強烈的驚喜，前半生的豐富政治經驗告訴他，專諸這個人以後能用得上，便帶上他一起走。

《史記．刺客列傳》中記載，「伍子胥知專諸之能」，究竟是怎麼個「能」法，一般最通俗的理解很簡單，是用得上的「能」。

專諸沉默寡言，什麼話也沒說，便直接跟著伍子胥走了，也許，他也不希望自己一輩子只當個平庸的屠戶或廚子，但任何一份史料中，都沒記載專諸內心裡究竟有什麼具體理想。

伍子胥到吳國後，找門路求見吳王僚，施展口舌之能，對吳王陳述許多攻打楚國的利益，因爲他極需吳國武力，好幫自己實現爲父兄報仇的夙願。

吳王僚也是有野心的人，聽到許多伐楚的好處，開始有些心動。

見此，伍子胥掩飾不住內心的狂喜，沒想到自己的大仇即將實現，正想再加把勁遊說時，沒想到有人卻在這節骨眼上潑了一大盆冷水。

公子光，吳國的王公貴冑，這時突然出言反駁，振振有詞地說：「王上，伍員的父兄都被楚平王殺死，才想借吳國之兵去攻打楚國。這是爲了報自己私人恩怨，不是眞心替吳國打算！」

吳王僚一聽，馬上打消出兵的念頭。

公子光這麼做的目的有兩個，一方面是因爲吳國才剛從戰場退下，不希望再次冒險；

另一方面，也是在給伍子胥發信號，讓他看清吳國眞正的主人是誰。

伍子胥不是傻子，自然看出公子光有弒君奪位之意，以他敏銳的政治眼光來看，不久的將來，公子光必殺吳王僚取而代之，成爲吳國新君。

也就是說，想要讓吳國出兵，勢必要先過公子光這一關。

這時，先前帶上的專諸便派上用場，沒有什麼禮物，會比一個沒沒無聞的人才更能討好公子光的，不僅輸誠，還能在他身邊安插自己的心腹。

「進專諸於公子光」後，伍子胥便領著熊勝跑到鄉下，去建設社會主義下的新農村景象。在伍子胥眼中，專諸不過是個完成最終復仇目的的一顆棋子。

既然是伍子胥介紹的人，肯定會有些用處。公子光也不是一般人物，當然明白這點，一直對專諸很客氣，施予厚遇，每餐至少四菜一湯，肯定有酒有肉，吃龍蝦蘸大醬，這一養便是很多年，靜靜等著最佳時機。

公子光之所以憤恨不平，想弒君奪位，其中有段漫長的歷史原因。

公子光的爹叫諸樊，老人家生性仁厚，有三個弟弟，依次是餘祭、夷眛和季子札。三個兄弟當中，以季子札最爲賢明，所以諸樊並沒立太子，想將王位傳給自家弟弟，好能接力棒似地傳到季子札手中。

在紛亂的春秋戰國王室中，這是非常罕見的現象，儼然一模範家庭，不由得使人想起，後世宋太宗時期的「金匱之盟」，會不會便是從這裡得到靈感的？

公子光他爹雖然立意良好，也勇敢地放手去做，後來的事實證明，在王位傳承的過程中，想按預料中順利傳承的難度很大，起碼，得看人家願不願意。

諸樊死，餘祭繼位。

餘祭死，傳給夷昧。

到這裡基本上都沒問題，只要等到夷昧死了後，王位就能傳給季子札，達成公子光他爹的最終目標。但，夷昧死後，令人匪夷所思的事情卻出現了。

夷昧死，季子札逃不肯立。

聽說過翹課、逃婚的，倒很少聽說給個國家總統卻不想幹的！

季子札是位賢士，對國君王位不感興趣，如果不是生在帝王之家，肯定更名聲大噪、永傳後世。如果把國君當作一種職業來看，季子札的行為或許就比較容易理解——人家就是喜歡畫畫、作曲或寫寫詩什麼的藝術型職業，對吳國總統這行政總首壓根不感興趣，自然就逃了。

季子札逃了，國家不可一日無君，吳人便立夷昧之子為王，即吳王僚。

公子光不服的重點就在這，按照他爹諸樊的遺命，論資排輩下來，應該是自己繼承王位才對。

諸樊是老大，公子光是老大的兒子，而夷昧是老三，吳王僚是老三的兒子，在公子光心中，自己說什麼也比吳王僚輩份高上一點，應該當吳國的頭頭。

公子光憑著對王位的執著，振振有詞地辯解，「如果按兄弟次序，季子當立。如果一定要傳給兒子，那我才是眞正的嫡子，應該立我爲王！」

事情眞是如此？

兩人生卒年已然無法考證，完全不知誰長誰幼，不過，吳國人會弱智到連長幼之序都搞不清楚嗎？比較有可能的是，這只是公子光對王位過於執著而出現的錯覺。

在這「本該是自己的，卻被別人奪去」的錯覺下，公子光十分鬱悶憤怒，便「陰養謀臣以求立」，養了一大堆手下，埋下弒君奪位的惡心。

這又出現另一個問題，難道吳王僚就這麼蠢，完全看不出公子光的險惡陰謀？

從記載來看，吳王僚弄了很大的排場去赴公子光的宴，顯然也看出一些貓膩，那麼爲什麼沒先對這逆臣下手呢？

筆者以爲，應該是以下幾點原因造成的，首先，從吳王諸樊傳國來看，吳國家風比較淳樸仁厚，況且與公子光又是親戚關係，大夥抬頭不見低頭見，何必搞到兵刃相見、血肉模糊的？二來，公子光雖然不服，在吳王僚眼中，也只是一時憤憤不平，興許過個幾年後就接受現實了……

這明顯是太過輕忽造成的失誤。

2. 潛心一刺

在專諸眼中，殺豬和殺人本沒有區別，都只要將匕首插入致命部位即可，所以直接將匕首插入吳王僚的心臟，只俐落一刺，便能搞定。

公子光不是省油的燈，隱忍多年，一直等待殺吳王僚的最佳時機，皇天不負有心人，機會終於到了！

楚平王翹辮子了。

吳、楚兩國是世仇，兩方祖先說不定早打了不下數十次，這次楚平王死了，吳國豈有不倒打對方一耙的道理？

吳王僚趁著楚國辦喪事，派自己兄弟蓋余、屬庸率領軍隊去包圍楚國的灊城，又派使臣到晉國，觀察各方諸侯國是否相助。

在楚國舉國同哀之際派兵出擊，有點不厚道，除此之外，還可能引起對方反撲。

按常理判斷，家裡死了人正在辦喪事，突然有人上門尋仇，結果可想而知，不管男女老幼，肯定全抄起扁擔跟對方拼了！

果不其然，「楚發兵絕吳將蓋余、屬庸路，吳兵不得還」，吳王僚偷雞不成蝕把米，見先前出發的吳軍完全無法返國，心底極爲鬱悶，這顯然是自己軍事戰略上的一次重大失誤。

在吳國舉國同哀的同時，卻有一個人正自暗笑，一雙冰冷的眼睛緊盯著吳王僚的一舉一動，伺機而起。

那人是公子光，他等待多年的機會終於來了。

公子光對專諸說：「這機會絕不能放過，不去爭取，哪能收割成果？況且我才是眞正的繼承人！即使我那不愛王位的叔叔季子札回來，也不會廢掉我的。」

這一番話義正辭嚴，瞎子都看得出來他要政變的決心。專諸平靜地回道：「母老子弱。吳王僚的確可以殺掉，兩個弟弟正帶著軍隊攻打楚國，後路被徹底斷絕，被楚圍困，國內也沒有正直敢言的忠臣，王僚還能把我們怎麼樣？」

在《史記》對專諸的記述當中，專諸只說過這段話，當中的四個字卻很有分量——母老子弱，言外之意極爲深刻。

首先，「兩個弟弟帶著軍隊攻打楚國」一句，彷彿在諷刺吳王僚當前的處境窘困，而公子光此刻想發動政變，雖然時機成熟，卻似乎有些不厚道。

話又說回來，吳王僚也沒好到哪，趁楚國辦喪事發兵進攻，全都是一路貨色！什麼厚道不厚道，達到目的才是當務之急！

其次，「母老子弱」一句，專諸是想藉此告知公子光，自己上有八十歲老母，下有襁褓小兒，萬一政變失敗，他們該怎麼辦？

綜觀《刺客列傳》中的五位刺客，專諸形象並不飽滿，也沒有什麼光輝的大義精神，卻是個有人情味的刺客，想到自己死後家人的生存問題。

這一點很難得，正可說明專諸不是冰冷的殺手，而是位有人性的刺客，「母老子弱」可說是他此生中最令人感動的一句話。

公子光知道專諸的顧忌，立馬跪下磕頭，免去他後顧之憂，「光之身，子之身也。」翻成白話文的話便是，你媽就是我媽，你兒子就是我兒子，你媳婦還是你媳婦，你放心去吧，他們後事我全包了！

這兩人的對話，怎麼看都像是一筆交易——我幫你殺吳王僚，你幫我養活父母妻兒，最後雙方達成共識。專諸什麼話也沒有說，知道自己在公子光心中只是個殺人工具，但還是要去做，報答知遇之恩也好，爲了父母妻兒的榮華富貴也罷，反正是一場交易，既然簽字，就要履行合同。

養兵千日，用兵一時，是專諸出手的時候了。

西元前五一五年四月丙子日，公子光備下酒席，宴請吳王僚過府一飲。

吳王僚對公子光不太放心，知道這頓飯可能是場鴻門宴，事實證明，他的判斷正確，只是忽略了對方的實力。

吳王僚派出大批親衛隊，從王宮一直排列到公子光的家裡、大門，甚至台階兩邊，全都是親信隨從，這排場極大，保鏢至少幾百人以上。

單從這一點看，吳王僚遠不如公子光，既然這時你都不怕撕破臉，大張旗鼓地防著人家，之前為什麼不直接滅了他？臥榻之側，豈容他人酣睡？

現下擺出這麼大陣勢，誰看了都有氣，何況是一心想要奪位的公子光？更想不惜一切代價滅了吳王僚，方能解氣。

宴席中，兩人聊得挺好，話話家常、解解煩悶，氣氛一片和樂。

酒過三巡，公子光假作痛苦地說：「眞是不好意思，你看，我腳氣又犯了，得去擦點藥，等一會兒就回來。」

公子光假裝腳有毛病，進入地下室，讓專諸將糖醋魚呈上去。

糖醋魚魚腹有柄可以洞穿三層鎧甲的匕首，便是大名鼎鼎的「魚腸劍」，據傳是鑄劍大師歐冶子所造。

這把藏在魚腹之中的匕首絕不是普通的刀，刺殺這等大事，不能隨便在哪個市場買一把水果刀就上了，萬一因為品質問題刺殺失敗，哪個廠家賠得起？

專諸在改寫歷史之時，出奇冷靜，甚至冷靜得令人害怕，什麼多餘的話都沒說，只是貌似平常地端上糖醋魚。

專諸是屠戶出身，名字起得很好。專諸，專門殺豬，他殺的豬可能都比吳王僚見過的人多，毫無懸念地殺人自是不在話下。

在專諸眼中，殺豬和殺人本沒有區別，都只要將匕首插入致命部位即可，所以直接將匕首插入吳王僚的心臟，只俐落一刺，便能搞定。

專諸的光芒不及《史記》中記述的其他刺客，但刺殺的手法堪稱一流，絕對稱得上職業級的刺殺行動，至少比水貨荊軻強得多。

專諸成功了，沒妄想功成身退，事實證明他也抽不了身，等待他的是亂刃分屍，結束他的一生。

大王被刺殺，頓時大亂，局面一發不可控制。

面對這種混亂不堪的局面，公子光出奇冷靜，從容地使出「全部誅殺」的大絕招，雖然行事殘忍，但非常有效地控制住亂局。

公子光做事乾脆俐落，放出早已埋伏好的武士攻擊王僚部下。

既然最後能放出暗中埋伏的武士，將吳王僚的部下全部誅殺，卻還是指使專諸去刺殺吳王僚，可見公子光的心機之深，想消炎連帶抗病毒，做個雙保險。

公子光奪位為王，便是後來的春秋霸主之一，吳王闔閭。

如果你對闔閭這名字感到陌生，那他兒子你一定聽過，便是大名鼎鼎的吳王夫差，假如夫差你還不認識，那他的死對頭越王勾踐總該知道了吧？

專諸完成使命，在他達成協議那一刻，完全沒有令公子光失望。吳王闔閭也沒有令他失望，「乃封專諸之子以為上卿」一句說明，他的確信守承諾，遵守交易內容。

專諸是一個稱職的刺客，既是刺客的楷模，也是刺客的悲哀，動手之際，前前後後，沒說一句話，什麼也不說，誰能記得我……

第4章

豫讓：月亮代表我的心

除了給智伯報仇，我還要做天下的榜樣！主意既定，豫讓再一次刺擊趙襄子，悶不吭聲地潛藏在趙襄子外出時必經的橋下，可能是殺氣太重，趙襄子的座騎都被驚得焦躁嘶鳴……

1. 一片忠心照亂世

「士為知己者死。智老闆待我不薄，他死後，屍身還遭人褻瀆，我一定要不惜一切代價為他報仇，才能報答大恩，即便會死，我也無愧！」這番話斬釘截鐵，在青史上閃閃發光。

歷史上的豫讓是個很有爭議的人物，這位仁兄刺殺的技術很一般，倒是自殘的功夫堪稱一絕，評價也不一。

太史公《史記》中對他的評價是：不欺其志，名垂後世。

方孝孺《豫讓論》對他的評價是：釣名沽譽，眩世炫俗。

帶著這兩種正反評價，我們來看豫讓的故事。

豫讓生卒年不詳，晉國人，主要在三家分晉時期（西元前四五三年）前後活動，那是一段複雜的歷史糾葛。

三家分晉，簡言之，就是智伯垮台這件事。

智伯，名瑤，春秋末年晉國六卿之一，登上政治舞台時，正逢趙簡子專擅晉國大權，國中六卿傾軋攻伐，火併鬥爭，後來范、中行二氏被逐，晉國政治出現了新的局面，只餘趙、魏、韓、智四卿爭權。

四家並立，會有兩種可能，一是平分秋色，誰也吞併不了誰，只好相互牽制、共同執政；二是一強崛起，吞併其他三家，以智伯勇毅的性格，他選擇了後一種結果。

趙簡子辭世後，趙氏氣焰暫減，智伯很快凌駕韓、趙、魏三者之上，晉國的政治形勢由原來的四家對峙轉成智氏獨大，趙、韓、魏三家稍遜一籌。

人的野心不斷膨脹，膨脹的條件端看是處在什麼樣的位置上，野心有多大，舞台就有多大。

智伯掌權後，開始鯨吞其他三家，立定更爲壯大的政治目標，可惜被趙簡子之子趙襄子聯合韓、魏其他兩家，弄得身敗名裂，地盤也被三家瓜分，底定戰國七雄中趙、魏、韓三個的政治版圖，史稱「三家分晉」。

豫讓就是在這段歷史中竄起的人物。

他曾在范氏和中行氏兩家人夫手下打過工，一直沒沒無聞，是懷才不遇？

香港知名導演王晶曾說過，這世界上沒有什麼懷才不遇，是金子的話，早晚都會發光。這話或許有點偏激，但用在豫讓的身上再合適不過，後來的事實也證明，他散發的簡直是如探照燈一般的強光，足以光耀後世好幾千年，直到今天人們還津津樂道。

豫讓很痛苦，懷才不遇和容顏老去一樣悲哀，難道自己當眞沒有才能、無法出頭？

英雄有時只是缺少一個機會，而智伯給了他這個機會。

豫讓跳槽到智伯旗下後，受到國士般的尊重，地位由黑翻紅，心底既感激又激動，看來離自己綻放人生的第三春不遠了。

這是豫讓人生最得意的一幕，也是整齣悲劇的前奏。

這裡有個小問題出現，豫讓在范氏和中行氏手下工作時，明明不被重視，爲什麼敵對的智伯卻以厚禮相待？

答案可以很複雜，也可以很簡單。

人類的情感十分複雜，很難用常理去看待。有時看見一個陌生人，會頓生相逢恨晚之感嘆；反之，有的人才看一眼，就有上去狠狠踹一腳的衝動。

《左傳》對智伯性格特點可概括爲三個字，「貪而愎」。

說得更詳細一點，智伯此人貪得無厭、好大喜功、驕奢淫逸、剛愎自用、不納諫言、獨斷專行……這位集上述性格於一身的高官竟對籍籍無名的豫讓另眼相待，是非常難得的事，說明智伯懂得用人之道，眼光非常不同。

豫讓被尊爲國士，每晚以淚洗面、感激涕零，什麼都不多說，下定決心，要用實際行動報答老闆賞識的恩情。

孰知世事難料，後來智伯沒有滅了人家，反被滅了。

主謀趙襄子（趙簡子趙殃之子）最恨的人是智伯，他們的仇早在晉出公十一年伐鄭時就結下。

當時智伯與趙襄子一同領兵出征，酒過三巡，智伯強灌趙襄子喝酒，還動手打了他一頓，事後非但沒道歉，反而向對方老爸趙簡子建議，廢去趙襄子的世子身份。

此事之後，趙襄子不恨他都沒道理，兩方結怨極深。

趙簡子死後，智伯倏地得勢，威望正盛之際，曾公然向韓、魏、趙三家索要土地，韓、魏兩家顧慮智氏強盛，不願公開作對，都摸摸鼻子給了。

及至向趙氏索要蔡、皋狼之地時，智伯卻碰了個釘子，變成當家的趙襄子充分發揮大無畏的精神，鄭重地告訴智伯，「我偏不給，天下不是誰都怕你智氏。」

由此引發一場慘戰，智伯率三家聯軍，圍攻趙氏領邑晉陽。

智伯雖有主動權，卻未能立即攻克，只好引晉水之勢水灌晉陽，城中頓時變成一片汪洋。這一灌，卻是苦了城裡的人，城中處處「沉灶產蛙」、「懸釜而炊」，後來沒有糧食，竟只能「易子而食」，一片慘不忍睹。

晉陽之戰後，趙襄子時時刻刻都在提醒自己，定要滅了智伯，最後挺住所有壓力，進行反撲，聯合韓、魏滅了智伯。

豫讓沒過上幾天小康生活，就被無情地剝奪政治人生，無所依傍。

樹倒猢猻散，老闆都死了，還留著幹嘛？難道想為他收屍？

可趙襄子不會讓人如願，此人十分記仇，便是仇家已死，也不讓對方得到安寧。他割下智伯的頭，拿來當酒杯，恨恨想道，誰讓你當初灌我？這回就拿你腦袋當酒杯！

豫讓逃到一處山林中，情勢發展到這，通常只剩落草爲寇這個選項，至少當強盜也還有錢賺，能養活自已。

可豫讓沒有變成土匪強盜，反而喟然長歎，說出了一句傳承千載的經典名言。

「士爲知已者死。智老闆待我不薄，他死後，屍身還遭人褻瀆，我一定要不惜一切代價爲他報仇，才能報答大恩，即便會死，我也無愧！」

這番話斬釘截鐵，在青史上閃閃發光，誰都能看出豫讓爲智伯報仇雪恨的決心多麼強烈。這份決心後來提升了層次，化成實際行動。

豫讓很聰明，換了個身份證，不知通過什麼門路，竟順利地混入趙氏家裡，當上裡頭打掃廁所的小弟，工作時仍身懷利刃，不忘刺殺趙襄子的目的。

趙襄子並未辜負他的期望，在百忙之中前來視察廁所整潔，順便爲趙國的農業生產盡一份心力。

這時，意外發生了……

2. 刺殺成敗一場空

豫讓便舉劍自刎，結束殘傷磨難的一生，這是他生命的終結，也是個人光輝的開始，那一天，趙國內的志士聽到消息，全為他痛哭流涕。

趙襄子滅了智伯後，也怕被仇家刺殺，加上久經沙場，擁有如野獸般探知危險的本能，憑直覺感到附近危機四伏，警戒地對侍衛說：「這裡有殺氣。」

侍衛左右環顧，沒發覺任何異常，暗嘆領導就是不一樣，又連忙找來清潔小弟詢問，才發現那人竟是智伯的屬下，豫讓。

面對侍衛指向自己的尖刀，豫讓厲聲喝道：「我豫讓，是來替智伯報仇的！」說話時一臉大義凜然，毫無懼色，反正自己早將生死置之度外。

左右侍衛橫眉豎目，恨不得馬上殺了豫讓。

趙襄子是個明白人，心下佩服豫讓的精神，淡淡說道：「此人是義士，以後謹慎小心地避開他就是，況且智伯死後無繼，他的家臣想報仇也是情理所在，他是天下的賢人，放他走吧！」

曾因「丹丹體」名噪一時的女演員宋丹丹說過一句話，「寬恕了別人，便也解放了自己。」

豫讓便因趙襄子的寬恕行爲而免除死亡的命運。

趙襄子放過豫讓，一方面是被義行感動，畢竟在春秋戰國時期，臣弒君、子殺父，跳槽換老闆的事情多得很，豫讓的忠心不二實在值得敬佩，另一方面，或許也存著一份想將豫讓收入自己門下的心思。

可是，豫讓並沒有被招攬的意願，第一次刺殺不成功，又想出另一種極端的方法——漆身爲厲，呑炭爲啞。

這段話說得通俗易懂些，便是把漆塗在自己身上，使皮膚腫脹潰爛，像得了惡瘡一般，又呑下火炭，使聲音變得嘶啞低沉，讓自己的聲容音貌皆無法分辨。

這是怎樣的一種酷刑，又得要如何的決心才能辦到？

大家吃飯都曾被燙到過，也噎過，滋味不好受，可人家豫讓呑的是火炭啊！硬生生地把聲帶燙壞，不曉得呑炭的那一刻是怎樣熬過來的，能活下來還眞是奇蹟。

方孝孺在《豫讓論》中提到，這是一種「沽名釣譽，眩世炫俗」的行爲，就算豫讓眞有「沽名釣譽」的嫌疑，這方式也未免太過慘烈悲壯了些。

豫讓自殘後，淪落爲丐幫成員，沿街乞討，眼下這副模樣，連自己老婆都不認得了。世上最親的人也認不出自己，豫讓的心情是何等悲涼？

幸好，還有一位不知名的朋友認得出他，「這不是豫讓嗎？怎麼變成這般模樣？」

豫讓遲緩地點著頭，顯然身子還有些痛苦，「是我。」

聞言，這位友人哭得很傷心，語氣悲愴，「你上次刺殺不成的事我們都知道了，但何苦把自己糟蹋成這副人不人、鬼不鬼的模樣？憑你的才能，去投靠趙襄子的話，他一定會親近你的，到時候再刺殺不是容易得多嗎？像你這般自殘，行動也變得不靈活，想要刺殺趙襄子，豈非難上加難？」

這位仁兄說得也有道理，不就是想刺殺趙襄子嗎？做事講究點策略豈不更好，何苦弄傷自己來哉？

不料，豫讓倒說出一番道理，「托身侍奉人家，又要殺掉他，等於懷著異心侍奉君主。我也知道，自己這種做法很難成功，之所以這麼做，就是想讓天下後世那些懷著異心侍奉國君的臣子感到慚愧！」

此際的豫讓想刺殺趙襄子，顯然不太可能成功，所以思想又上升到另一個境界——除了給智伯報仇，我還要做天下的榜樣！

主意既定，豫讓再一次刺擊趙襄子，悶不吭聲地潛藏在趙襄子外出時必經的橋下，可能是殺氣太重，趙襄子的座騎被驚得焦躁嘶鳴。

趙襄子敏銳地發覺異樣，長嘆道：「一定又是豫讓那小子。」派人去搜，果然看到一位形貌醜陋的乞丐，一問之下不出所料，果然是豫讓。

趙襄子一見，不由得大爲震驚，這是豫讓嗎？怎麼變成這般模樣？心底愈發感慨，同時又有一股憤怒竄上，老子都放你一次了，一而再、再而三地來找麻煩，有完沒完啊？

「豫讓啊，你曾經在范老闆和中行老闆底下幹過，當時是智伯把他們滅了，你不替他們報仇，反而投身智老闆手下，現在智伯死了，你又處心積慮地爲他報仇，這種矛盾你怎麼解釋？」

豫讓簡單明瞭地解釋道：「我在范氏、中行氏手下時，兩位老闆都把我當成普通人看待，我自然像普通人那樣報答他們。至於智老闆，他把我當作國士看待，我當然得像國士一樣報答他的恩情！」

士爲知己者死，趙襄子明白這句話，被豫讓的行爲深深感動，甚至落淚，「你爲智伯報仇的事天下皆知，名聲也火了半邊天，我上次放過你一次，你卻自找死路，今日說什麼也不能再放了你。」

豫讓面無懼色地說：「明主不掩人之美，忠臣有死名之義。之前您寬恕我，普天之下，衆人也稱讚您的賢明，我知道今天自己是活不了的，只想求您一件事。」

「我希望能在您的衣服刺幾下，一遂我為主報仇的心意，就算死也無憾。當然，我不敢指望您一定會答應我。」

「什麼事？」

此話一出，就連趙襄子這般聰慧深沉的政治人物亦大為感動，立刻脫下外衣，讓人遞給豫讓，以示自身對他的尊敬與佩服。

豫讓拔出寶劍，跳起來擊刺衣服數次，最終大聲喝道：「可以報答智伯於九泉之下了！」說完死前最後一言，豫讓使舉劍自刎，結束殘傷磨難的一生，這是他生命的終結，也是個人光輝的開始。

那一天，趙國內的志士聽到消息，都為他痛哭流涕，如果只是沽名釣譽，肯定騙不過那群志士。

豫讓沒有匡扶濟世的才幹，想刺殺也不講究策略，不能算是個成功的殺手，但在情義言行方面，卻是個出色的刺客。

沽名釣譽也好，不欺其志也罷，豫讓橋上依舊行人如織，車水馬龍，千百年來是非功過，任人評說。

第5章

聶政：猛人辦事只拔劍

見相國被殺，一時左右大亂，侍衛如同黃蜂般傾巢而出，誓要將來人斃於劍下。聶政大呼，所擊殺者數十人。足見聶政之驍勇異常，到了最後，他終究力竭難敵，自知逃不掉了，該怎麼辦呢？

1. 殺人的前提

聶政是個孝子，深知「父母在，不遠遊」的道理，這句話言下之意便是，我答應你，但一切都得等到我母親壽終正寢後再說，沒有第二句話。

聶政，魏國軹深井里（今濟源東南）人，是個純俠客，幹的就是殺人越貨的勾當，因為有前科而被仇家通緝，只好與母親和姐姐逃到齊國生活。

到了齊國，聶政一家子人不生地不熟的，也沒親戚朋友可以投靠，只得腳踏實地努力過活。

聶政本想做點買賣，可那年頭的商人沒有社會地位，會被人看不起，思來想去，自己一身手藝絕不能扔，乾脆殺豬宰牛，當個屠夫算了，反正殺人和殺豬的道理也差不多。專諸不也是屠夫出身？看來是個很有發展前途的職業，還能轉職成為刺客。

聶政在齊國以屠夫為職業，不過，註定不會只是一名普通的屠夫，還有驚天動地的大事等著他去做。

這時，一個影響聶政往後人生的男人找上門了，他叫嚴仲子。

嚴仲子在齊國住了很久，一直在找能爲自己報仇的人，後來聽聞消息，得知逃到齊國來的聶政是一位悍猛的勇士，高興得很。

眞是踏破鐵鞋無覓處！找了好幾年，那勇士竟就在自己身邊，得親自上門拜訪才行。

嚴仲子這樣想著，也認眞地登門拜訪，多次往返下，兩人關係變得極鐵。

聶政是俠客，俠肝義膽，說話辦事乾脆俐落，見嚴仲子誠心結交，也就豪爽地和他稱兄道弟。

有一次，嚴仲子得知聶政母親生日，便向聶政的母親敬上一杯壽酒，還順便給老太太送點生日禮物——黃金百鎰。

鎰是古代重量單位，戰國時期多以二十兩或二十四兩爲一鎰。

春秋戰國時期的黃金即是指黃銅，當時銅的價值相當於現在人們眼中的黃金，各國重量算法也不同，在楚國一斤是二百五十克，到了秦國就變成二百五十三克。

按這算法，黃金百鎰大抵是指兩千到兩千四百兩的銅……總之，是聶政殺豬十輩子也賺不到的天價，嚴仲子這一出手眞是大方到令人畏懼。

俗語云：「拿人手短，吃人嘴軟。」聶政明白，對方若不是找自己有事，哪能隨手送出這麼多金銀？自然不肯收下這份厚禮。

嚴仲子堅持要聶政收下禮物。

聶政拒不接受，辭謝說：「雖然貧窮地客居在此，以殺豬宰狗爲業，但要供養老母也不算太差，不敢接受您的賞賜。」

言外之意便是，你有什麼事就直說吧，別弄送禮收買人心這種招數！

嚴仲子一聽，摒去旁人，才說出了自己的心思。

原來，嚴仲子是鄰國韓哀侯的手下，由於政治問題，怕被韓國國相俠累陷害殺戮，才逃到齊國來，算是一種政治避難。

到齊國來的原因也很簡單，就像小孩子打不過人家時，逃跑前會說上一句「你等著瞧！我找……」一樣，是出來找幫手的。

嚴仲子說：「我有個仇家，走過其他國家，都沒找到爲我報仇的人，之前聽說兄弟很重義氣，才獻上百金，希望能夠和兄弟交個朋友，別無他求。」

這番話既眞實又虛僞，嚴仲子明明就想花錢雇凶，還說得冠冕堂皇，像如果只和聶政交個朋友也行。

「我之所以在齊國市場裡當屠夫，是因爲想以此奉養老母親。」

聶政是個孝子，深知「父母在，不遠遊」的道理，這句話言下之意便是，我答應你，但一切都得等到我母親壽終正寢後再說，沒有第二句話。

那份厚禮呢？雖然嚴仲子還是想送，但聶政最後仍是不肯接受。

這件事告訴我們一個道理，就算沒有金錢交易，一樣可以辦成事。

很久之後，聶政的老邁母親去世，聶政難過又心痛，待一切喪制儀式結束後，才嘆了口氣，知道還有更重要的事情要做。

我不過是個普通公民，平日拿刀殺豬宰狗維生，這樣的人，天下不知道有多少，人家嚴仲子是諸侯卿相，一國高層，卻委屈身分和我結交，知道我不會甘心做個屠夫。人家看得起我，又獻上百金為自己母親祝壽，既然高層看得起我一個窮屠夫，自己當然不能默不作聲，母親，您安息吧，孩兒去去就來！

聶政西至濮陽，找到嚴仲子府上，說道：「當初之所以沒答應你的要求，是因為老母親尚在世，如今老母已享盡天年，便來回報知遇之恩。大哥，你上次說仇人是誰？我這就去辦了他！」

嚴仲子的仇家是韓國的國相，俠累。

俠累是韓國國君的叔父，宗族旺盛，人丁眾多，居住的地方安保極為嚴密，嚴仲子多次派人刺殺，都未能得逞。

嚴仲子說：「如今承蒙兄弟應允，不如我派些弟兄給你打把手？」

「不必了。」聶政想了想，又解釋說：「刺殺這種事，人多不一定好，人多口雜，難免打草驚蛇，要是消息走漏，等於整個韓國的人都會變成大哥的仇人，這樣豈不是太危險了？」

從這一點思慮來看，聶政眞不愧是名職業級的刺客，想得十分周全，知道這種事要做就得手法乾脆俐落，絕不能拖泥帶水，也不能讓人知道究竟幕後主謀是誰，那樣有失職業水準。

犧牲我一人，幸福老嚴家吧。

聶政連嚴仲子想提供的馬車也回絕，獨自一個人往韓國出發。

2. 激烈的死亡

即使屍身容貌盡毀，作為姐姐的聶荌還是一眼認出，這是自己從小一起長大的弟弟聶政，母死弟喪，這種打擊太大，她一時之間承受不了，立刻伏屍痛哭起來。

來到韓國都城，聶政打聽出國相俠累的住處，也或許曾夜入相府，一探虛實，看看哪個才是俠累，可別殺錯了人。

能不能活著倒是小事，殺錯了人可就事大，一個弄不好便會貽笑大方，留下千古笑話，必須小心謹愼行事，接著擇一良辰吉日，再洗洗澡，平復自己內心的緊張，待一切準備妥當後，就開始行動。

若按照古龍先生《流星蝴蝶劍》中對殺手的描寫，還得有一個周密計劃，最後功成身退才是完整。

不過，聶政爲人非常乾脆，既來之，則殺之，反正自己也沒打算活著回去了，還要什麼計劃，直接找上門去吧，國相俠累，在我眼中已然是個死人了。

國相俠累也不太走運，正巧坐在廳堂上，只見一名大漢忽地提劍而來，氣勢如虹，兇狠異常，才一劍便洞穿自己咽喉。

綜觀《刺客列傳》，聶政雖然沒有荊軻的名頭響亮，也不像曹沫那樣明哲保身，但光就刺殺技術來說，肯定是五人中的首位，比專諸還厲害，後來的荊軻與之相比，簡直就像是超市裡的贈品——白給的次級貨。

見相國被殺，一時左右大亂，侍衛如同黃蜂般傾巢而出，誓要將來人斃於劍下。

聶政大呼，所擊殺者數十人。——《史記刺客列傳》

雖然沒辦法給出準確的斬殺人數，但「數十人」一句，已足見聶政之驍勇異常，到了最後，他終究力竭難敵，自知逃不掉了，該怎麼辦呢？

舉凡到這時候，大都會喊些「二十年後還是條好漢」之類的口號，但聶政完全不說一句話，只是心裡想到一個人，自己已出嫁的胞姐。

絕對不能連累姐姐，還有其他朋友！

一想到這，他採取了比豫讓「漆身為厲，吞炭為啞」還要極端的方法，自殘指數直線飆升。

聶政立馬以劍毀容、挖眼剖腹，滿肚腸子流了一地，以殘忍得令眾人毛骨悚然的悲壯方式結束生命，用實際行告訴四十多年前的豫讓，自己手段比他更狠。

二千多年後的清朝文人吳見思讀到此節，不禁感嘆地寫下「天壤間第一種激烈人」的評語，對聶政的行爲做出最佳注解。

韓國國相俠累被刺身亡，聶政的刺殺行動完美成功，卻再也回不來了。

此舉是天怒人怨、群情激憤也好，或是大快人心、親痛仇快也罷，舉國上下無論是高官還是民衆，全都急切地想知道這名刺客的身份，但屍身難以辨認，沒人知道他究竟是誰。

幾天之後，聶政的屍體被陳列在菜市場旁，旁邊還貼著一張告示——有知此人者，賞千金。

消息傳開，有一個人卻因此痛哭失聲、難以自抑，她是聶荌，聶政的姐姐。

得知消息後，聶荌呆了好半晌，深知自家兄弟脾氣，立刻泣不成聲，「那人莫不是我的弟弟？」立刻動身前往韓國，到那個菜市場認屍。

即使屍身容貌盡毀，作爲姐姐的聶荌還是一眼認出，這是自己從小一起長大的弟弟聶政，母死弟喪，這種打擊太大，她一時之間承受不了，立刻伏屍痛哭起來。

「這是我的弟弟！魏國軹深井里人聶政是也。」

街上的行人們一聽，驚訝地勸道：「此人殺了我國國相，君王正懸賞千金尋查他的姓名，妳沒聽說嗎？怎麼還敢來認屍？」沒說出口的是，這女人是特地來找死的嗎？

聶荌胡亂拭去淚水，「我當然聽說了。」眼神無比堅定地沉聲說道：「聶政之所以混跡鬧市，不肯出外闖蕩，是因爲當時老母健在，我也尚未出嫁。如今老母逝世，我已經嫁人，他才終於沒了負累。嚴仲子從窮困低賤的處境中將我弟弟挑選出來，並與之結交，士爲知己者死，我弟弟便選擇一死以報深恩，之所以自毀容貌，只是因爲不想連累我而已啊！」

聶荌頓了一頓，又聲色俱厲地說道：「弟弟，你太小看姐姐了！我怎能因懼怕殺身之禍，任你暴屍市集而不相認，故意埋沒你的名聲？」語畢，又泣喊三聲，終因哀傷過度而死在聶政屍身旁邊。

見到此場景，整個街上的人全都大吃一驚，消息傳到各國，皆嘆不僅聶政是一勇士，就連其姐聶荌亦是一位烈女，不遠千里前來公佈刺客姓名，不滅賢弟聲名。

當然，雇兇殺人這事放在今天的社會絕對不值得提倡，聶政其人雖勇猛，最終也只是做了政治鬥爭的犧牲品。

卷二 【打仗的——武將篇】

魏軍根本還沒弄清楚怎麼回事，
突然間聽見一聲鑼響，山路旁黑壓壓一片人影，
萬箭齊發，如暴風驟雨般迅猛，
立刻陣容大亂，死傷無數，
慘呼嘶叫，震盪四野……

第1章

田穰苴：將在外，君令有所不受

整個過程彷彿是一個簡單而高深的陰謀，田穰苴可不是吃素長大的，就算此刻不殺，早晚他都會找莊賈的碴。只有殺了君王身邊的紅人，才能迅速在三軍中樹立威儀。

1. 新手立威

午時已過，監軍莊賈還沒有來，田穰苴便叫人立起計時的漏壺，時間過得愈久，他心下冷笑得愈厲害，握寶劍的手更是一緊，莊賈，謝謝你對我的工作支持！

田穰苴，姓田，名穰苴，是田完之後，古人取名倒眞是很有學問，不是完，就是旦的。穰指的是稻麥的莖稈，苴則是鞋裡墊的草——總而言之，這人的名字是一堆草，可見出身不高，並非田氏嫡系。

早在齊桓公十四年（西元前六七二年），陳國發生內亂，陳厲公之子陳完（號敬仲）逃亡至齊國，改姓田，易號爲名，改叫田敬仲，成了田姓始祖。

齊桓公想任命他爲大夫，他不幹，人家是有手藝的專家，便去做了建設部部長。

齊莊公時，田完死後的五世之孫田桓子極爲得寵，位高權重，直到齊景公即位，仍深受信任。田桓子握權還不夠，也把家族的三姑六婆二大爺，能安排的全安排下去，讓田家人遍佈朝野，形成一股強大勢力，田氏也成了齊國最具代表性的姓氏。

田穰苴雖然也屬田氏，卻非田家嫡系，與田桓子一支親屬較爲疏遠，美其名爲田氏後裔，卻在宗族中地位低下，跟其他普通百姓沒什麼區別。雖然中央有人，那也是八竿子打不著的親戚，田穰苴空有滿腔熱忱，文武兼備，可惜沒能發揮自身才能。

人生最悲哀的事，莫過於英雄無用武之地，想來，田穰苴應該不止一次發過「老天眞是不長眼」之類的牢騷吧。

直到後來，田穰苴遇到齊國當時的宰相晏嬰。

一個人能不能成功因素有很多，有沒有人賞識，有沒有人推薦至關重要，認識晏嬰後，田穰苴只缺少一個能名垂史冊的機會。

幸好，機會終於到來……

西元前五三一年，晉國出兵攻打齊國的東阿和鄄城，燕國也順勢進犯齊國黃河南岸的領土。齊國大軍有負齊桓公霸業之威武，沒兩三下便被打得屁滾尿流。

當時在位的齊景公極爲憂慮，滿朝文武更是人心惶惶，甚至不少人都已打包好行囊，以備不時之需。「齊國三傑」這時早已被晏嬰的「二桃殺三士」除掉，齊國朝中盡是些老弱病殘，沒有拒敵之良才，只能束手無策。

齊景公急得眼冒金星，國相晏嬰的表現卻十分平靜，沒有絲毫驚懼，因爲腦袋裡浮出一個可擊退晉燕之師的人選，田穰苴。

晏嬰心平氣和地說：「田穰苴乃田完之後，雖是小妾所生，但十分有才，文能服眾，武能拒敵，是擊退晉燕之師的最佳人選。」

田穰苴名不見經傳，人事部也查不到他的檔案，齊景公當然更沒聽說過這名字，不過，既然是丞相晏嬰推薦的人選，應該不會有錯，便先召來一問。

齊景公與田穰苴商議軍國大事，果不其然，發現對方條理清晰、應對如流，令齊景公刮目相看，高興極了，二話不說地任命為將軍，即刻率領軍隊抵抗晉燕之師。

時當強敵入境，不知有多少人暗地裡發出輕蔑的質疑。

一個人事部查不到檔案的平民，居然當上齊國大將軍，出戰晉燕兩國？

齊國朝野上下都在拭目以待，臨危受命的田穰苴究竟能否擔當起保家衛國的重任？

田穰苴被任命為將軍，統帥齊國軍隊，卻沒有因此飄飄然地忘乎所以，名義是將軍，實際上離將軍這位置還遠得很呢！

他知道自己出身不好，也沒有什麼光輝的歷史可供吹噓，人微權輕，說出的話根本沒有分量，士卒不服、百姓不信，當務之急是得先樹立起威信，才能帶兵。

田穰苴實實在在地向最高領導齊景公報告，「我地位一向卑微，領導突然把我從平民中提拔起來，置於大夫之上，士兵們不會服從，百姓也不會信任，在下人微言輕，一點威信也沒有。」

齊景公也看出了這一點，「那你說該怎麼辦？」

「希望您能派一位寵信的大臣來做監軍，用對方的權勢率領軍隊。」

「好，准奏！就派莊賈吧。」

田穰苴將軍通知莊賈，明天正午營門會合，整隊出發。

莊賈是齊景公身邊的紅人，混得不錯，人緣挺好，現在又當上監軍，照例臨行前一夜，十里八村的酒肉朋友全來了，都要爲監軍大人送行。莊賈一看，頓覺自己面子十分風光，一杯一杯地喝，不醉不休，哪裡知道，這送別竟成了永訣。

田穰苴早已在營門等候，說好的午時已過，監軍莊賈還沒有來，便叫人立起計時的漏壺等待。時間過得愈久，田穰苴心下冷笑得愈厲害，握寶劍的手更是一緊，莊賈，謝謝你對我的工作支持！

直到晚上，喝得滿身酒氣的莊賈才姍姍來遲。

田穰苴微微一笑，「約定時間已過，莊大人，爲何來晚了？」

「田將軍，抱歉啊！朋友親戚們爭相送行，人太多了，所以才耽擱了。」

莊賈沒什麼誠意地解釋著，暗哼，我跟領導混得鐵，就算來晚了些，你一個小農民又能把我怎樣？

田穰苴依舊不氣不怒，笑笑道：「身爲將領，從接受命令的那一刻起，就應忘掉自己的家庭，忘掉私人的交情，甚至忘掉自己的生命。如今敵國深侵，邦內騷動，士卒暴露於境，君王寢不安席、食不甘味，百姓之命皆懸於莊大人，您還有心思送別？」

田穰苴說得滴水不漏，長期看領導臉色的莊賈立馬知道情況似乎有些不妙，想再辯駁幾句，爲自己開脫。這時，田穰苴卻突然一改先前慈善溫和的表情，鄭重嚴肅地對軍法官說：「軍法上，對約定時刻遲到的人怎麼處理？」

軍法官回答得很乾脆：「斬！」

看見田穰苴那個山炮眼神中的堅毅與決心，莊賈一下子清醒，暗暗派人飛報齊景公，知道現在能救自己的人只有齊國最高領導。

只可惜，一切都太遲了。

莊賈的後台再堅硬，也沒有田穰苴的鍘刀鋒利。

整個過程彷彿是一個簡單而高深的陰謀，田穰苴可不是吃素長大的，就算此刻不殺，早晚他都會找莊賈的碴。

只有殺了君王身邊的紅人，才能迅速在三軍中樹立威儀。

這時，戰士們早已對新任軍長肅然起敬，連君王身邊的紅人犯了法都敢殺，還有什麼事他不敢做？震驚之後，緊接而來的是深深恐懼，怕鍘刀落到自己頭上。

2. 不懂政治的大司馬

田穰苴幹得好好的卻被無故免職，成了政治鬥爭下的最大犧牲品，心底頭鬱悶得很，自己這國防部長的地位又不是靠裙帶關係得到的，是靠軍事才能堂堂正正得來的。

過了很久，齊景公派的使者才終於趕來，拿著符節想特赦莊賈。

莊賈若泉下有知，肯定恨透了那個使者，你怎麼現在才來？老子都去投胎了！

由於事態緊急，使者車馬飛奔入營，又犯下一條大忌。田穰苴面對手持符節、氣焰囂張的使者說出一句千古名言，「將在軍，君令有所不受。」

這可能是「將在外，君令有所不受」的最早期版本。

田穰苴一臉森嚴地問道：「駕車在軍營奔馳者，怎麼處置？」

軍法官又是乾脆的一個字回應，「斬！」

使者慌了，他可不想陪著莊賈一起死。

田穰苴也沒有那個意思，畢竟國君派來的使者可不能斬，這麼一來，遭殃的就是使者的僕人。那僕人可眞夠倒楣的，主人下令快點趕車，哪能停下啊？

正式上任第一天，田穰苴便殺了兩個人，他站在戰車上審視三軍將士，他們眼神中閃爍著恐慌與驚懼。

作爲統領軍隊的將軍連這點狠勁都沒有，焉能服衆？

田穰苴從士兵又驚又懼的眼神中，看出收復齊國失地的希望，他知道，齊國的軍隊實力很強，不是三腳踹不出屁來的爛部隊，只要改變軍容，重振士氣，必能打出一場勝仗。

接下來的幾天，田穰苴很忙，忙著從「田將軍」順利地轉型成「田政務官」，舉凡士卒次舍、井灶飲食、問疾醫藥等吃喝拉撒睡樣樣過問。

這還不夠，他還把自己作爲將軍專用的物資糧食全部拿出來和士兵平分，與士兵同吃同睡，又把體弱有病的人統計出來，重新整頓軍隊。

三天後，原先散亂不齊的軍隊士氣高昂，軍容整齊一致，人人奮勇當先，就連老弱病殘都強烈要求要上陣打仗，以報田將軍大恩。田穰苴很感動，心緒澎湃，這才是他理想中的齊國軍隊，才是保家衛國、收復失地的必勝之軍！

面對刀明戟亮、士氣大振的士兵們，田穰苴揚手大喝，「出發！」領著齊軍浩浩蕩蕩開往前線戰場。

晉、燕兩國得知消息後大爲驚愕，這樣一支軍隊還有什麼是不能戰勝的？紛紛下令退軍，尚未開戰，勝負便分。

不戰而屈人之兵是戰爭的最高境界，田穰苴不僅辦到，還率領齊國軍隊追擊，一舉收復失地，凱旋而歸。

等待他們的是鮮花與掌聲，還有至高無上的榮耀。

還沒有抵達都城，田穰苴便先行下令解除戰備，宣誓立盟以示忠誠後，衆人才進入國都，這樣做，全是爲了消除統治者的顧慮。

齊景公得知消息，便率領文武百官前來迎接，鑼鼓喧天、鞭炮齊鳴，人山人海，場面極爲壯觀。

人事部也找不到檔案的小農民，現在搖身一變，成了全國人民眼中的英雄，凱旋而歸，當初那些譏諷的笑聲和蔑視的眼神，就此消失，再沒有人會看不起田穰苴。

經此一役，齊景公拜田穰苴爲齊國大司馬（地位等同現代的國防部長），這位優秀傑出的軍事家，此刻起昂首闊步，屹立在史冊之中，爲當世所敬仰，受後世追慕，尊稱爲司馬穰苴。

田氏在齊國本已權傾朝野，現在田穰苴一躍而成爲國防部部長，聲勢更是如日中天，一國大權盡在其手，直接威脅到姜齊的統治。

齊國原先有四大家族，分別是田、鮑、高、欒等四姓，之間早生矛盾，見田氏成了國內勢力最大的一支宗族，其他三家自然眼紅嫉妒，又怕田氏將矛頭轉到自己身上。過沒多久，齊景公也覺得情況不大妙，對田氏心生戒備，採納鮑氏、高氏、國氏的聯合意見，辭去田穰苴大司馬一職。

田穰苴幹得好好的卻被無故免職，成了政治鬥爭下的最大犧牲品，心底鬱悶得很，自己這國防部長的地位又不靠裙帶關係得到，是靠軍事才能堂堂正正得來的，招誰惹誰了？最後，這位當代傑出的軍事家心有不甘，抑鬱而終，帶著遺憾離開人世。

田氏後來當家的田乞、田豹等人因此怨恨進言的三姓宗族，接著，田乞的兒子田常發動政變，先殺死齊簡公，另立一個倒楣鬼爲王，重新獨攬大權後，又將高氏、國氏家族全部誅滅。

最後，田常的曾孫田和自立爲君，變成齊國的新主人，史稱「田氏代齊」。

不久的將來，田氏子孫中又出現一位軍事奇才，他就是《孫子兵法》的作者——「兵聖」孫武。

第 2 章

孫武：至今還在影響世界的人

「跑」是戰略意義上的撤退，且戰且走，同時伺機而動，但前提是楚軍主動出擊，否則打都還沒打就先撤退，傻子也知道當中必然有詐。幸好關鍵時刻，有兩個白癡幫了孫武一把。

1. 軍事天才的優良血統

一個人能否成才，家庭教育至關重要，孫武的家庭教育目標很明確，是「兼百家通一長」，各個學科都涉獵些，重點專攻帶兵打仗的訣竅。

孫武，字長卿。春秋末期齊國樂安人（今山東廣饒，另一說為惠民縣）。生於西元前五三五年左右，後世尊爲兵聖。

華人中孫姓的來源有三，第一個是由周朝姬姓轉變而來。據《元和姓纂》所載，周文王第八子康叔爲衛國國君，其九世孫叫惠孫，惠孫有個孫子乙，字伍仲，伍仲以祖父的字命氏，就是孫氏，子孫世居汲郡，是爲河南孫氏。

第二則是春秋時楚國令尹（楚國最高官職，入則領政，出可統軍）孫叔敖的後代，世居寢丘。

最後一個，春秋時，陳厲公的兒子陳完，因事逃到齊國後，改姓田，也就是上章提到的田穰苴的祖先田完。田完的五世孫田桓子次子田書，為齊國大夫，因伐莒有功，被齊景公賜姓孫氏，是為山東孫氏。

田書是孫武的祖父，兒子孫憑——也就是孫武的爸爸，是齊國大夫，位至於卿，一門顯貴。

孫武是貨眞價實的高幹子弟，從小在軍政大院長大，體內流動的是軍人的血，何況細數田氏中，不乏名將林立，田開疆、田穰苴、田書，任一位都是名噪一時。

曾祖父那輩的田穰苴曾任國防部長，爺爺田書也是個能征善戰的將軍，田氏家族裡優良的軍事基因，自然全傳承到孫武身上。出生在這種精英家族中，孫武想不成才都很困難，名字起得也很有意義，一個「武」字，註定將戎馬一生。

田書是個將軍，當然希望自己後繼有人，兒子孫憑才能平平，名字起得符合實際，只能將希望在孫子身上，是以，對孫武的教育一刻都未曾放鬆。

據說孫武小時候才華橫溢，有一次他和家庭老師出外旅遊，一路風景美不勝勝，老先生是個文人，觸景生情，隨口便道：「車到山前必有路。」

年紀小小的孫武一聽，立刻脫口回道：「船到橋頭自然直。」

雖不知這傳聞是眞是假，但血液裡有優良的遺傳，加上良好的家庭教育，就算孫武眞笨得要死，也能成才。

一個人能否成才，家庭教育至關重要，孫武的家庭教育目標很明確，是「兼百家通一長」，各個學科都涉獵些，重點專攻帶兵打仗的訣竅。

孫武從長輩那裡耳濡目染，學到許多軍事戰爭知識，爲他後來撰寫舉世聞名的兵學聖典《孫子兵法》奠定十分堅實的基礎。

孫武出生在貴族，是幸運也是不幸，他生活的齊國，內部矛盾重重、危機四伏。

齊景公初年，出現「崔杼慶封之亂」，接著田、鮑、欒、高等四大家族又趕走慶封。之後內亂更加嚴重，大夥將「窩裡鬥」的優良傳統發揮得淋漓盡致，到孫武出生，齊國四大家族之間的鬥爭已經白熱化。

人是爲了鬥爭而活著？不，馬革裹屍那才是英雄好漢，在自己家裡鬥算什麼？

孫武對這種內部鬥爭極其反感，不願糾纏其中，萌生遠奔他鄉的念頭。

約莫在齊景公三十一年（西元前五一七年）時，正值青春年華的孫武告別齊國，離開家鄉，去實現心中的那個夢想。

男兒志在四方，不願意受到家族的蔭澤，更不想在父輩陰影之下過完一生。

倔強的孫武放棄家裡安排好的優厚工作，遠走他鄉。母親挽留的淚水，父親責備的眼神，都成了他畢生奮鬥的原動力。

孫武沒有留下豪情萬丈、大氣磅礡的詩詞，他走的時候可能是軍港之夜——靜悄悄，以他倔強的性格，或許什麼也沒有留下就走了。

當前，孫武面對的是去哪裡的問題，齊國不能回去，那接下來該去哪裡？要去就去個有發展潛力的地方，寧做雞頭，不做鳳尾，總不能去鄉村混，孫武的志向又不是當一名村長。

孫武準確地分析目前天下局勢，最後得出結論——去吳國。

當時南方的吳國自姬乘（又名壽夢）稱王以來，不僅脫離楚國的控制，還聯晉伐楚，國勢強盛，很有一番新興氣象。

一個新建的公司，勢必缺少人才，有自己發揮的空間。

十八歲的孫武站在橋頭，遙望吳國，那裡才是我施展才能和實現抱負的地方。

他年輕、俊秀、志大、才高，遠道而來，一無所有。但他覺得清風徐徐、煙雨迷迷，眼前萬里江山，什麼都阻擋不了他闖蕩江湖的雄心壯志。就連春雨樓頭、曉風殘月裡的簫聲，他也覺得是一種憂愁的美，而不是淒涼。

溫瑞安在《溫柔一刀》中的這段文字放在孫武身上，再適合不過。

按照電影中的慣例，此時男主角孫武應該站在船頭，兩手負身，雙目灼灼，一臉沉肅認真，面對萬里波濤便觸景生情，吟個詩什麼的。

然而，孫武只是用嘹亮的嗓音大喝一聲，「吳國，俺來咧！」

2. 孫子兵法

著書隱居三年當中，孫武絕不會只想當一名學者，他同時也積極地結交朋友，多一個朋友多一條路，這群朋友當中，便有一人對孫武的竄升起到至關重要的作用。

到了吳國姑蘇，一時間好像也沒什麼前途，孫武想，不如隱居等待時機吧！開始潛心研究兵法，著書立傳。

研究學問的生活枯燥而平淡，在專諸刺吳王僚，到闔閭三年孫武求見吳王之間的這三年裡，孫武實地考察，加上自己的軍事天份，總結前人經驗，寫出了兵法十三篇，也就是後來的《孫子兵法》。

花了三年，寫出一部曠世軍事名著，這部書不僅影響中國幾千年，直到現在，也深深影響全世界。不過，關於《孫子兵法》的作者，後世各家研究者意見分歧，有很大的爭議，筆者不得不在此詳細說明一番。

第一種說法，是孫武所著，原因是在沒有足夠證據的情況下，不足以推翻原來的觀點。第二種說法是由孫臏整理而成，原因是《孫子兵法》當中的某些用兵記述，人數動輒十萬，但在春秋末期，即使是大國用兵至多也不過二、三萬人，只有到了戰國中後期，才有用兵十萬至數十萬的記載。

另外，書中所談的戰術主張深入敵後，加上長距離的調派指揮等方式，都是戰國時期才出現的打法。

這說法看起來倒有一些道理，孫臏是孫武的後裔，本身也是位軍事家，對其先祖的軍事典籍加工整理，自然在情理之中。

第三種說法就有點不靠譜，有人說這部書其實是戰國初年某位山林隱士寫出來的。老實說，我還真佩服提出這種說法的人，這應該是武俠小說看太多了吧？《孫子兵法》可是一部用於兩軍對戰的兵書，寫的人肯定是軍人，才能理解戰場上的情勢，並加以鑽研突破。

一個隱居山林裡的處士，天天面對猴子山豬等野獸，寫出本《動物奇觀》還差不多，怎麼可能寫出一部兵法？

第四種看法則主張由伍子胥寫成，因為古時「武」即「伍」，在其他史料中，有時伍子胥也寫作武子胥。

筆者認為，這純粹是從孫武和伍子胥後來的好交情推論出來的假設，要真是伍子胥寫的，為什麼不叫《伍子兵法》？又怎麼會讓孫武帶著書出來顯擺？

第五種說法更厲害，說是三國時代的曹操編撰的，但是，《孫子兵法》注家杜牧卻認為，曹操是將當時內容有八十二篇之多的《孫子兵法》刪減為十三篇，文章內容還是孫武所著。

《孫子兵法》誕生到現在，已有兩千五百多年的歷史，畢竟年代久遠，眾說紛云，難以考察，後世的歷史學家大多是認同前兩者說法。

直到一九七二年四月，考古學家在挖掘山東臨沂銀雀山漢墓的過程中，「同時」發現以竹簡寫成的《孫子兵法》和《孫臏兵法》兩部兵書，千載以來的無數爭論才宣告結束，《孫子兵法》的作者確實是春秋末到戰國初的孫武先生。

這是一部偉大的著作，前無古人，後無來者，堪稱是全球最早的系統軍事理論。

著書隱居三年當中，孫武絕不會只想當一名學者，他同時也積極地結交朋友，多一個朋友多一條路，這群朋友當中，便有一人對孫武的竄升起到至關重要的作用，他叫伍員，字子胥，兩人一拍即合。

一個是楚國文臣的兒子，另一個是齊國將軍的孫子，年紀相仿，同屬高幹子弟，同樣落魄，流浪到吳國來。

伍子胥混得比較好，通過公子光的關係進入中央政府，成為吳國的公務員。

西元前五一五年，吳國發動政變，公子光派專諸刺殺吳王僚，成功上位，就是鼎鼎大名的吳王闔閭。專諸是伍子胥推薦給闔閭的，自然佔有功勞，事成之後，吳王闔閭重賞伍子胥，命他爲行人（相當於今日的外交官），並參與討論國事。

吳王闔閭是個極富野心的人，目標不僅是吳國王位，而是春秋霸主。

據《吳越春秋．闔閭內傳》記載，亂世諸侯爭霸，南方新興的吳國國君闔閭爲圖霸業，想攻打鄰近的楚國，卻因偌大吳國沒有合適的人選，正在發愁。

伍子胥常與吳王闔閭論兵，見闔閭爲將軍人選鬱悶，突然想起了一個人，立即向他舉薦從齊國逃亡來的孫武。

「精通韜略，有鬼神不測之機，天地包藏之妙，自著兵法十三篇，世人莫知其能。誠得此任為將，雖天下莫敵，何論楚哉！」

這是伍子胥對孫武的評價，也是孫武畢生的大好機會。

吳王闔閭起先沒怎麼重視，對伍子胥的話有過懷疑，天下難道還有這般軍事奇才？無奈伍子胥前前後後熱心推薦了七次之多，吳王沒辦法，只好看在伍子胥的面子上召見孫武。韜光養晦，蟄伏多年，孫武終於正式踏進亂世紛爭，他的軍事才能如同破曉的紅日，照亮春秋戰國陰霾黑暗的混戰歷史。

3. 練軍斬美人

孫武知道現下情況不同，若是替吳王闔閭留了面子，又會有誰給自己面子？今後還能抬頭挺胸地在吳國混下去嗎？怎麼對得起特地推薦我的伍子胥大哥？

吳王闔閭仔細讀過孫武的十三篇兵法後，發現伍子胥所言不假，但仍懷疑此人究竟有沒有眞實本領，想測試測試。

人有時很奇怪，談理論想法時條條是道，一旦務實運用就不行。

吳王用懷疑的眼神看著孫武，在我吳國當公務員沒有吃閒飯的，是驢子是馬都得牽出來試試腳力。

「先生的十三篇兵書我都看過，可以試著指揮小規模的軍隊看看嗎？」

孫武回答：「可以。」

闔閭說：「可以用婦女作實驗嗎？」

聞言，孫武仍一臉平靜地答道：「可以。」

知己知彼，百戰百勝，孫武早猜到闔閭不會單憑幾章兵法便委以重任，會想測試自己能力是很正常的事，若不是如此謹慎深沉，也不可能成為一方霸主。

聞言，闔閭便派人叫出一百八十名宮女，任孫武調遣。

孫武把人分為兩隊，又請吳王闔閭最寵愛的兩位妃子擔任隊長。

孫武讓兩名寵妃擔任隊長，其實別有用心，他料定這些養尊處優的王妃宮女們定會看不起自己，不會輕易聽令。孫武命令她們，「我說向前，你們就看心口所對的方向；我說向左，你們就看左手所對的方向；下令向右，你們就看右手所對的方向；我說向後，你們就看背所對的方向。」

婦人們全笑嘻嘻地答應，宮中太過煩悶，能出來做做體操，活動活動筋骨是件非常難得的事。

號令解說完畢，孫武又命人在一旁擺上斧鉞等刑具，再次反覆申明號令、交代清楚後，便擊鼓發令，指揮這群宮女部隊往右看。

鼓聲一起，宮女們便笑得前仰後翻，完全沒人想往右看，這孫武還真會逗人開心啊！看台上的吳王闔閭見此，也露出嘲諷的笑意，暗忖，看來孫武也不過如此，會寫兵法的人未必會帶兵。

孫武面對眾宮女笑場，面色平靜地說：「紀律不清、號令不熟，這是將領的錯。」語畢，又多次交代號令，再度擊鼓發令，指揮她們向左看。

眾宮女笑得更是開心。不料，孫武一改方才平靜溫和的面色，厲聲道：「紀律不清、號令不熟，是將領的錯，將領已講得清清楚楚，部屬卻不遵照號令行事，就是軍士們的錯！來人，將兩隊隊長斬了！」

此話一出，所有人立馬摒住呼吸，再沒有一聲笑語發出，大夥從孫武認眞而嚴肅的面色上看得出來，他不是在開玩笑，更不是在玩家家酒。

主席台上的吳王闔閭大驚失色，急忙傳下命令，「寡人已知孫將軍善用兵了，請孫將軍放過她們二人吧，寡人沒了她們，吃不香、睡不好的！」

孫武瞥了高高在上的吳王一眼，淡淡說出先祖田穰苴曾說過的那句話，「將在軍，君命有所不受。我既然已經受命爲將，就應該盡責辦事。」

可憐的兩位妃子不知歷經多少次明爭暗鬥、爭風吃醋，才得到君王的寵愛，不料卻被當作反面教材，在孫武的命令中，活生生掉了性命。

按常理來看，領導的面子通常是要留的，不能輕易冒犯。

可孫武知道現下情況不同，若是替吳王闔閭留了面子，又會有誰給自己面子？今後還能抬頭挺胸地在吳國混下去嗎？怎麼對得起特地推薦我的伍子胥大哥？

所以兩位美人當斬，也必斬，若連這點魄力都沒有，孫武也無法名垂後世。

生命的寶貴在於只有一次，誰也不希望失去活著的機會，不過是向左走向右走那點芝麻事嘛，在死亡的威脅下，這命令再簡單不過。

乖乖聽話，就能好好活著。

孫武軍令再出，這次無論向前向後、跪倒爬起，令出即從，沒有人敢再視為兒戲。

隊伍操練完畢後，孫武上報吳王闔閭，「隊伍已經操練整齊，大王可以下台察看，任憑怎麼號令，她們都能如實辦到。」

吳王闔閭心裡仍不痛快，只淡淡說了一句，「孫將軍回去好好休息吧！寡人不想下去察看。」一點面子也不給，還殺了我的二奶，眞他娘的！

孫武無奈地歎道：「大王只是欣賞我的軍事理論，卻不能讓我實踐。」

吳王闔閭只是一時間心裡不大痛快，他是明白人，目標是春秋霸主，而不是幾個女人，作為最高領導，如果沒有寬廣的胸襟，哪裡會有輝煌的成績？

確定孫武果眞善於用兵後，闔閭便任命他為將軍，這一年，孫武三十一歲，僅僅才是開始。

4. 顛覆常識的打法

大軍踏到楚國大門前時，孫武突然做出令人不解的決定——使軍隊由西向南，捨舟登陸。這就奇了，吳軍一向習於水性，擅水戰，為何要改從不熟悉的陸路進攻呢？

吳王闔閭是深沉有遠見的領導，隱忍十多年才發動政變，單憑這點就知道他絕非尋常人物。

上任執政以來，他「立城郭，設守備，實倉廩，治兵庫」，勵精圖治，發展生產，改良吏治，整軍經武，各方面全顧到了，爲大業做足充分積極的準備。

在人才方面，大膽起用伍子胥、孫武、伯嚭等傑出軍政人才，當中兩人來自楚國，一人來自齊國，加上本土的吳王闔閭，一整個必勝的國際陣仗。

稱霸諸侯，首先要征服楚國。

吳楚兩國是世仇，本來吳國是楚國的屬國，是個備受欺凌的小弟。後來晉國爲與楚國爭霸，採取聯吳制楚之策，讓吳國的經濟及文化都得到迅速發展，國力逐漸強大。

螞蟻吃大象，看來似乎不太可能，但在特定條件下，吳王闔閭將其變成事實，因為他手中有張王牌——不世出的軍事奇才，孫武。

西元前五一二年，吳王闔閭第一次實施大舉攻楚的戰略計劃。

首先，吳國滅掉周圍的徐國和鐘吾國，剪除楚國羽翼，為伐楚的終極目標掃清阻礙。見吳軍打勝仗後士氣高漲，吳王闔閭大喜，想一舉拿下楚國。

這時孫武站了出來，非常冷靜地分析時下局勢，「楚國好歹也是天下強國，不是那兩個小國比得上的。我軍已連滅二國，正是人疲馬乏、軍資消耗的時候，不如暫且收兵回國，蓄精養銳，等待下次良機。」

楚國再不濟也曾是春秋一霸，瘦死的駱駝比馬大，作為一名卓越的軍事家，孫武這點眼光還是有的。伍子胥也建議人馬疲勞，不宜遠征，並獻上「疲楚誤楚」的戰略方針，具體做法是，將吳軍分為三部份，輪番騷擾楚軍，折磨對方的心志。

吳王闔閭沒有被勝利的喜悅沖昏頭，似言採納伍子胥的戰略方法。

吳軍徹底執行伍子胥的戰略方針，這一措施實行有六年之久，先後襲擊楚國的夷（今安徽渦陽附近）、潛（今安徽霍山東北）、六（今安徽六安北）等地，使得楚軍疲於奔命、鬥志低落。

久而久之，楚國便看輕吳軍的進攻，認爲他們都只是些端不上檯面的小角色，正因爲他們放鬆警惕，才會險些亡國。其實，吳國上下一直都在等待時機，孫武更是加緊練兵，明白決定性的一役即將到來。

西元前五〇六年，孫武三十九歲。

這年秋天，楚軍發兵攻打蔡國，蔡國在危急中向吳國求救。此外，唐國也因怨恨楚國的勒索霸凌行爲，主動與吳國通好，要求一同抗楚。

唐、蔡兩國雖只是小國，但位處楚國的北部側背，戰略地位相當重要。吳國和這兩國聯合起來，恰巧可以避開與楚國正面交鋒，進行迂迴突襲、直搗腹心的大規模作戰計劃。吳王闔閭見機會到了，召開全國軍事會議，最後決定率領弟弟夫概、文臣伍子胥、伯嚭，武將孫武，傾全國之兵，大舉攻楚。

在這裡有必要說清楚，「全國之兵」這句話看起來很嚇唬人，彷彿人數極多，但實際上有多少呢？

只有三萬，還是水陸兩師的總數。照這樣看來，總兵力僅三萬人的吳國想打敗楚國，難度頗高，加上蔡、唐兩國的民兵也沒多少人。

楚國迎戰的部隊，據史料記載是二十萬，等於吳軍每個人要負責殺死至少六七個人才行。這仗要怎麼打？稍有點軍事常識的都知道吳軍得勝的希望渺茫。

闔閭並不弱智，當然知道楚國實力，也瞭解會面臨多少軍隊，依舊非常自信，因為他有一個會帶兵的將軍——孫武。

吳國的主力軍隊在孫武這些年的訓練下，戰鬥力著實提升不少，說得誇張點，甚至能以一擋十。這樣一來數據可就不同了，三萬吳軍立時擁有三十萬大軍的實力，對上楚國的二十萬大軍，有了勝算。

吳、蔡、唐三國，趁楚軍連年作戰，東北部防禦空虛薄弱之際，進行奇襲，聯軍浩浩蕩蕩，沿淮水西進，直抵淮汭（今河南潢川，一說今安徽鳳台）。

大軍踏到楚國大門前時，孫武突然做出令人不解的決定——使軍隊由西向南，捨舟登陸。這就奇了，吳軍一向習於水性，擅水戰，為何要改從不熟悉的陸路進攻呢？

面對眾人質疑，孫武沉靜地一字一頓道：「兵貴神速。出其不意，攻其不備，走敵人料想不到的路，才能打它個措手不及。聯軍逆水行舟，速度遲緩，原本的水軍優勢難以發揮，楚軍必會見機加強防備，形成防守之勢，到時想破敵就難了。」

不世出的軍事奇才果然厲害，能在錯綜複雜的局面中迅速找到通往勝利的捷徑。

孫武挑選三千五百名精銳士兵組成先鋒敢死隊，迅速突破楚國北部大隧、直轅、冥阨三道險關，直入楚國，不出數日，已到漢水東岸。

楚昭王慌了，吳軍怎麼說來就來？急派令尹囊瓦和左司馬沈尹戌，傾全國二十萬兵力，趕赴漢水西岸，與吳軍對峙。

隔著漢水，雙方大戰一觸即發。

左司馬沈尹戌是楚軍中唯一一位頭腦冷靜的優秀軍事人才。

沈尹戌不姓沈，和楚國國君同姓「熊」，是楚莊王的曾孫，名戌，在楚平王統治時期上任沈縣縣尹，世人才稱其「沈尹戌」。

這位冷靜清醒的軍事人才立即分析戰局，針對吳軍的特點制定戰略計劃。

首先由楚軍前線總指揮囊瓦率領楚軍主力，沿漢水西岸阻擊吳軍進攻，正面牽制吳軍，再由沈尹戌本人北上方城（今河南方城縣），召集楚軍，突襲吳軍大後方，毀壞敵軍舟楫，切斷後路，接著和主力陣線會合，前後夾擊，便能一舉消滅吳軍。

楚軍總指揮囊瓦也贊成他的戰略方針，這是個完美的策略，吳軍雖然以走陸路的方式迅速逼臨楚國，但實際上仍不擅陸戰，一旦船隻毀損，被趕到陸地上，根本不是楚軍的對手。

得到允許後，沈尹戌便帶著破吳的希望奔赴方城。

可惜，這計劃終究沒成功，爲什麼呢？因爲有白癡出場攪和，還不只一個。

5. 只能撤退了！

囊瓦還來不及高興，便發現吳軍陣容整齊、刀明戟亮，個個士兵士氣高昂、毫無懼色。最前頭的孫武拔出寶劍，面色沉肅地大喝道：「同志們！衝啊！」

孫武見對岸旌旗蔽日、人頭鑽動，冷靜分析情勢。既然對方人數眾多，自己才帶了三千多名士兵，銳者避其鋒，看來只有先跑才是上策。

跑，不同於「逃」，逃是打不過才跑的落敗行為。孫武的「跑」是戰略意義上的撤退，且戰且走，同時伺機而動。跑是一定要跑的，但前提是楚軍主動出擊，否則打都還沒打就先撤退，傻子也知道當中必然有詐。

幸好關鍵時刻，有兩個白癡幫了孫武一把。

武城黑，楚國將官，是此次吳軍勝利的重要關鍵人物之一，孫武應該感謝他。

沈尹戍北上之後，武城黑覺得立功的時機到了，特別將阿諛奉承、處處為領導操心的作風發揚光大，關切地向總指揮囊瓦進言，「如果等沈尹戍領軍從後方夾擊，此役戰功將被他獨得，不如先以主力進攻，迅速擊破東岸的吳軍，這樣令尹之功自然在沈尹戍之上。」

爭功一向是將領們樂此不疲的事，一個人說話或許沒有分量，然而再有一個人助陣，囊瓦也不由得動搖了起來。

另一位吳軍該感謝的關鍵人物大夫史皇也開口勸道：「沈尹戍的人氣向來比您高，如果沈尹戍先戰勝，您的令尹之位可就難保了。」

囊瓦一聽大驚，「你們說得對！在這裡乾等，險些讓那姓熊的占了便宜。」當即決定，先渡漢水進攻吳軍。

本來好好的作戰計劃，就這樣被破壞掉，有如此貪功心切的前線總指揮，楚國不敗才怪。楚軍並非是敗在吳軍刀下，而是敗在了自己人手中。

漢水對面的孫武正愁不知該如何讓楚軍進攻，沒想到忽然間敵方殺伐聲響，樂得馬上傳令，吩咐衆軍士立刻撤退，不得戀戰。

見此，囊瓦大喜過望，「吳軍見大軍壓上便倉皇敗走，我們還等什麼？建功立業的時刻到了！弟兄們，給我追！」

孫武的部隊因為人數少，移動性相對靈活，跑得極快，整齊一致地退到大小別山之間，以逸待勞。

這時，孫武肯定也說了些建功立業、加官晉爵之類的話鼓舞士氣。吳國士兵在孫武的訓練下本就勇不可當，何況這三千多人還是精銳中的精銳，戰鬥力可想而知，加上孫武這麼一忽悠，士氣迅速高漲，躍躍欲試地等著敵人。

楚軍主力部隊人數眾多，行動自然遲緩，像是腳踏車追機車一般，好不容易追到大小別山，早已是人疲馬乏、鬥志銳減。

轉過一個山坳，氣喘吁吁的大將軍囊瓦忽見不遠處有一隊等候多時的吳軍，第一眼就看到站在最前方的孫武。

好小子，終於追到你了！

囊瓦還來不及高興，便發現吳軍陣容整齊、刀明戟亮，士兵個個士氣高昂、毫無懼色。孫武拔出寶劍，面色沉肅地大喝道：「同志們！衝啊！」

大批楚軍早已疲憊至極，哪裡經得起對方士氣高漲的衝殺，登時陣容大亂，各逃各的。拼殺一會後，孫武又下令撤退，吳軍得令後，瞬間跑得無影無蹤。

氣急敗壞的囊瓦大喝一聲，「他娘的，給我追！」

就這樣，吳軍以逸待勞，在大小別山間迎戰楚軍，三戰全捷。

楚軍連敗三次，自信心受到嚴重打擊，士氣低靡，十多萬大軍讓三千多人打得落花流水，贏了說出去都不算光彩了，更何況是輸得一塌糊塗？

面對慘澹戰局，總指揮囊瓦這時顯示出貪生怕死的一面，見勝利無望，便想直接棄軍逃跑，那些國家、社稷還是道義的，全拋到腦後去。

大夫史皇看不過去，當初建議主動出擊，他也有份，後來發現這是個錯誤決定，很後悔，想用戰死的方式來進行贖罪。

史皇厲聲叱道：「國家太平時，你爭著執政，現在戰情不利就想逃跑，這可犯了臨陣脫逃的死罪！目前唯有與吳軍決一死戰，才可以彌補己過。」

囊瓦聽了，只得無奈地重整部隊，準備與吳軍一決生死，可是逃跑的念頭一直沒有消失。

西元前五〇六年十一月十九日，孫武先頭部隊與吳軍會師，趕到楚軍陣前，雙方在柏舉（今湖北麻城）列陣相對。

雙方高層緊張地部署著。

在吳軍這邊，闔閭的弟弟夫概這哥們驍勇，判斷時局後對大哥說：「囊瓦不得人心，楚軍沒有幾個願爲他賣命，只要主動出擊，楚軍必定潰逃，再以主力追擊，必獲全勝。」

闔閭想了想，沒答應這項提議，他有他的顧慮，畢竟人數過於懸殊，生死存亡的一戰，怎能兒戲？穩妥才是上策。

夫概很鬱悶，憤憤不平地對部下說：「爲臣子理應見機行事，沒必要等待命令，現在時機大好，我要發動進攻，拼死也要打敗楚軍，攻入郢都（楚國首都）。」隨即率領五千先鋒軍，直闖楚營。

事實證明，他的分析非常準確，楚軍果然一觸即潰，陣勢大亂。

闔閭正待研究戰略時，得知夫概孤軍深入，氣不打一處來，這不反了嗎？若是失敗，第一個斬的就是他！

吳王觀察情勢後，發現夫概判斷準確、驍勇剽悍，弄得對方陣腳大亂，便將全部主力投入戰鬥。

楚軍統帥囊瓦一直沒放棄逃跑，覷了個空，便直接棄軍逃往鄭國，大夫史皇就沒有人家聰明，慘烈地戰死沙場。

6. 最光輝的一刻

柏舉之戰，孫武以三萬兵力，擊敗楚軍二十萬，創造中國戰爭史上以少勝多、快速取勝的光輝戰例。接下來，吳軍一路凱歌，楚國首都郢都近在咫尺。

楚軍難以抵擋吳軍的強大攻勢，很快便土崩瓦解、任人宰割，邊打邊退地撤到柏舉西南方的清發水（今湖北安陸西的涓水）稍事休息。士兵們打了好幾場，早已餓得難受，當下埋鍋造飯，等飯煮好，吳軍也追到了。吳軍的先鋒部隊追了上來，發現人疲馬乏的楚軍正在煮飯，見到陣陣炊煙升起，每個人的眼睛都紅了。

領頭的夫概則是眼睛一亮，哎呀！還有這等好事？打仗是個技術活，技術不如人就會被當成菜切，也是個體力活，沒有良好體力，就只能等著挨揍。

夫概大爺立刻橫刀立馬，大喝道：「想吃飯的兄弟們，衝啊！」

餓紅了眼的吳軍一聽，拼了命似地撲上前去。

毫無戰鬥力的楚軍見吳軍攻來，只能慌張起身逃跑，可惜了那些剛做好的飯菜，全拱手讓給吳軍享用。

吃了飯後，吳軍體力倍增，二話不說地選擇趁勝追擊，直追楚軍殘部。當中夫概更是殺紅了眼，大有不將楚軍全數殲滅誓不回頭的決心。

此時，對面忽然殺出另一組殺氣騰騰的人馬，其勢兇悍無比。

夫概驀地愣住，直覺告訴他這不是倉皇敗逃的楚軍，定睛一看，發現對方帶頭的主將是左司馬沈尹戌。

原來沈尹戌得知囊瓦主力潰敗，急率本部前來救援，反擊凌厲。

夫概一時猝不及防，全線潰敗，眼瞧旗下弟兄們全被當成菜切了，心急如焚，無計可施之際，忽然看到一個人，心中燃起無限希望。

此人是吳軍實際指揮官，孫武。

孫武率領吳軍的主力部隊趕到後，迅速包圍沈尹戌部隊，雙方展開廝殺，昏天暗地、殺聲震天。

吳軍如同鐵桶一般，固若金湯，牢牢包圍，一隻蒼蠅也甭想飛出去。

亂軍之中，沈尹戌固然驍勇，無奈雙拳難敵四手，全力衝殺下仍身受重傷，見大勢已去，遂命令部下割下自己首級以報楚王。

這是春秋戰國時期最殘忍悲壯的軍令之一。

自古「文死諫，武死戰」，此役作戰失敗，沈尹戍無顏面對楚國父老，只好一死，死得壯懷激烈，作爲一名軍人來說，戰死沙場是他無愧於心的選擇。

至於其他的楚軍，當然全被當白菜切了！

這便是歷史上極爲知名的一場以少勝多的經典戰役，吳楚柏舉之戰。

范文瀾先生在《中國通史簡編》提到，柏舉之戰是春秋末期一次規模宏大、影響深遠的大戰，甚至有史學家稱它爲「東周時期第一個大戰爭」。

柏舉之戰

時間：西元前五〇六年秋末至前五〇六年十一月十九日

地點：柏舉（今湖北麻城，一說湖北漢川）

參戰方：吳、楚

實際指揮官：孫武、囊瓦

兵力：吳國三萬，楚國二十萬

傷亡：吳國不詳，楚國比較輝煌，全軍覆沒

結論：吳國勝

柏舉之戰，孫武以三萬兵力，擊敗楚軍二十萬，創造中國戰爭史上以少勝多、快速取勝的光輝戰例。

後世戰國時期軍事家尉繚子曾讚道：「有提三萬之衆，而天下莫當者誰？唯孫武子也。」意思是說，這種戰役不是隨便都能成功的，只有孫武先生才打得出來！

接下來，吳軍一路凱歌，楚國首都郢都近在咫尺。

此時楚國朝野震恐，出現兩種聲音，一種是子西、子期力持的「與全城軍民共存亡」，另一方面則是楚昭王主張的逃跑之策。

大戰在即，已容不得他們再行商議，人夥只得各行其事——子西、子期率領麾下部隊全力迎戰，誓要保住郢都；楚昭王則是悄悄地帶上家屬走小門逃走，任郢都城門被攻破。國家有這樣的君主，社稷不幸，國之不幸。

柏舉之戰奠定了吳國霸主地位，孫武功不可沒。《史記》對孫武的評價是：「西破強楚，入郢，北威齊晉，顯名諸侯，孫子與有力焉。」

老實說，歷史對軍事奇才孫武不大公平，大部份人都只知道他寫的那部《孫子兵法》，很少知道他的英勇戰績，由於史料匱乏，筆者也只能寫到這裡。

關於孫武後來的生活，史書並無記載，後人提出兩種說法來推論他的晚年生活。

第一，孫武明白「飛鳥盡，良弓藏」的道理，於是找個時機兩手一甩，退隱江湖去了，並以其戰爭經驗改良兵法當中理論，使其成爲聲名千古不墜的巨著。

第二，說孫武在伍子胥被殺後不久，亦被吳王處死。

不管怎麼說，孫武留下一部偉大的軍事著作，時至今日，《孫子兵法》仍深深地影響著整個世界，當中不乏許多中外偉人。

所謂「龍生龍，鳳生鳳，老鼠的兒子會打洞」，孫武既然是世人敬仰的兵聖，他的子孫自然不會差到哪去。

果不其然，百餘年後，孫家又出現一位軍事奇才，與孫武這位先祖相比，絲毫不遜色，此人就是孫臏。

第 3 章

孫臏：
智慧猶如破敵箭

魏軍根本還沒弄清楚怎麼回事，突然間聽見一聲鑼響，山路旁黑壓壓一片人影，萬箭齊發，如暴風驟雨般迅猛，立刻陣容大亂，死傷無數，慘呼嘶叫，震盪四野……

1. 一門師兄弟

孫臏微笑著目送龐涓先行下山離去。這兩位鬼谷子的愛徒，戰國時期軍事界的雙子星，從分別開始，便註定要在亂世天下展開一場激烈的爭鬥。

在說孫臏的故事之前，得先提出兩個常見的疑問。

「臏」這個字，原意是膝蓋骨，也就是組成人體的兩百零六塊骨頭中的其中一塊。按理說，作爲一位傑出的軍事家，不取個孫大壯的名號，至少也得叫個孫英俊什麼的才威風，爲什麼非要用膝蓋骨當名字？

這是第一個疑問。

孫臏本名早已失傳，誰也不知道他原名叫什麼，有種說法是，他本名爲孫賓，只因爲受過「臏刑」，才改名孫臏。

第二個疑問，孫臏出身十分模糊，究竟是不是孫武的後人？

這問題可比前面來得重要些，後世研究者眾說紛云，說什麼的都有，有的說他們沒有關係，有的說他們是祖孫關係，這麼一堆資料查下來，結論還是「關係不詳」四個字。

其實，孫臏的本名和是否為孫武後人這兩件事並不重要，有時間研究下《孫臏兵法》的實際應用以及孫臏一生的事蹟才是最重要的。

為敘述孫臏的故事，筆者在此仍是維持《史記》觀點來說明。

孫臏，生卒年不詳，真名失傳，活動時期約莫為西元前四世紀的下半葉，齊國人（今山東鄄城人），吳國大將孫武的後人，以縱橫家的鬼谷子為師。

縱橫家是什麼呢？說白了，就是專門搞陰謀詭計整人的一個流派。清末民初的學者李宗吾為它取了個專有名詞，叫做「厚黑」，是培養謀士的搖籃，古今中外的知名政客大多深諳此道。

鬼谷子是縱橫家的祖師爺，也是位優秀的教育家，在他老人家的精心培養下，戰國出現兩位優秀的政治家，蘇秦及張儀，還有另外兩位優秀的軍事家，孫臏和龐涓。

龐涓很有才幹，天資聰穎，算是個人才，可惜他師兄孫臏卻是個天才。

當凡人碰到天才，就連上帝也沒有辦法。

龐涓為人奸猾，善弄權術，又不容易被察覺，是非常了不起的才華，但他的人格有缺陷，套句民初知名詩人艾青的話，他是「心靈上長了個腫瘤，叫做嫉妒」，這最可怕的人間兵器，遠比尖刀更為鋒利。

龐涓生了這麼大的腫瘤，註定辦不成大事，瞭解他的性格缺陷後，自然會聯想到孫臏接下來的慘狀。

性格決定命運，龐涓這幾年大學生活並不好過，每個輾轉反側的夜晚都在思考怎麼才能擊敗孫臏，也曾立志對燈發誓要贏過孫臏，一直被嫉妒深深束縛煎熬，沉銹已深、直入骨髓。

不過，龐涓並沒有將自己內心的扭曲表現出來，反而對孫臏很好，爲人憨厚的孫臏也視龐涓如兄弟，兩人親密無間。

可惜，出賣自己的人，通常是親密無間的哥兒們。

兩人的求學經歷，在武俠小說中是常見的橋段，一個師父、兩個徒弟，一個好、一個壞，壞的總是嫉妒繼而欺負好的，好的不以爲意、寬宏大量，壞的變本加厲，好的沒辦法，只好下手清理門戶……孫臏與龐涓的未來也大致走不出這方向。

如果把他們的故事改編成武俠小說，肯定是篇優秀佳作。

龐涓學有小成後，就想下山去闖蕩江湖，臨行前問了一句，「大師兄，現在魏惠王招賢納士，你去不去？」

孫臏想了想，「我才疏學淺，還想留在老師身邊多學幾年。」

龐涓大義凜然地說：「也好！人各有志，兄弟若有出頭之日，定不忘舉薦師兄。大師兄，後會有期！這廂告辭了！」

孫臏微笑著目送龐涓先行下山。這兩位鬼谷子的愛徒，戰國時期軍事界的雙子星，從分別開始，便註定要在亂世天下展開一場激烈的爭鬥。

龐涓到魏國後，剜門盜洞攀關係，終於見到魏惠王，憑著良好師承、優秀的軍事才華，以及如簧巧舌，很快得到魏老闆的賞識，拜爲將軍，也打了好幾場漂亮仗。

魏老闆很賞識龐涓，閒談之中知道了龐涓還有個同學叫孫臏，心裡想著，龐涓很厲害，孫臏肯定也不會差到哪去，便愛烏及屋地提上一句。

「小涓，有機會就把你那同學找來，咱們一起吃頓飯吧。」

龐涓一聽，表面上不動聲色，心中叫做嫉妒的那顆毒瘤卻開始膨脹，暗忖，要是不除掉孫臏，自己永遠只有當跟班的份！

輾轉反側下，龐涓先暗中派人送封信給孫臏，內容大致是這樣的：師兄，我在魏老闆這裡混得不錯，你快來吧！我特地向魏老闆推薦你，想幫你安排個好工作……

總之，信上一堆看似誠懇的花言巧語，以光明的前途誘騙孫臏。

接到信後，孫臏歡天喜地下山，不止一次稱讚龐涓眞夠哥們，風塵僕僕地趕到大梁（今開封，戰國魏都城）和龐涓會合。

他完全沒想到，等待自己的卻是一把殘酷的人性尖刀。

2. 賽馬必勝法

孫臏到了田忌府中後，一直沒什麼作為，當個閒客，有時陪著去看賽馬，發現田忌雖然喜歡賽馬，卻常十賭九輸，暗暗留意起一些門道。

孫臏到了魏國和龐涓碰頭後，兩人久別重逢，天天大擺筵席，聊天話家常，有著說不完的抱負及願景，過了好一段時日，卻還沒見到魏老闆。

孫臏不由得開始覺得奇怪，見自己師弟也沒異狀，便轉念一想，可能人家很忙，再耐心等一會吧！

龐涓刻意不提求見魏王的事，只是每日好酒好肉地伺候孫臏，另一方面也沒閒著，忙著如何詆毀孫臏，造成既定罪行。

孫臏，別怪我無情了，誰讓你是個太過優秀的天才呢？

一天，孫臏忽然被外面一陣吵嚷聲驚醒，難道是魏老闆派人來接見我了？登時掩不住內心狂喜，立馬跳下床將門打開。

開門後，卻看到侍衛林立，個個面色森然地瞪著自己。

孫臏疑惑地暗道，這排場好像有些不大對勁？

這群臭著臉的侍衛二話不說地把孫臏綁了起來。

「你們這是幹什麼？」

孫臏想要辯解，但一聽見侍衛們說出的罪名是「私通齊國，罪不容誅」時，瞬間無語，明白問題出在哪裡。

龐涓，你陷害我！

然而一切都晚了，那些侍衛七手八腳地剝下孫臏的衣褲，還殘忍地剜去孫臏兩個膝蓋骨，這還不算，又在他臉上刺上犯罪的標誌。

孫臏慘叫一聲，倒在血泊之中昏迷不醒。

舉世聞名的莎士比亞曾說過，「您要留心嫉妒啊，那是一個綠眼的妖魔！」

可惜戰國的孫臏聽不見，原本以為等待他的是一展宏圖的美夢，結果到頭來竟然落得「斷其兩足而黥之」的下場。

接下來，龐涓卻走了一步臭棋。《史記》裡的原文是這麼記下的，「龐涓既事魏，得為惠王將軍，而自以為能不及孫臏，乃陰使召孫臏。臏至，龐涓恐其賢於己，疾之，則以法刑斷其兩足而黥之，欲隱勿見。」

龐涓就是怕孫臏「賢於己」，搶了自己的飯碗，才會使出這種陰險計謀，為何不是直接殺人以絕後患，反而把孫臏藏起來，不讓他拋頭露面呢？都把人家斷腿、刺字了，還怕別人知道？分明是此地無銀三百兩。

龐涓之所以沒有殺孫臏，無外乎兩點原因。

一是「不敢」，龐涓內心還有所顧忌，顧忌的正是自己老闆魏惠王的想法。

在中國歷史上來說，除了三國時的曹操曾明顯地說出「唯才是舉」的主張外，大凡領導用人都有些基本原則——最好是德才兼備，有德無才的可以留下來慢慢培養，有才無德的通常不用。

初入魏國中央政府的龐涓，腳跟還不穩，要是殺了老同學的消息外傳，肯定會對他的名聲造成傷害，連帶對仕途形成難以想像的隱憂。

另外，從心理學的角度分析，龐涓是個心腸狹隘、胸懷嫉妒的人，在長期心態扭曲下，只有「比孫臏更強」這個情勢才能讓自己好過。

見孫臏已是殘疾，構不成威脅，就看在老同學的分上，留下他一條狗命，也好讓對方看到自己的成功，以此平復心中長久以來的痛苦。

然而，龐涓錯了，不知道智慧的力量才是無窮。

孫臏從昏迷轉醒，發現自己從一個活蹦亂跳的正常人，變成一個後半生再也離不開輪椅的人，當中巨大的落差，卻是在朋友有心陷害下體會到。

誰攤上龐涓這樣心狠手辣、心態扭曲的同學都會鬱悶，孫臏更鬱悶的是，自己雖保住一條命，但行動不便，處境危險，還有人監視自己，逃跑希望極低。

經此異變，孫臏已對龐涓恨之入骨，可是眼前最重要的，唯有離開此地，才能活下去。孫臏此時發揮了他的聰明才智，開始裝瘋賣傻。這招很靈，古人大部份都吃這套，後來的明成祖朱棣也用過這招，屢試不爽。

不過，龐涓智商很高，不願相信孫臏眞的瘋了，派人把孫臏扔到豬圈，再暗中觀察他的行爲，看究竟是眞傻還是假瘋。

孫臏披頭散髮地倒在豬圈裡，弄得滿身豬糞，爲了活下去，居然把豬糞吃了，夠狠！人被逼到絕處，什麼事都能幹得出來。

龐涓認爲吃屎的孫臏眞的瘋了，心裡一鬆，看管也逐漸鬆懈下來。孫臏的目的總算達成，現在行動不便的他，只需要等待一個恰當的機會，便能逃離魔掌。

沒多久，齊國侍臣出訪魏國。

孫臏不知道透過什麼關係，竟悄悄見到齊國侍臣，也不知他跟侍臣說了些什麼話。

只知道一番談話後，齊國使臣「以爲奇」，發覺孫臏不是一般人物，偷偷地把孫臏載回齊國，助他逃出魏國。

孫臏在遭受迫害後，終於秘密回到齊國，迎來人生遲來的春天，在史冊上書寫一頁頁光輝的扉章。

田忌，齊國高層軍事領導。

他能當上軍事領導，除了家世良好，也具備領導才能，看人眼光很準，一眼看出使臣帶回來的孫臏不是普通角色，於是「善而客待之」，把孫臏當成重要人物對待。

田忌除了公務繁忙外，業餘生活也很豐富，平日最喜歡的是和齊王及其他貴族子弟一同賭馬，可惜這項運動始終沒能成爲中原流行，反倒讓歐洲人發揚光大。

孫臏到了田忌府中後，一直沒什麼作爲，當個閒客，有時陪著去看賽馬，發現田忌雖然喜歡賽馬，卻常十賭九輸，暗暗留意起一些門道。

原來賽馬的腳力本身有別，大致可分爲上、中、下三等，心下一動，想到自己回齊後毫無作爲，實在愧對田忌的善待，現下正是報答他的最佳時機。

孫臏神秘地悄悄對田忌說道：「請將軍儘管加大賭注，在下絕對能讓你獲勝！」

聞言，田忌狐疑地看著孫臏，見他眼神堅定沉穩，不像是在開玩笑，便與齊王和貴族子弟們下了千金賭注。

「敢問先生有什麼好方法？快告訴我。」

孫臏對田忌說：「您只要先用下等馬對他們的上等馬，再用上等馬對他們的中等馬，最後用中等馬對他們的下等馬即可。這樣一來，便能三戰兩勝，取得最後的勝利。」

田忌便依言而行，果不其然，待三場比賽完，便以一負兩勝的成績取得勝利，贏得千金。這便是田忌賽馬的故事，顯露孫臏的獨到見解，這原理也常運用在後世各式競賽中，稱爲「錯位競爭」。

這次賽馬的結果讓齊威王很是納悶，田忌一直都是輸家，怎麼忽然間就贏了呢？田忌便藉機向齊威王推薦孫臏。

齊威王十分好奇，原來國內還有這種人才，便想探探來人深淺。

孫臏見機會來了，立刻發揮縱橫家的特點，滔滔不絕猶如大河決堤，說得齊威王連連頷首，「遂以爲師」，身份立刻從貴族的門客一躍而成爲君王的老師。

當然，孫臏的才能不僅是爲了要當君王的家庭老師而已，眞正一身本事發揮出來的舞台，是接下來的戰爭。

西元前三五四年，魏趙爆發戰爭。

3. 圍魏救趙

龐涓心中忿恨不平，明白這次較量，自己居於下風，對勝利再也沒抱希望，只想快快趕回魏國。疲憊的魏軍經過桂陵之際，以逸待勞的齊軍卻突然殺出……

魏趙爆發戰爭，龐涓統兵八萬，以奇襲的軍事策略，迅速包圍趙國都城邯鄲，趙國急令使者向齊國求救。齊威王分析局勢，魏國實力強大，趙國卻不能不救，本欲立即出兵，但有個人站了出來。

齊將段干朋勸齊威王稍稍延遲出兵，以「承魏之弊」為戰略方針，主張先以少量的兵力向南攻擊襄陵，製造出助趙的假象，待魏、趙雙方均已無力再戰時，再給予魏國正面打擊，如此一來，不僅能使齊軍損耗軍力降到最低，還能坐收漁翁之利。

齊威王採納了段干朋的建議。

這下苦了趙國將士，趙、魏兩軍相鬥一年多，邯鄲城眼看都要失陷，齊威王才終於任命孫臏為將，率兵救趙。

不過，孫臏謙虛得很，「自己是一個受過刑的特級殘廢，帶兵為將多有不便，不如還是請田忌為將，我當軍師就好。」

齊威王想想也好，拜田忌為將，孫臏為軍師，撥兵八萬，命兩人領軍救趙。

大軍既出，田忌領著大軍，本想直撲邯鄲，趁魏軍打一年仗後疲憊不堪，一舉消滅。這是不錯的作戰計劃，但在孫臏看來還有瑕疵，「等等，將軍。」

田忌不解地望著孫臏。孫臏冷靜地提出建議，「魏趙兩國已僵持一年之久，魏國精銳部隊必定精疲力竭，並且國內都是些老弱殘兵，與其直奔邯鄲，不如直撲大梁，佔據交通要道，魏國肯定會放棄趙國而回兵自救，只要先在重要地點設下埋伏，便可給已然疲憊不堪的魏軍一個迎頭痛擊。」

此招極為高明，不僅解除趙國之圍，又可挫敗魏軍，效果好的話，還能一舉兩得，攻下幾座城池。

田忌覺得有理，便照其言而行，八萬齊軍雄赳赳、氣昂昂，直撲魏國都城大梁而去。

果不其然，魏惠王急得如熱鍋上的螞蟻，十萬火急地命令龐涓回國營救。

龐涓聽到齊軍壓境，魏國都城危急的消息傳來，驀地一震，察覺當中有一絲不對勁。

按常理，齊軍應該要趕來替邯鄲解圍才是，不解邯鄲之危，卻反而直奔大梁，偷襲魏國最薄弱的地方？能出此策的人必是孫臏！

龐涓恨恨想著，早知道當初就該馬上殺了孫臏。

無奈之下，不得不放棄邯鄲，火速撤軍，經過一年艱苦奮戰，勝利果實沒來得及享受便要退兵，想幹點大事業可眞難啊！

孫臏望著趙國都城邯鄲的方向，冷靜指出，魏軍回師必要經過桂陵（今山東菏澤東北，另說河南長垣西北），齊軍在此設下埋伏，以逸待勞。

主將龐涓心中忿恨不平，明白這次較量，自己居於下風，對勝利再也沒抱希望，只想快快趕回魏國。

疲憊的魏軍經過桂陵之際，以逸待勞的齊軍卻突然殺出，龐涓措手不及，疲憊不堪的魏軍更是被打得四散潰逃。

《三十六計》中的「圍魏救趙」就從這兒來的，孫臏能在紛亂複雜的局勢中迅速找到通往勝利的捷徑，顯示出驚人的軍事才能，說他跟孫武沒關係，眞是上墳燒報紙——唬弄鬼呢！

龐涓與孫臏的第一次較量，孫臏勝！

桂陵之戰打完，魏軍主帥龐涓的下落有兩種說法，一說是被生擒，但孫臏並沒有殺龐涓，反而表現出博大胸懷，只是教訓他一頓，勸他洗心革面，然後便將人放了。

另一種說法則是龐涓趁著魏軍潰逃時的混亂場面，悄悄逃走，下落不明。

筆者認為第一種說法不大靠譜，理由也很簡單，龐涓曾經設計陷害孫臏，將他弄成一個殘廢，孫臏對他自是恨之入骨，焉能放過？

不殺他還有可能是孫臏的確胸懷寬廣，但怎麼樣也絕對不能放走他。

龐涓是一位為魏國打下許多地盤的優秀將領，一旦縱虎歸山，必有後患，加上齊魏明爭暗鬥已久，好不容易抓住對方主帥，怎麼可能放走？

第二種說法比較符合現實，也較符合兩人之間的相知。

也許在齊軍攻魏的消息傳出時，龐涓便已料到孫臏這場「圍魏是虛，阻截是實」的計策，沒準早做好趁隙逃跑的準備，畢竟魏軍經過一年戰鬥，兵馬皆疲，怎麼看戰勝的希望都不大。

桂陵一戰後，齊軍繼續進攻，包圍住襄陵城。

到了西元前三五二年，魏國與韓國結盟，迅速扭轉桂陵之戰後不利於魏的局勢，兩國合攻，圍住襄陵城的齊軍。

齊軍不敵，齊威王只得收兵，並請楚國出面調停。

一旁隔岸觀火的秦軍此際突然出手，偷襲魏國，魏國只得先行與齊簽署停火協議，趕回去殺退秦軍。

桂陵一戰，重創魏軍，削弱魏國在霸權上的大半威望，同時使齊國威望提升，然而齊魏爭霸的序幕才剛剛開始。

十三年後，齊宣王二年（西元前三四一年），齊魏兩國爆發了決定性戰役——馬陵之戰。

魏國爲了彌補當初在桂陵之戰的損失，出兵攻打鄰近的韓國。想來也是，亂世裡所謂的結盟大多只是出於政治利益的需要，一旦發生衝突，結盟自然便不算數。

魏軍大舉進攻韓國都城新鄭，韓昭侯不得已，只好向齊求救。不得不說，齊威王完全沒有創意，徵求孫臏老師的建議後，決定仿效當年的桂陵之戰，先坐山觀虎鬥，待魏、韓先打過一陣後，才出兵救援。

戰力疲弱的韓國根本不是向來以驍勇強悍著稱的魏軍對手，迫於戰局危急，又再次遣人向齊國求救。

見坐收漁人之利的時候到了，齊威王再次任命田忌爲主帥，副帥爲田嬰（孟嘗君田文的老爹）及田盼，軍師孫臏等人領軍，直搗魏國都城大梁。

這分明是上次圍魏救趙的翻版，計謀毫無創新。

可惜這次龐涓沒上當，聞訊迅速撤兵，棄韓而歸，兵不血刃，韓國解圍。

4. 馬陵書死

旁人將火把舉起，只見眼前大樹被剝下一塊樹皮，上面赫然寫著「龐涓死於此樹之下」八個大字。見此，龐涓驀地一震，大喊：「熄火！」

既然目的達到，齊國也就能退兵了吧？

可魏惠王不讓，龐涓也不讓，在一件事上可以吃一次虧，但絕不能吃第二次一模一樣的虧。最重要的是，這次齊軍行軍太快，韓國解除警報時，派出的大軍已深入魏境，駐在大梁不遠的外黃（今河南民權）。

箭在弦上，不得不發，一場生死決戰在所難免。

魏惠王深恨齊國一再干預自己擴張地盤的計劃，一次也就罷了，又再來佔便宜做好人，以爲魏國就這麼好欺負嗎？

不是，絕對不是。

魏惠王咬牙切齒，傾全國之兵迎擊齊軍，以龐涓爲將，太子申爲上將軍，隨軍參與指揮，誓與齊軍決一死戰。

面對氣勢洶洶的魏軍，孫臏冷靜地思考，知道敵我實力懸殊，只可智取，不可力敵。聽聞對方主將是老朋友龐涓時，孫臏不禁笑了，知己知彼、百戰百勝，如果是別人，自己或許還得做些其他規劃，既然對方主將是老對手，事情就好辦了！

孫臏向田忌進策，「對方有兩大弱點。第一，魏軍向來以驍勇著稱，看不起齊兵，這是輕敵；第二，龐涓因爲上次桂陵敗戰，報仇心切，難免有所疏漏，這叫做輕率。針對任何一點都能破敵。在下建議，應該順勢誘敵，來個欲擒故縱。」

田忌微微頷首，依計下令軍隊往馬陵（今山東莘縣）方向撤退。

孫臏出生在鄄（音同眷）城，離馬陵不遠，自小在這一帶長大的他，對附近地理環境瞭若指掌，佈起局來更是如魚得水。

另一邊，龐涓已領著魏軍，殺氣騰騰地直奔齊軍而來。

魏軍本就驍勇，加上桂陵之恥，報仇心切，所有人士氣高漲，勢如破竹地衝殺齊軍，見齊軍一觸即潰，慌不擇路地逃走，更是殺紅了眼，二話不說地追了上去。

不對，這是佯敗！

孫臏在搞什麼？

多年的軍事經驗下，龐涓看得出來齊軍只是佯敗，也不盲目地深入追趕，只是保持著魏軍的高昂士氣，謹慎地追擊齊軍。

可惜再小心，也敵不過孫臏故意設下的誘敵深入之餌。

行軍打仗都得吃飯，古代沒有什麼壓縮餅乾之類的東西，要吃飯，就得埋鍋造飯，所以有經驗的軍事將領，可以根據灶數來判斷大致人數等敵方訊息。

龐涓率領魏軍小心翼翼地追趕，突然間發現齊國做飯時留下的灶坑痕跡，一數之下竟有十萬個，心裡暗暗一驚，沒想到對方人數也不少！

等到了第二天又發現灶坑，一數之下，只剩五萬個。

龐涓心下大喜，原來自己擔心是多餘的，什麼佯敗嘛？看來對方死傷甚多，果然是懦弱不經戰的齊軍，立即下令全力追擊。

到了第三天，發現齊軍灶數已減爲三萬個。

龐涓微微冷笑，愈發確定自己判斷無誤，看來自己報仇的時候終於到了，爲求兵貴神速，一馬當先地率領精銳，直接衝進深山裡，也衝進孫臏精心爲他設下的圈套裡。

龐涓這一切舉動，山的那一邊有雙冷靜的眼睛，盡收眼底。

龐涓率領精銳部隊直追，追到馬陵，已經天黑，卻沒看見齊軍的影子，命人點火照路，又要繼續追趕。

「等等……」龐涓忽覺有異，「這樹上好像有字，看看寫些什麼玩意。」

旁人將火把舉起，只見眼前大樹被剝下一塊樹皮，上面赫然寫著「龐涓死於此樹之下」八個大字。

見此，龐涓驀地一震，大喊：「熄火！」內心大罵，想不到自己小心謹慎，卻還是百密一疏，中了孫臏那廝的詭計！

魏軍根本還沒弄清楚怎麼回事，突然間聽見一聲鑼響，山路旁黑壓壓一片人影，萬箭齊發，如暴風驟雨般迅猛，立刻陣容大亂，死傷無數，慘呼嘶叫，震盪四野……

這裡是成功者的天堂，更是失敗者的地獄。

原來，孫臏見馬陵的道路狹窄，又多險阻，便故意命人砍去其中一棵樹樹皮，刻上「龐涓死於此樹之下」等字，將一萬名射手，隱伏在兩邊，下令只要見到樹下火光亮起，立刻萬箭齊發，射死龐涓和那堆魏兵。

在孫臏的謀略下，龐涓不負眾望地帶軍深入，也完全不讓人失望地點起火把，將自己暴露在敵人眼中。

龐涓見大勢已去，智窮兵敗，只得大喊一句，「遂成豎子之名！」隨即拔劍自刎。

龐涓臨死說的這句話，若是翻成白話便是：「他媽的！成全了那孫子的名聲！」是畫龍點睛之筆，將龐涓整個人物的情緒活靈活現地寫出，不佩服古人有罪啊！

「遂成豎子之名」中的「豎子」是歷史久遠的罵人的話，台灣話現在念作「俗辣」，相當於北京話中的「孫子」、上海話中的「棒槌」，還有東北話中的「犢子」。

龐涓罵的這一句，歸根究柢，還是長久已來的嫉妒心在作怪，他對孫臏的嫉妒沉銹已久，在忿恨絕望交集下，不得不爆發出來，做為死前的不甘怒吼。

如果龐涓什麼話也沒說，馬上橫劍自刎，倒還可以留下個悲壯的身影，供後人悼念，搏得一些感嘆的注目。

這句話，不僅搞臭自己形象，還成全了孫臏的軍事威名，為歷史著名的齊魏馬陵之戰劃下句點。

齊國接連在桂陵之戰與馬陵之戰二場重要戰役中大敗魏國，並且因援救趙、韓兩國而使威望上升，在東方據著一塊不敗之地。

反觀原本驍勇威猛的軍事強國魏國，接連遭受重創後，又被秦國趁虛而入，完全喪失與齊、秦等國爭雄的實力，從此淪為二流諸侯國。

馬陵之戰後，戰國的政治版圖因此重組，帶來更多變數。

或許有些人因為偶然便成了帝王，然而，遭逢巨變後伺機而起，打出響亮名號的軍事家，歷史上只有這麼一個，叫孫臏。

第 4 章

吳起：
男人不只一面

吳起登時一把火起，我他娘的在河西地區為國家把守門戶，威望這麼高，相位居然不是我的？這還有沒有點人道主義精神？吳起很氣憤，直接找上田文「理論」。

1. 流言

一個月黑風高的晚上，吳起毅然提著一柄尖刀，以極其殘忍的刀法，誅殺那些白天朝自己胡言亂語的多舌鄉親，多達三十餘人。

吳起，春秋戰國時期衛國人，生在孫武之後、孫臏之前，是中國古代傑出的軍事家、政治家，一輩子都在爲成名而輾轉流浪，最後身首異處。

論軍事，吳起能與孫武齊名，論改革，也和商鞅比肩，然而在儒家思想統一的封建社會中，他的身影卻被無情地冷落在歷史的夾層中。

吳起的出身很好，家裡很有錢，至少在動盪不安的亂世中，想吃什麼就能吃什麼，也能上私塾求學。

上私塾時，小吳起也曾和同學比較，以此炫耀自己的殷實家底。

其他的孩子很羨慕他，當然也會嫉妒他。

有的同學實在看不慣，反問一句，「我有爹，你有嗎？」

沒有！是啊，同樣是人，我爲什麼沒有父親？

吳起茫然失措地張著嘴，幼小的心靈深切體會到，自己是個沒有父親的小孩，從這一刻起，人生似乎少了什麼，變得空洞。

父母是孩子的老師，後來他做出一連串爲人所不齒的事，或許可以從這找到線索。

吳起自幼喪父，沒體會到什麼叫父愛，母親又整天爲生計忙碌，在小吳起的生活裡，充滿著他人異樣的目光及同伴的竊竊私語。

流言蜚語深深中傷吳起脆弱不安的心靈，他漸漸變得孤僻猜疑、殘忍易怒，養成偏激的心理。

現實生活中，吳起看到母親內外忙碌，而一些達官貴人不用做活，也生活安逸富足，還時常欺負老實人……見過太多不平事後，他悟出一個道理，有錢不如有權。

沒想到這簡單的想法後來卻如火燎原，終生焚燒他那淒楚可憐的靈魂。

如果吳起選擇繼承家業，娶妻生子，雖然無緣成名，卻肯定能過上一輩子平安幸福的無憂生活，可惜，飽受流言侵擾的他絕不是那種甘於平凡的人。

成年後，吳起拿著家裡的積蓄四處活動，舉凡花錢送禮、請客吃飯，能用的關係全用了，該找的人也都找了，只想求得一官半職來做，力爭在政府裡出頭。

可惜，現實是殘酷的，吳起到處碰壁，被固有體制狠狠拒於門外，幾年下來，錢全讓他敗光，只得垂頭喪氣地回到家。

原本的「家累千金」變成家徒四壁，母親什麼話也沒有說，更無一句責備。求官碰壁的那些屈辱、折磨及沒面子的情緒，吳起都還可以忍受，但見到那些來自鄉親們的冷嘲熱諷，說什麼也受不了！

吳起心裡憋著一團怒火，像是顆定時炸彈，唯一的念頭是想讓他們全都閉嘴！想要一個人閉嘴，不是割下他的舌頭，而是取走他的首級。

在一個月黑風高的晚上，吳起毅然提著一柄尖刀，以極其殘忍的刀法，誅殺那些白天朝自己胡言亂語的多舌鄉親，多達三十餘人。

那些抬頭不見低頭見的鄰里鄉親做夢也沒有想到，只是說說閒話也會引來殺身之禍。殺人是件體力活，吳起大口大口喘氣，憤怒看著滿地屍首，狠狠地說：「我讓你們說，我讓你笑我……」

突然，一陣怒斥出現，是母親。

「吳起！你這是幹什麼？」吳母憤怒地望著吳起，「想不到吳家居然出了你這個殺人魔……」

「娘……」吳起低著頭，一時無語。

母親氣得雙手顫抖，「你可……可真是我的好兒子……唉！快逃吧！再拖下去，你就走不了。」

聞言，吳起心中激動，就算再忤逆不孝，母親還是為自己著想。

「撲通」一聲，吳起雙膝跪地，重重地磕了三個響頭，隨後又狠狠咬在自己胳膊上，傷口處鮮血淋漓，足見力道之大。

吳母心疼兒子，「吳起，你這是做什麼？」

「娘，我走了！」吳起鄭重地對天發誓，沉聲道：「我吳起要是不混出個人模狗樣，絕不回來！」

吳母望著吳起起身離去，老淚縱橫，成名真的那麼重要？

茫茫江湖，何處歸宿？

吳起離開衛國，漫無目的地走上好幾日，靜心思索未來的人生方向。

從以往求職經驗來看，沒有學歷肯定不行，吳起想了想，眼下當務之急是要弄個文憑，學點知識，知識就是力量，力量他有，卻還不具備知識。

吳起看準讀書是踏入行政部門的重點，便託人找關係，花錢拜曾參之子曾申為師，學習儒學。

2. 痛苦的抉擇

曾老師不由分說地開除吳起學籍，不再教他。母死不能回去奔喪，世上再無親人，又受到老師同學鄙視……此刻的吳起心中要承受多大的壓力？

曾申父親曾參是孔子的得意門生，提出「吾日三省吾身」的修養方法，著有《大學》、《孝經》等儒家經典，被後世儒家尊爲「宗聖」。

跟著「宗聖」的兒子混，應該早晚有一天會有出頭之日吧！吳起這樣想著，可惜後來的結果卻令他大失所望。

每天「子曰、孟云」的求學生活十分平淡，隨著時間流逝，吳起漸漸對儒學產生懷疑，這一味講究仁義禮智的做法，難道眞能圖強？

只有強者才能立於不敗之地，眼下所學的東西能讓我變成強者嗎？

看到曾申，吳起彷彿看見自己的明天，跟著曾老師混下去，再過幾年考個研、讀個博，充其量混個教授當當……這些對我來說有用嗎？

有一天，吳起聽到一個不幸的消息，母親去世了。

母親是吳起前半生中最親近的人，感情自是他人無法理解的深厚。聞此噩耗，吳起仰天悲號不已，這世界上最親的人離他而去，痛苦難以言表，可是離家前，自己早已立下重誓，又怎麼回家呢？

同學們都勸他回家看看，百善孝爲先，回去悼念母親吧！

吳起收起淚水，我不能回去，曾經的誓言都還沒實現，拿什麼臉面對母親的在天之靈？這股悲痛的苦淚，在心裡慢慢變成讀書的動力，吳起不再流淚，朗讀聲則變得更大、更響、更悲切，用常人難以理解的方式爲母親的辭世表達悲哀。

筆者並不覺得吳起不回家的行爲是不孝，那反而是一種想回卻不能回家的痛苦折磨。

當然，發過的誓就像吃過的飯，並不重要，所以他不回去的主因，絕不是因爲誓言，那只是表面上的理由。

關鍵是他離家前殺了三十多個人，這樣一個罪行重大的通緝要犯，只有逃到別的國家才能活下去，要是回去送喪，肯定會被抓起來凌遲示衆，白費當初母親叫自己逃跑的用心。

不要說吳起不孝，這是一種「人在江湖，身不由己」的悲哀，誰又能理解吳起想回去又不能回去的心情？

曾老師不清楚吳起的「前科」，一聽到吳起母死不回，馬上震怒不已，這還了得？曾家人深受孔老夫子教誨，曾老師的爹曾參更是著寫《孝經》的人物，影響中國長達好幾千年，但自己居然教出一個母喪不回的學生？

這從某種意義上來看，簡直是對曾家人的一種汙辱！曾老師不由分說地開除吳起學籍，不再教他。

母死不能回去奔喪，世上再無親人，又受到老師同學鄙視……此刻的吳起心中要承受多大的壓力？

吳起默默背起行囊，面無表情地看了曾經生活過的學堂最後一眼，忽然明白，書上的仁義道德，實際上做起來不是那麼一回事，特別是在這種亂世裡，儒學無法使人變成強者，更難有出頭之日，不學也罷！

吳起深深明白，仁義禮智無法在亂世中收到成效，一番審時度勢後，決定到魯國去學習兵法。

他學習之餘，還不忘談戀愛，娶了個齊國媳婦，婚姻事業兩不耽誤。

《史記》沒說明吳起是投在誰的門下，也可能是自學，不過，天才就是不一樣，一翻書就會，一點就通。

吳起憑藉熟識兵法，總算踏進魯國公務員的行列中，從這一天起，吳起將在軍政上書寫屬於自己的一頁輝煌史，沒有其他人可以替代。

在魯國當公務員的吳起，每天的工作很平淡，看看報紙寫寫檔，幫領導跑個腿，又順道替前輩倒個水之類的雜務。

雖然工作平淡，但吳起不覺得毫無意義，只要身在中央政府，不愁沒有出頭之日。吳起韜光養晦，暗暗等待機會，內心渴望成名的慾望是那般強烈。

西元前四一二年，齊國伐魯，吳起的機會來了。

齊、魯二國由於位置相近，自誕生以來戰爭沒消停過，你踹我一腳，我給你一拳的，好像兩個八婆，從樓頂一直打到地下室去。

魯國雖然只是彈丸之地，但跟周代中央政府是親戚關係，是地位偉大的諸侯國，也是周禮的保存者和實施者，時人稱「周禮盡在魯矣」，是有名的禮儀之邦，也是儒家的發源地。

各國人士想瞭解周禮，往往都到魯國留學，魯國處處都講規矩，「經禮三百，曲禮三千」，大到政治、軍事，小到穿衣、擺設，乃至上廁所都得有規矩。

文化禮節高度發達之下，愛好和平的魯國國勢發展卻受到很大影響，國力積弱不振，在亂世中，這絕對不是件好事。

3. 成功的第一戰？

魯軍在吳起將軍的鼓舞下，士氣高漲，吳起也期待贏得渴望已久的光輝榮耀，只是，其他人心裡都打著個問號，魯軍向來不是齊軍的敵手，可能獲勝嗎？

齊國騷擾魯國，魯國上下朝野震動，魯穆公接連頭痛好幾天，大家不好好過日子，偏偏喜歡打仗，這齊國眞是討厭！

放眼魯國朝野上下，講學術的話，一個比一個厲害，滿朝都是教授專家，可一旦說到帶兵打仗，完全沒有人選，除了學過兵法的吳起之外。

魯穆公有心任用吳起爲將，又有所顧忌，因爲，吳起的妻子是齊國人。

吳起得知這消息後，腦際「嗡」的一聲，頓時一片空白，繼而浮起許多畫面。

年少時毀家求官，致使家道中落，屁大點官也沒混到，還被鄉人冷嘲熱諷，之後求學曾申門下，母死不回，被老師無情開除……忍下前半生的屈辱和折磨，等待多年，現下機會終於來了，絕不能放棄！那些丟失的東西，都要拿回來才行！

笑我也好，罵我也罷，總而言之，一個女人而已，我怎麼能因此放棄難得的機會？

爲了向魯穆公表白心跡，吳起再度提起尖刀，一刀結束那齊國妻子的性命，史稱「殺妻求將」，接過帥印，準備領軍出征……

孫開泰先生寫的《吳起傳》裡提過，「殺妻求將」是一種被逼之下的無奈行爲，但那畢竟是一部文學作品，免不了摻雜進個人主觀色彩。

從吳起性格來分析，他自幼喪父，養成孤僻、猜疑、殘忍的性格。

年少時的「誅鄰止謗」便是很好的佐證，說明他受不了冷嘲熱諷，容易激動易怒，行爲也呈現出偏差的暴力傾向。

然後「母喪不臨」是有很多原因的，可以理解，但老師把他開除，對他是種很大的打擊，吳起沒殺曾申已經很給他面子了。

「毀家求官，誅鄰止謗」這些都是吳起被社會所遺棄後，引起的反動行爲，顯現出他爲了達到目的，不擇手段的那一面殘酷。

老實說，比起將軍，吳起當個占山爲王的強盜頭子肯定更行，但他內心有股不滿足的慾望，想成名，達成心理上的平衡。

這股強烈的成名火在心裡一直悶燒，一旦機會來臨，便會不惜一切手段爭取，非常之人，必做非常之事，「殺妻求將」有極大可能是吳起個人的自由意志，並不像是被逼迫而做出的決定。

在儒家思想統一的社會裡，毀家求官、誅鄰止謗、母喪不臨、殺妻求將……任何一條都會被深習仁義道德的文人看不起，所以吳起永遠也抬不起頭來，史冊上的評價也是貶責居多。

不過，這並不能掩飾吳起接下來一連串的卓越戰績。

吳起從魯穆公手中接下帥印，奉命率兵抗齊，這一年，他二十九歲。

生平第一次戰役，第一次踏上戰場便是統帥千軍萬馬，二十九歲的吳起能夠承擔重任嗎？魯國朝野上下拭目以待。

吳起率兵前往戰場，要成爲一個傑出的軍事家，帶兵帶心是其中一項要點。

事實證明，吳起繼承並發揚田穰苴的「士卒次舍、井灶飲食、問疾醫藥」等鼓舞士氣的方法。

作爲全軍最高領導的吳起，知道此戰能否成功，主要取決於弟兄們在戰場上的表現，所以毫無領導架子，跟最下等的士兵穿一樣的衣服，吃一樣的伙食，睡覺不鋪墊褥，行軍不乘車騎馬，親自背糧食等等，力求與士兵們同甘共苦。

更有甚者，有個士兵生了惡瘡，吳起還親自爲他吸出濃液。

作爲一名普通的士兵，能得到主將的青睞是何等風光？士兵母親該多麼榮耀？

沒想到，這士兵的母親聽說後，卻是放聲大哭。有人不解地問道：「妳兒子只是無名小卒，將軍卻能親自替他吸出膿液，怎麼還哭呢？」

母親抽泣地回答道：「你有所不知，當年吳將軍替這孩子的父親吸吮毒瘡，他父親便勇往直前以報大恩，最後戰死沙場。如今吳將軍又替我兒子吸吮毒瘡，我實在不知道，他會在什麼時候死去，又會橫死何處？」

這例子很有趣，不僅說明吳起會帶兵，深得士兵之心，也證明遺傳基因果然強悍，那對父子的體質相同，居然都得了惡瘡。

魯軍在吳起將軍鼓舞下，士氣高漲，吳起也期待贏得渴望已久的光輝榮耀，只是，其他人心裡都打著個問號，魯軍向來不是齊軍敵手，可能獲勝嗎？

以弱勝強這種高難度的事，通常只有不世出的軍事奇才做得到，吳起正是這種人，他用自己的軍事才能證明沒有不可能的事！

面對氣勢洶洶的齊軍，吳起首先冷靜準確地分析敵眾我寡這項事實，只可智取，不可力敵，便先把魯軍當中最爲精銳的一支分出，藏在軍營大後方。

士兵完全不明白吳起將軍有何用意，稍有軍事常識的甚至還對此項命令仰天長歎，失望透頂。好好的不在營盤等候敵人，偏偏要躲藏起來，這是爲什麼？再說，藏起魯軍中的精銳，只留下一些老弱病殘迎戰齊軍，唱的是哪一齣？

4. 勝仗的後果

士兵們嘹亮的歡呼都是送給年輕主將的榮譽，吳起此昂首挺胸，長長出口氣，享受著成名的快感。然而，回國等待吳起的不是鮮花和掌聲，而是讒言與懷疑。

大批齊軍氣勢洶洶地奔近，接著停下，在不遠處擺開陣形，蓄勢待發。兩方互通姓名後，忽見齊軍中殺出一匹快馬，馬上端坐的是齊軍主帥張丑，直奔魯營而來。待在原地的齊軍愣住，魯軍更是丈二和尚摸不著頭腦。

這位仁兄莫不是要來個千里走單騎？

還是小說看多了，要在百萬敵軍中取上將首級？

沒想到，齊軍主帥張丑爲了兩國利益，也爲了維護世界和平，來講和的。

衆人瞠目結舌，齊魯雙方集結了好幾萬人，不遠千里奔襲，竟來看張將軍到來講和？緊張的戰場，忽然瀰漫著一股輕鬆。

吳起微微一笑，「張將軍，你好！」並且派人吩咐廚下備酒菜，迎接貴客。

張丑盯著年輕的吳起，若有所思地說道：「你就是吳起？聽說你把自己老婆殺死了？看來很有野心嘛！」

吳起仍一貫謙恭地說：「張將軍，您過獎了，將軍久戰沙場，早已如雷貫耳，我不過只是個毛頭小子，不知深淺，還望張將軍多多提攜才是。」

「一定一定，呵呵呵……」

張丑看到魯軍老弱病殘，軍容不整，登時心裡有了底，又見主帥吳起言行畏縮，高產文化人的地方，果真是不一樣。居然派個書生來打仗？

素聞魯國積弱，果然士兵也不怎麼樣，老弱病殘怎麼是我強大齊軍的對手？

原來張丑前來講和是假，探虛實是真，以吳起的聰明焉能看不出來？兵不厭詐，既然如此，就將計就計。

張丑拍馬，大喜過望地回到齊營，一聲令下，指揮好幾萬齊軍弟兄們，排山倒海般地衝向魯軍，還刻意望向吳起，發現他也在望著自己。

吳起嘴角正掛著一絲冷笑，真沒想到，第一次的對手居然如此愚蠢，見齊軍已全數衝近，便一掃文弱模樣，露出殘忍猙獰的真面目。

忽聽鑼聲一響，埋伏在左近的魯軍精銳部隊，兵分三路，傾巢而出，所有士兵這一刻都明白吳起的用意何在，立馬大刀一揮，狠狠地向齊軍砍去，殺聲震天，昏天暗地。

齊軍輕敵在前，貿然進犯，見魯軍精銳部隊從三面反攻，倉促應戰，一觸即潰，大敗而逃……

這是吳起的第一次戰役，《史記》卻只用了「大破之」三個字概括，對這場戰役的記載有失平衡，明顯是因爲吳起的道德偏差而輕描淡寫地帶過他的功績。

魯軍贏了，吳起勝了！士兵們嘹亮的歡呼都是送給年輕主將的榮譽，吳起此昂首挺胸，長長出口氣，享受著成名的快感。

然而，回國等待吳起的不是鮮花和掌聲，而是讒言與懷疑。

吳起永遠都不明白，爲什麼打仗得勝，老闆非但沒有獎勵，卻愁容滿面，拉長了一張臉，跟長白山似地沉重。

魯國是個小國，向來以弱國自居，民風淳樸、愛好和平，沒什麼爭霸的野心，只求安生地過著老婆孩子熱炕頭的小日子。

即使有受到強國欺凌，也只是憤怒地說兩句「強烈抗議」，僅此而已。

吳起得勝而歸，朝中夫子們害怕了。

多年對政治風雲的瞭解，夫子們得出此次戰役的可怕後果：魯國弱小，一朝有了戰勝之名，勢必引來其他國的注意，就像豬一肥，便會有屠夫圍觀一樣。

還有個顧慮存在，吳起是衛國人，魯國和衛國本是兄弟之國，這次重用吳起，等於狠狠甩了衛國兩耳光，會引來對方不滿。

這就是夫子們的擔憂，於是將吳起的那些前科加工變成駭人聽聞的謠言，在魯國廣爲流傳。

魯穆公自然深深地懷疑吳起的人格。

走吧！別等著人家主動辭退，還是找識趣點自動離職吧！

吳起帶著些許失望和遺憾，望著魯國的都城，那裡曾經是他輝煌的起點，此刻他又一次被社會所拋棄。

吳起憤恨地歎了口氣罵道：「一味講究仁義禮智的國家，不知圖強，早晚會遭到強虜的踐踏！」

果不其然，一百多年後，文弱的魯國被強楚消滅。

吳起在魯國打了場小勝仗後，帶著滿懷沮喪的心情和對未來的憧憬，前往魏國。

5. 魏武卒

魏武卒是春秋戰國時期當中作戰能力最為強悍的步戰士兵，有了這樣一支部隊，魏國想侵略各國擴張地盤，簡直比吃大白菜還容易。

莫愁前路無知己，吳起現在工作經驗豐富，小有名氣，是業內人士公認的強人，自信地託人向魏文侯遞上求職簡歷。

魏文侯和他兒子魏武侯統治時期，廣徵人才，使魏國達到空前的巔峰狀態。

魏文侯姬姓魏氏，名斯，按照今天的姓名觀理解，魏文侯應該叫「姬魏斯」，還是叫「魏斯」？

姓氏是表示一個人的家族血緣關係的標誌和符號，當中的姓和氏各代表不同意義，姓指的是祖宗，氏表示其子孫分支，以別貴賤。

貴族有氏，地位卑賤如平民著，則有名無氏，到後來，姓、氏、名才漸漸合而爲一。

在春秋戰國時期，仍是姓氏有別，由於大多是周天子的親戚，所以同姓不同氏的情形頗多，例如魏、魯、衛、燕等國，其國姓都是姬，爲了加以區別，便以國爲氏，爾後漸漸演變成百家姓中的魏、魯等姓。

爲求區別，筆者認爲魏文侯應稱做魏斯，他是個很有作爲也極富野心的領導，執政四十多年來，禮賢下士、勵精圖治，使魏國逐步強大。

既是個有作爲的人物，魏斯老闆十分了解人才對國家的重要性，也對遞交履歷來的吳起極爲重視。

爲求保險，魏老闆問了自家部屬李克，「你覺得吳起這個人怎麼樣？」

李克的回答十分持平，「吳起這個人貪戀名利又好色。」

魏文侯一聽，雙眉緊蹙，這不明顯是個性格偏差的傢伙嗎？

李克接著說：「可是論到帶兵打仗的本事，就連有名的司馬穰苴也無法相比。」

此話一出，魏文侯立馬接受吳起的求職要求，給了他一個將軍職位，希望對方能爲正要強盛的魏國注入澎湃新血。

任將軍以來，吳起先後打了幾次漂亮戰役，奪下秦國五座城池，三、四年來的歷練，吳起愈發成熟，爲魏國開疆拓土立下不少汗馬功勞。

魏文侯很賞識吳起，想賦予他更重要的職位及責任。

西元前四〇六年，魏文侯任命吳起爲西河地區（今陝西合陽一帶）守將，力拒秦、韓，一肩擔起守衛魏國門戶的重任，這一年吳起三十五歲。

成爲西河地區的守將後，吳起並沒有沾沾自喜，望著萬里黃土，知道自己肩上的重任，提醒自己絕不能讓老闆失望。

吳起憑著多年經驗，看出西河地區不僅是魏國極爲重要的門戶，也是兵家必爭之地，戰略地位非常重要，若想成功守住，沒有一支強悍的軍隊鐵定不行。

次年，時任西河守將的吳起，改革兵制，創建歷史上第一支特種部隊「魏武卒」。正是這支部隊，成了春秋戰國史上一支令敵人聞風喪膽的勁旅，爲魏國開疆拓土，立下赫赫戰功。

「魏武卒」雖然不符合現代對於特種部隊的定義，但在春秋戰國史上，無疑是極爲特殊的存在，論作戰能力、論拒敵，皆是當代之冠。

一手創建魏武卒的，正是被那因種種經歷而被許多文人批評的吳起將軍。

「魏武卒」是一支特殊的精銳步兵，主要目標是提高各單兵作戰能力，自然有極爲嚴格的篩選標準及要求。

魏武卒的社會地位及能力都高於普通士兵，因此當時魏軍中也形成一股風氣，許多士兵做夢都想成爲魏武卒的一員，就像現代年輕人大多渴望成爲大明星一樣。

魏之武卒以度取之，衣三屬之甲，操十二石之弩，負矢五十個，置戈其上，冠冑帶

劍，贏三日之糧，日中而趨百里。中試則復其戶，利其田宅。——《荀子‧議兵》

這是當時魏武卒的基本標準，也是入選考試，翻譯成白話便是，士兵必須時手執長戈、身上背著五十枝長箭和一張鐵胎硬弓，同時攜帶三天的軍糧，加起來負重約近三十公斤，連續急行一百里後還能立即投入激戰的士兵，才有資格成爲魏武卒的一員。

成爲魏武卒不僅僅是種榮耀，而且待遇十分優厚，普通士兵吃白菜，人家就吃紅燒肉，普通士兵睡地鋪，人家就住別墅，還不用繳納稅金。

然而，紅燒肉也不是白吃，成爲魏武卒已不簡單，進去之後的魔鬼訓練更是非常嚴苛，平時多流汗，戰時少流血，在嚴格的軍事訓練下，戰鬥力不直線上升都很困難。

魏武卒是春秋戰國時期當中作戰能力最爲強悍的步戰士兵，有了這樣一支部隊，魏國想侵略各國擴張地盤，簡直比吃大白菜還容易，不想大展宏圖，光輝史冊都不可能。

吳起率領魏武卒南征北戰，創下極爲驚人的「大戰七十二，全勝六十四，其餘均解（即不分勝負）」的光輝戰績，沒打過一場敗仗，最差就是打成平手。

二十多年來，吳起率領魏武卒攻下函谷關，奪取秦國黃河西岸的五百多里土地，將秦國版圖壓縮至華山以西。

這是魏武卒的成績，也是吳起的價值。吳起繼孫武之後又一位在世界軍事史上佔有一席之地的不世出軍事奇才，用他的實力證明自己。

6. 魏秦交鋒

秦國好歹是一方強國，在西河之戰的長期戰役當中，卻沒占到任何便宜，心理極為不平衡，才來勢洶洶，大有不奪西河死不回的用意在。

吳起從西元前四〇六年任西河守將後，鎮守魏國門戶長達二十三年，期間大小戰役不斷，勝多敗少，每天都要面對刀頭驚魂、劍底動魄的恐懼。

吳起內訓士卒、外據強秦，時刻不得閒，沒事時又根據自己對戰爭兵法的理解，結合實務經驗，著書《吳起兵法》。這是一部在中國軍事史上與《孫子兵法》齊名的軍事巨作，後世將《吳子》與《孫子》合稱爲《孫吳兵法》。

《吳起兵法》據《漢書．藝文志》記載，說應有四十八篇，但後來散佚太多，現僅存六篇，當中又經過許多後人刪修，名聲大不如《孫子兵法》，但並不能掩去這部兵法本身的價值。

西元前三九七年，魏國發生了兩件大事。

第一件事，英明賞識吳起的魏文侯死了，由兒子魏武侯繼位。

魏文侯再英明也是人，總會有死的那一天，老子死了，兒子繼位這本沒什麼，君王更迭是正常現象，這父死子承的狀況算是比較平淡無奇的了。

俗話說：「老子英雄兒好漢」，魏文侯很強，他兒子魏武侯也不差，仔細分析，便會發現魏國政局正悄悄發生變化。

新官上任三把火，當上國君沒幾天，魏武侯便燒了一把火，弄出第二件大事，設立丞相職位。

當時吳起鎮守西河，威望極高，是個強力的候選人。

不料，魏武侯直接內定，以田文（此田文不是孟嘗君田文）爲相。

吳起登時一把火起，我他娘的在河西地區爲國家把守門戶，威望這麼高，相位居然不是我的？這還有沒有點人道主義精神？

吳起很氣憤，直接找上田文「理論」。

吳起說：「統率三軍，他國不敢進犯，你比得上我嗎？」

田文說：「我不如你。」

吳起說：「管理百官，百姓親附，充實國庫，你比得上我嗎？」

田文說：「我不如你。」

吳起說：「鎮守西河，抗拒強秦，韓趙歸順，你比得上我嗎？」

田文說：「我還是不如你。」

吳起直接說道：「這些方面你都不如我，你憑什麼當我上司？還有沒有點道理？」

面對吳起的逼問，田文也不生氣，慢條斯理地說道：「國君剛剛繼任，還年輕，國人疑慮不安，大臣不服，百姓不信，這個時候，是把政事託付給您呢？還是應當託付給我呢？」

田文態度謙虛，言下之意是指目前國君太年輕，尚未建立威信，總得有個衆望所歸的老人出來押陣，不然一堆人肯定趁機想反。

吳起是個聰明人，沉思良久才點點頭說：「應該託付給您。」

「所以，這才是我會當您上司的原因。」

吳起知道不如田文之後，也明白年輕的魏武侯剛繼位，需要輔佐，沒事就陪著小領導外出旅遊，順道講講治國安邦的道理給他聽。

安定團結，在德不在險。吳起雖然無德，但他說出的這句話值得深思。

「與田文爭相」一事，被後人視爲吳起好權的反面例證。

筆者認爲，從吳起的性格及過往來看，他應該會爲了魏國相位不擇手段算計或以武相逼才合理。不料，吳起居然只有找田文理論，而且在明白自己不如田文後，便心服口服，沒搞任何小動作，眞是令人費解。

由此可見，吳起的性格不僅只有偏差易怒的一面。

到了西元前三八九年，魏秦爆發了陰晉之戰（今陝西華陰東）。

歷年爲攻西河而贏少輸多的秦國，派出五十萬大軍想要攻打魏國，陰晉岌岌可危，人心慌亂。

吳起冷笑一聲，決戰的時候到了！

秦國好歹是一方強國，在西河之戰的長期戰役當中，卻沒占到任何便宜，心理極爲不平衡，刻意來勢洶洶，大有不奪西河死不回的用意在。

五十萬秦軍在陰晉城外布下營壘，形勢危急，大戰一觸即發。西河這邊的吳起卻沒有慌，相信兵貴精不貴多，戰爭勝利的原因很多，其中士兵的作戰能力至關重要。

吳起向來很會鼓舞士氣，當初還曾爲士兵吸過惡瘡，這次他比較有創意，畢竟年歲也大了，四、五十歲的人不能再玩老把戲，激勵士卒忽悠小兵，也得變換方法。

吳起把主意打到魏國最高領導魏武侯身上，以領導的尊貴身份來鼓勵那些士兵，具體做法如下：

首先請魏武侯舉行慶功宴，按各人功勞高低排位。

立大功者坐前排，使用金、銀、銅等貴重餐具，豬、牛、羊三牲皆全。立小功者坐中排，貴重餐具適當減少。沒立功的坐在最後，不能用貴重餐具。

宴會結束後，還會在大門外論功行賞，恩及有功者的父母妻小。殉國的死難軍人，每年都派使者慰問家屬並發放撫恤金，以示不忘。

一樣的出生入死，憑什麼人家坐在前排有酒有肉，我們就坐在後面啃窩頭？人有皮，樹有臉，沒立過功的士兵心裡自然憋著一口氣，在戰場上更加拼命。

這種方法實行三年，形成一個可怕的規矩——往往秦軍才想進攻河西，魏軍數萬士卒不待命令，便自穿甲冑請求上場作戰，士氣異常高昂！

此時陰晉危急，所有士兵依舊瞪紅了眼，心裡想著，秦軍來了，立功的機會又到了！

秦國聲勢浩大，這次戰役不像以往那些小打小鬧，一個弄不好，便有破城滅國的危險，魏國朝野上下也不免焦灼難安。

魏武侯靜靜盯著吳起，「吳將軍有什麼看法？」

吳起沉吟良久，冷靜地說：「請給我五萬沒有立過功的魏武卒。」

魏文侯雙眉一緊，隨即明白吳起用意，大喜過望，彷彿已經看到秦軍敗逃的場景。

「准奏。」

7. 離魏入楚

吳起倉皇地逃到楚王停屍處，伏在悼王屍體上，可惜，這樣也沒能躲過貴族勢力的萬箭穿心。大刀闊斧的變法，轟轟烈烈地持續兩三年，最後宣告失敗。

吳起領軍和秦軍對戰，一個白髮蒼蒼的老人家站在戰車上，對著蓄勢待發的魏軍大喊：「士兵們！前面就是敵軍，魏國雖大，但我們無路可退，身後便是大梁，無論車兵、騎兵還是步兵，都跟我一起奮勇殺敵，到戰場上去贏得屬於你們的功名榮耀！」

那天，互不相識的兩國將士展開無數次的廝殺，在戰場上，才能體現士兵的價值，才能搏得未來的功名。

爲了吃上紅燒肉，爲了住上小別墅，爲了父母妻兒能在鄉親們面前抬起頭來，殺紅眼的魏軍，以一擋十，殺得屍積如山、日月無光，鬼哭神號、血肉橫飛，大夥兵刃相見，殺聲響震九天……

魏軍沒有使出什麼詭計陰謀，單憑著一身驍勇，不停反覆衝殺，重創大秦五十萬大軍，取得歷史上一次以少勝多的輝煌戰果。

孫武、孫臏、吳起三位不世出軍事奇才，各自在戰爭的歷史上書寫光輝的一筆。

吳楚柏舉之戰，孫武兵貴神速，出奇制勝。

魏齊馬陵之戰，孫臏欲擒故縱，攻心為上。

魏秦陰晉之戰，沒有什麼靈活的戰法，高深的計謀，而是靠魏武卒的超強戰鬥力，血拼到底，直到凱旋。

陰晉之戰後，吳起威震河西，強敵難犯，並且手握重兵，無形中帶給朝野很大壓力，不知道有多少人暗中嫉妒而又害怕。

公叔就是其中之一。

田文死後，公叔出任丞相，娶了魏君的女兒，身為皇親國戚，不能不為國家著想，更不能不為自己想。

吳起這棵樹很大，自然招風，就算不去招惹別人，別人也會算計你。

公叔沒忘記當年吳起因相位而與田文相爭的經過，當年吳起之所以沒有發飆，是因為田文之才。

田文一死，自己這現任丞相不論才能、威望都在吳起之下，難保對方不起奪相之心。

公叔心急火燎、茶飯不思，深怕哪天吳起一個不開心，便發飆動怒起來。

僕人見狀，猜中主人的心思，進言道：「趕走吳起並不困難。」

小人並不可怕，可怕的是有智慧的小人。

公叔如遇救星，「怎麼做？」

僕人陰惻惻地一笑，「吳起爲人有骨氣，又好名望。老爺您可找機會先對武侯說：『吳起賢能，魏國國土面積很小，又和強秦國接壤，臣下擔心吳起沒有長期留在魏國的打算。』武侯定會追問該怎麼辦才好。這時老爺您就說：『請用下嫁公主的辦法試探他，如果吳起想長留魏國，一定會答應娶公主，如果沒有，就一定會推辭。』」

「接下來呢？」

「接下來，請老爺找個機會帶吳起回府，故意讓公主發怒鄙視您，他見公主竟敢蔑視國相，一定不會娶的。」

公叔依計行事，果不其然，吳起見到公主蔑視公叔丞相，便婉言謝絕魏武侯提出的建議。魏武侯這邊也如公叔所願，不再信任吳起。

其實，吳起從西元前四一〇年起，在魯國因受讒言奔魏後，直到西元前三八三年逃到楚國前，在魏國共計當了二十七年的差，已近花甲之年。

人生七十古來稀，吳起已然進入有今日沒明天的生命臨界狀態，還有什麼心思？不打算長留魏國，難道要再創第二春？

從這一點上來看，魏武侯跟他爹的眼光相比，實在差了一截。

吳起見魏國待不下去，恨恨想道，我爲魏國開疆拓土，立下赫赫戰功，到頭來竟遭人猜忌……算了，憑著多年經驗和人氣威望，大爺我到哪都一樣，何必在這兒受鳥氣？

另一邊，楚悼王素聞吳起離開了魏，大喜過望，立即派人去請。

楚國在戰國時期的地位比較特殊，國土面積最大，國力卻不強，其他國家都在全面改革時，唯有楚國故步自封。

楚悼王上台時，正值國內矛盾尖銳、國外又連連戰敗的挨打情況，內憂外患，他明白落後就會挨打的道理，一心想要富國強兵。派人迎來吳起後，楚悼王大喜，任命他爲一國之相，變法圖強，誰知道竟然成了悲劇。

吳起在楚國的變法具體如下：

第一，明法審令。將不合適的舊法令淘太，訂定新的律法並公之於衆。

第二，廢除封君。

封君是指貴族受封一定面積的土地，子孫世代相傳，享其爵、受其祿，不僅阻塞人才擢升，而且形成「逼主虐民」的政局，是國家安定團結的隱患。

吳起的做法很絕，將貴族直接打發到人煙稀少處去種地。

平時養尊處優的貴族當然不滿意，也埋下日後變法失敗的主因。

第三，限制權臣。

第四，精簡機構。

第三和第四項的變法，拿掉多餘職位，用省下來的錢財供養士兵，增強軍力。

第五，統一輿論。

楚國經過吳起這麼一折騰，頓時「南平百越；北並陳蔡，卻三晉。西伐秦。諸侯患楚之強。」

如果楚悼王能再多活個十年八年，恢復春秋霸業指日可待，可惜才變法不到兩年，他便死了。

楚悼王一死，對吳起隱忍已久的貴族勢力隨即反撲。

吳起倉皇地逃到楚王停屍處，伏在悼王屍體上，可惜，這樣也沒能躲過貴族勢力的萬箭穿心。

這場大刀闊斧的變法，轟轟烈烈地持續兩三年，最後因吳起身亡而宣告失敗。

吳起是個複雜的人，爲了成名不擇手段，不惜敗壞道德，飽受批評，在軍事上與孫武齊名，組建魏武卒，著《吳起兵法》，變法改革上不惜得罪權貴，可惜最後不得善終。

第 5 章

樂毅：
從來沒有人如此

臨淄攻克後，樂毅根據戰局的發展兵分五路，完美的戰略當然會收到意想不到的效果。短短半年時間，樂毅一鼓作氣拿下七十多座城池，齊國只剩下莒城和即墨未被攻克。

1. 名將血統

這些人才當中，最耀眼的人當屬樂毅。說他耀眼，不是因為後來的歷史功績，畢竟都還沒發揮才能，而是單從當時的出身來看。

燕國，始封於西周初年，西周封宗室召公於燕，長子克前往就任，地點在今北京及河北中、北部，因封地在燕山，故國名爲燕。

燕國自建國以來，與中原各地來往甚少，文化相對落後，落後就會挨打，所以也曾幾度遭到重創。

戰國初期，各國已紛紛進行改革，唯獨燕國閉關自守，緩慢發展。如果燕國周圍是愛好和平的魯國，也許還能相安無事，可惜隔壁是東方強齊，便註定日子不好過。

西元前三八〇年到西元前三五五年，短短二十五年間，齊、燕便已爆發三次史冊有名的戰爭，其他小打小鬥沒記載的想必更多。

燕國像是抱著刺蝟睡覺，隨時都有受傷的危險。

燕王噲繼位之後，明白變法迫在眉睫，竟在執政的第三年，做出一項驚世駭俗的決定——將燕國的王位「禪讓」給相國子之，並把高官璽印全部收回，交由子之任命，也就是讓相國子之執掌燕國軍政大權。

也許在燕王噲眼裡，只要燕國能變強，誰做君主都一樣，才會選擇禪位，卻沒想到這麼一做，卻導致四年後的燕國大亂，致使國力嚴重削弱。

燕王噲「禪讓王位」的消息傳出後，第一個反對的人是太子姬平。

見自己順理成章的位子被子之取代，太子姬平心有不甘，圍繞在他身邊的太子黨等舊貴族更是不服，伺機而起。

過了四年，太子平感覺時機成熟，起兵攻打子之，發動一場將王位搶回來的政變。

豈料，子之棋高一著，早有防範，兩軍對陣下，太子平死於亂軍之中，政變以失敗告終，都城內死者數萬。

平定叛亂後，子之還沒喘口氣，隔壁的齊國又來「問候」。

原來，燕王噲禪讓的消息傳出去後，齊國朝野知道燕國將亂，便時刻關注局勢，如今見太子平終於反了，開開心心地隔岸觀火，覷準時機後再發兵。

當時在位的齊宣王徹底發揮趁火打劫的本領，僅僅五十天便攻克燕都薊，也就是今天的北京。齊軍攻入燕都，燒殺搶掠，無所不用其極，燕王噲不幸被殺，子之雖頂得住太子叛亂，對強大的齊軍卻束手無策，也被殺了。

燕國民衆爲求自保，紛紛起身反抗，各諸侯國見情勢危急，也準備出手救燕。面對國際上衆人喊打的不利形勢，齊軍只得被迫撤退。

燕王噲的庶子姬職當時在韓國當人質，紛亂之際被迎回燕國立位，爲燕昭王，成爲燕國史上最有作爲的君主。

這位仁兄上任後，終日不忘殺父之仇，將齊軍破薊視爲燕國最大恥辱，爲雪國恥，立馬採取一連串招募人才，求賢若渴。

燕昭王堅信，只要鋤頭揮得好，沒有牆角挖不倒，更明白所謂賢士都是有身份、有文化的人，老闆的誠心尊敬，有時比黃金還好使。

在昭王誠心求才下，「樂毅自魏往、鄒衍自齊往、劇辛自趙往，士爭趨燕」，儼然一個高級人才俱樂部。

在這些人才當中，最耀眼的人當屬樂毅。說他耀眼，不是因爲後來的歷史功績，畢竟都還沒發揮才能，而是單從當時的出身來看。樂毅是名將後裔，祖先有名，頭上自然多了個光環，到哪都被人高看，何況樂毅本身才幹也極爲出名。

樂毅的先祖叫樂羊，曾是魏國大將。

春秋戰國時期有個「千乘之國」，叫中山國，乍一看似乎國力強盛，可惜和齊、楚、魏、秦這些「萬乘之國」相比，根本不在同一個層次上。

甭看國家小，中山國上下十分有勇氣，連魏國都敢動，只可惜徒有勇氣，實力不濟。當時魏文侯在位，正當政治開明、國力強盛之際，首席武將吳起幾度將西方強秦打得屁滾尿流，小小中山國這一舉動無異虎口拔牙。

與吳起齊名的武將還有另一位，是當時魏相翟璜舉薦的門客樂羊，是一猛人。

魏相翟璜眼光長遠，不計較個人恩怨，樂羊兒子樂舒曾殺死自己的兒子翟靖，縱然如此，仍一心爲國、放下私怨，力保樂羊爲帥。

樂羊在翟璜的舉薦下成爲魏將，率兵拒敵，才一對戰，便徹底傻眼，中山國派出的主將竟是自己的兒子樂舒！

父子對陣、兩軍對壘，樂羊只得先採取緩兵之計，畢竟對手是自己親生兒子，這仗的打法可真得再三商量，能拖一天是一天，如果對方能退兵就再好不過了。

可惜的是，中山國並未退兵，同時，魏國內也謠言四起。

魏國朝野上下聽聞兩軍僅對而不戰，一時間謠言傳聞不脛而走，發揮強大的忽悠性和極大破壞力，全是關於樂羊的種種揣測。

牆倒衆人推，反正他們也沒損失，不小心猜對了說不定還能加官晉爵，說錯了也無關緊要，畢竟大家都在說。

諸如「樂羊怯戰、虐待士兵、縱兵搶劫」之類的，對樂羊來說還無關痛癢，但當中有一條罪名他最受不了——通敵。

樂羊百般無錯，不知該怎麼辦？狠心開戰，仍於心不忍，拖著不開戰，舉國上下都在緊盯著，也對不起自家老闆。

正當樂羊左右為難之際，中山國君姬窟幫他提早下決定，派人誅殺樂舒。

這些紛紛擾擾的謠言也傳到了中山國君耳裡，他智商很高，覺得父子對陣，不大可能兵戎相見，況且兩軍的確遲遲不戰，判斷裡頭定有貓膩。

想到這裡，姬窟二話不說，直接派人殺了樂舒，又還不解恨，乾脆把樂舒煮成一鍋湯，「友好」地送給樂羊一碗。

這舉動非常危險，兒子被煮，當爹的肯定不會放過你，更可怕的是，這名父親還手握重兵。

樂羊接過湯，一口喝盡，隨後憤怒地舉兵，毫無懸念地滅了中山國。

得勝凱旋後，魏文侯封樂羊於靈壽，也就是原來的中山國，後來中山曾一度復國，又不幸在西元前二九六年時被趙國滅了。能征善戰的樂氏家族多年後出了個非常猛的後人，就是樂毅，註定在燕國中成為最受期待的人。

2. 沙丘亂

趙成與李兌領兵將沙丘行宮圍得水洩不通，兩人互視一眼，不由得暗暗叫糟，這下麻煩大了！行宮裡住的是太上皇，如果直接進去捉拿叛賊，肯定會驚動他老人家。

樂毅在沒來燕國之前是趙國的公務員，好景不長，才工作沒幾天，趙國便發生了「沙丘之亂」。

西元前二九九年，趙武靈王傳國給公子何，自號主父（也就是太上皇），又任肥義爲相。趙武靈王其實是位非常英明的君主，在位時期施行「胡服騎射」，使趙國實力一躍而上，後世的梁啓超甚至認爲趙武靈王是黃帝以後的第一偉人。

可惜再偉大英明的君主也會有犯糊塗的時候，趙武靈王在繼承人的問題上出了差錯，爲趙國埋下一顆不定時炸彈。

作爲一名父親，疼愛孩子是天經地義，何況幾個兒子都很不錯，也有才幹——趙章是長子；幼子趙何即後來的趙惠文王；趙勝則是著名的戰國四公子之一，平原君。

趙武靈王對幼子趙何十分溺愛，原因是趙何他娘吳娃。母以子貴，子以母榮，趙武靈王非常寵愛吳娃，愛屋及烏下，也疼寵趙何，最後被枕頭風吹暈，竟不顧宗法制度，衝動地廢嫡立幼。

後來吳娃一死，趙武靈王對趙何的溺愛也漸漸衰減，轉而可憐廢太子趙章以長侍幼，原想將趙國一分為二，被眾臣阻止後才封趙章為安陽君，趙國內出現兩個地位曖昧的王位繼承人。明眼人一看便知，只要武靈王一掛，趙國必定內亂不休，沒想到的是，內亂來得早了些。

趙惠文王四年（西元前二九五年），趙國的太上皇和現任皇帝趙何到沙丘旅遊渡假，分住兩處行宮，倒讓趙章有了可乘之機。

廢太子趙章自認時機成熟，與黨羽田不禮犯上作亂。

趙章按計劃假傳太上皇的命令，召見趙惠文王前來，想予以暗殺。

關鍵時刻時，相國肥義挺身相代，先行進訪，並留下精兵護衛趙惠文王。

肥義一直防著心懷不軌的趙章，即使趙何已登基為王，一刻也沒放鬆，確實不簡單，莫怪能稱得上賢相，可惜一代名相就這麼被殺了！

更可惜的事還在後面。

趙章殺了肥義後，乾脆一不作，二不休，率兵攻打惠文王的行宮。

誰知行宮防守得極其嚴密，久攻不下，趙章登時傻眼，這時又傳來一個對自己來說非常不利的消息。

趙成與李兌率兵勤王。

趙成，即公子成，他手裡的是國家正規軍，安陽君手底下那點兵力壓根不是對手。兩軍對壘，一觸即潰，趙章與田不禮兵敗逃跑，田不禮直接逃亡宋國。

相比之下，趙章似乎蠢了一點，竟跑到太上皇行宮去避難。

趙武靈王對兒子慈愛是出了名的，當然沒對趙章下手，但就連他也沒想到，收留了長子趙章，竟會賠上自己性命。

趙成與李兌領兵將沙丘行宮圍得水洩不通，兩人互視一眼，不由得暗暗叫糟，這下麻煩大了！行宮裡住的是太上皇，如果直接進去捉拿叛賊，肯定會驚動他老人家，但不進去抓的話，這麼多官兵圍在行宮外，是想造反？

當下李兌要向趙惠文王請示如何處理，被機警的趙成攔住。

趙成認爲，以目前形式，如果請示惠文王，他肯定不忍心誅殺父兄，這麼一來，圍主父行宮這件事便犯了大不敬，事後若追究，兩人肯定吃不了兜著走。

如不請示惠文王，先斬後奏，尚年幼的惠文王最後也只能接受事實。

一聽趙成分析，李兌也點頭表示同意，當下派兵攻入行宮，誅殺趙章及其黨羽。

趙武靈王垂垂老矣，只能眼睜睜地看著趙章被殺，縱然如此，餘威尚在，沒有人敢輕易冒犯。

怎麼辦？關鍵時刻，趙成想了個絕招，派人在宮門外不停大喊，「誰最後一個出來，就殺了誰！」

主父行宮裡的人一聽，全衝到外頭去，趙武靈王也在其中，可惜又被逼回去，當然出不去，因爲趙成的目的就是要活活困死他。

趙武靈王見狀，立刻大發雷霆，「老子跟你們拼了！」

趙成等人只圍不戰，因爲沒人敢擔起刺殺太上皇的罪名。

太上皇就這樣被困在行宮裡，爲了活下去，趙武靈王不得不發揮創意，艱苦地求生存，又掏鳥窩又吃草根的，堅持長達三個月之久，無奈最後還是被活活餓死了。

三個月並不算短，也算是不簡單了！

筆者一直不明白的是，這段期間內，趙惠文王究竟幹什麼去了？

3. 五國伐齊

西元前二八四年，樂毅身為上將軍，統領趙、楚、韓、魏、燕五國兵力共二十萬人的聯軍，浩浩蕩蕩開往齊國，一場史無前例的大戰即將爆發。

嚴格說來，沙丘之亂不過只是一場普通的王室政變，但這件事卻影響到本章主角樂毅。《史記》裡提到，「及武靈王有沙丘之亂，乃去趙適魏。」說明樂毅之所以離開趙國，是因爲沙丘之亂的緣故，卻未記載樂毅是其中一員。

筆者推論，縱使樂毅沒有參與沙丘之亂，也和廢太子趙章脫離不了關係，應屬太子黨裡的人士，爲了避免政治迫害，才跑到魏國去，爾後又被燕昭王挖角。

燕昭王眼光極準，樂毅當眞有本事，爲燕國打下一片江山。

戰國中期，齊、秦兩強東西對峙，西元前三〇一年時，齊宣王田辟疆死，由兒子田地繼位，是爲齊湣王。

本名樸實的齊湣王繼位後，南敗楚國，西摧三晉（趙、魏、韓），又聯三晉攻秦，助趙滅中山、破宋……擴地千里，開疆萬丈，徹底發揚先父田辟疆的遺志。

齊湣王是個半瓶水響叮噹的人，國家最怕有這種領導，這類人最大的優點是好大喜功衝勁足，最顯著的特色是倚強凌弱。

齊湣王打過幾次勝仗便不得了，常常志得意滿，以爲自己是天下霸主。

連年征戰下，齊國國力日減，加上齊湣王驕橫自恣，對內欺民失信，對外結怨諸侯，政局一天比一天不穩，形勢迅速惡化。

一如當年齊宣王觀察燕國政局，這時的燕昭王也密切注意齊國情勢，心中暗喜，經過多年休養，復仇時機終於到了！

> 燕昭王問伐齊之事，樂毅對曰：「齊，霸國之餘業也，地大人眾，未易獨攻也。王必欲伐之，莫如與趙及楚、魏。」——《史記．樂毅列傳》

翻譯過來是，齊國是強國，仍然有強國的家底，地廣人多，不能輕易出兵，要打的話不如聯合楚、趙、魏三國一同出兵。

這番話不僅可以看出樂毅的精準判斷，還能看出他的政治及外交才能。

首先以燕國的實力來看，想伐齊很難，勸阻獨自出兵，也是站在軍事立場爲燕國著想。其次，齊湣王名聲不好，外交失利，各方諸侯都已生厭，聯合出軍不僅增加成功機率，還能賣面子給其他君王，迎合國際情勢，是十分厲害的外交手段。最後，萬一聯合軍被打敗，齊國不能報復燕國，更不能把氣出在帶兵的樂毅身上，這是爲自己著想。

燕昭王同意他的看法，馬上令樂毅出使趙國，又派人到楚、魏、韓、秦等處，說服對方共同伐齊，衆諸侯國一拍即合，當即同意出兵。

等到樂毅自趙返回燕國，燕昭王便封樂毅爲上將軍，領軍出戰。

五國聯軍之所以能一拍即合，其中有著複雜糾葛的利益恩仇，否則單單因看不慣齊湣王的傲慢便貿然出兵，理由未免太薄弱。

燕國與齊國有破國之仇，出兵自不在話下，但三晉的理由不大一樣。

西元前二八八年，秦約齊王同時稱帝，結成聯盟。

燕國派蘇秦至齊進行離間活動，勸齊湣王撕毀盟約，廢除帝號，便能伺機滅宋，擴張版圖。衝勁十足的齊湣王果然被打動，二話不說地廢除帝號，轉而與各國合縱抗秦，迫使秦國「廢帝請服」，最後果真攻秦破宋，滅了宋國。

宋國的地理位置十分重要，齊滅了宋，反致三晉如芒刺在背，形成嚴重威脅，一旦有人揭竿而起，自然肯爲了削弱齊國威脅而答應發兵。

楚國出兵的理由之一，是想收回淮北失地，第二個則是想湊湊熱鬧，提高自己在國際上的影響力。

秦國的發兵人數並未載在《史記》當中，照秦國地理位置及和其他國家間的關係來看，筆者推測，秦國應該只是象徵性地派了個軍事觀察連到場，抱著坐山觀虎鬥的心理在一旁冷眼旁觀罷了。

基於種種原因，五國便達成共識，聯合舉兵伐齊。

西元前二八四年，樂毅身為上將軍，統領趙、楚、韓、魏、燕五國兵力共二十萬人的聯軍，浩浩蕩蕩開往齊國，一場史無前例的大戰即將爆發。

驕傲自恃的齊湣王早已被過往戰績沖昏頭，忽然發現聯軍已開到濟水之西（今山東高唐、聊城一帶）時，著實傻眼了好半晌，壓根沒料到燕國竟能聯合諸國攻齊。

聯軍兵臨城下之際，齊湣王終於意識到嚴重性，急忙調兵遣將，傾全國之兵，以觸子為將，率全國主力（亦約二十萬）渡過濟水，西進拒敵。

雙方軍隊在濟水列陣，大戰一觸即發。

由於連年征戰，齊軍士氣較為低落，還沒開始打，便已在士氣上輸了半截。

這一點齊湣王明白，所以他採取十分創意的激勵方法，發布「退後者斬立決，逃跑者挖祖墳」的命令。

此令一下，果真起了意想不到的作用，可惜是副作用。

齊國將士一聽，離心離德，士氣一落千丈，連拿武器的意願都沒了。

4. 臨淄城破

燕軍像是傾巢而出的馬蜂，放羽箭、架雲梯，踩著前方的屍體，不要命似地直向前衝，一波接這一波，血流成河，屍積如山……

兩軍交戰，一盤散沙的齊軍毫無意外地一觸即潰，根本經不起聯軍攻擊。幾個回合下來，血流成河，死傷無數，齊國的主力軍頃刻間全軍覆沒。

齊將觸子見大勢已去，只得仰天長嘯，手中寶劍出鞘，「噗」的一聲，狠狠地給了胯下的馬一劍，跑了！

見主將逃跑，小兵們也不甘落後，紛紛驚慌逃竄，唯一撐得住場面的是副將達子，他很有骨氣地收拾殘兵，退守臨淄，打算死守齊國首都，誓不投降。

一場首都保衛戰即將打響。

臨淄（今山東淄博市），齊國都城，原先天天在這辦公的齊湣王，人已經不在了。

濟西之戰開打後，齊軍主力被迅速殲滅的消息一傳到臨淄，他第一個坐不住，連忙召開軍事會議。軍事會議在緊張而嚴肅的氣氛中召開，大夥估量了好一陣子，發現按此態勢推算，聯軍不出幾日便到臨淄城下，便由齊湣王提議，朝野大臣一致通過，有志一同地選擇逃跑，保命要緊！

國家有這樣的領導，齊之不幸，齊湣王若是有點骨氣來個天子守國門，誓死不撤退的壯舉，即使城破被殺也會青史留名。

濟西之戰後，聯軍大破齊軍主力，這時各國達成既定目標後，該走的都走了，留下燕、齊二軍，兩國之間的恩怨，讓他們自己解決吧！

在燕軍士氣高漲之時，想一舉入都時，謀士劇辛卻澆下一大盆冷水。

他認為齊國大，燕國小，主張燕軍應該攻取齊國邊邑，以壯大自己才是長久之計，不宜舉兵深入。

這看法很實際完美，不過，在樂毅眼中，有個致命弱點：太過保守。

樂毅發揮血液中的軍事天份，審時度勢，認為如今燕軍士氣達到巔峰，應當乘勝追擊，否則會貽誤戰機，二話不說地下令追擊殘軍。

齊人向來有骨氣，縱然主力被滅，剩下的老弱病殘依然堅守不降。

面對「齊皆城守」的局面，樂毅又一次顯示他的軍事才能，決定集中兵力，直取臨淄。只要先破了首都，其他城市必定軍心動搖，不攻自破。

燕國與齊國有仇，此次伐齊出動的人數也最多，如果聯軍有二十萬的兵力，保守估計下，燕軍至少有五到十萬的兵士。

燕軍開到臨淄城下，照例先來段喊話，無非是「舉手投降繳槍不殺」之類的套詞，哪知人家達子硬是不降，抱著死戰到底的決心。

樂毅無奈，看來戰爭在所難免，揚手一揮，下達攻城指令。

臨淄城裡頭盡是一堆殘兵敗將，達子雖有骨氣，無奈手下這點兵力根本不夠人家砍，幾個回合下來，齊軍遭受重創。

燕國地處北方，文化相對落後，常受到北方少數民族騷擾，難免沾惹些「胡氣」，所以士兵的戰鬥力相對較強。

戰場上誰和你論詩談天？能打能砍，才是最關鍵的事！

燕軍像是傾巢而出的馬蜂，放羽箭、架雲梯，踩著前方的屍體，不要命似地直向前衝，一波接這一波，血流成河，屍積如山……

隨著時間的推移，齊軍頂不住了，臨淄終被攻破。

城破了，國亡了，齊人除了大哭，還是大哭，傻愣愣地看著大批燕軍攻入臨淄，燒、殺、搶、掠……城中金銀財寶、祭祀器物一樣不剩，全部被運回燕國。

這下樂了燕昭王，他高興得親自到濟水慰勞眾士兵，士兵們今日可以一醉方休，大碗喝酒大口吃肉，又封樂毅於昌國，號「昌國君」。

攻克臨淄，伐齊沒有因此結束，戰爭才剛剛開始。燕昭王下令繼續進兵，看來他的目的不只是掠奪臨淄的金銀財寶，而是要拿下整個齊國。

首都告破，剩下的城市就好辦多了。

臨淄攻克後，樂毅根據戰局發展兵分五路：左軍東渡膠水，克膠東、東萊；右軍沿黃河、濟水向西克阿城、鄄城；前軍沿泰山東麓直到黃海取琅城；後軍沿著臨淄東北海岸佔領千乘；中軍則鎮守臨淄，策應各路。

怎麼看這都是一個近乎完美的戰略計劃，完美的戰略當然會收到意想不到的效果。短短半年時間，樂毅一鼓作氣拿下七十多座城池，齊國只剩下莒城和即墨未被攻克。

在樂毅看來這兩座城池志在必得，收服也只是遲早的事。

莒城、即墨朝夕可破！

樂毅曾經這樣想過，可他沒想到，這兩座看似不堪一擊的城池，居然久攻不下。

什麼力量在支撐他們？樂毅親自在戰車上下達攻城令，如狼似虎的燕軍按慣例蜂擁而上，攻城結果卻與往昔不大一樣……

5. 懂得放棄的名將

燕惠王智商本就沒他老爸高，加上先前與樂毅已有矛盾，聽了流言也開始胡思亂想，一向破城無數、萬夫莫敵的樂毅五年來都沒攻下莒城和即墨的原因究竟是什麼？

樂毅驚異地發現，攻城的燕軍不是被射死便是被亂刀砍死，而那些守城的齊軍戰鬥力不知爲何忽然十分高漲，與先前截然不同。

莒城彷彿是一道不可逾越的屏障，任憑燕軍如何衝殺，就是攻不下來。

見燕國士兵只是無端犧牲，無奈之下，樂毅只得鳴鼓收兵。

既然莒城攻不下，那去即墨碰碰運氣吧！豈料，即墨也一樣，攻城的燕軍犧牲了大半，城下屍積如山，結果仍是沒能攻破。

爲什麼齊軍的戰鬥力忽然變高？樂毅想了很久，他終於找到了答案——家。

國家國家，國和家永遠是分不開的。國既然亡了，現在只剩下家，如果家再破了，天下就沒有齊人的歸宿。

一個人最大的悲哀莫過於無家可歸，家是衆多人的歸宿，所以爲了有家可回，不怕死的齊人不畏強暴，血戰到底，決定和燕國拼了！

這一拼，自是撼天震地。

樂毅發覺重點後，立即下令，命軍隊圍而不攻。

經過一番思考，樂毅先對莒城、即墨二城採取圍而不攻的戰略方針，另一方面，對已攻佔的地區實行「減賦稅、廢苛政」的政策，尊重當地風俗習慣，保護齊國文化，優待地方名流等收服人心的懷柔政策，想從根本上瓦解齊國人心。

什麼叫名將？會打仗只是名將的基本才能，能看出問題所在並對症下藥，才是成功名將的素質。樂毅這計劃的出發點及未來性都很好，若實行順利，不出十年，興許戰國便再也沒有齊的存在，只可惜，他運氣差了一點。

西元前二七九年，也就是樂毅攻齊的第五個年頭，燕國發生了一件震驚全國的大事，燕國史上最有作爲的君主之一的昭王去世，對樂毅造成沉重打擊。

昭王去世，新君登基，是爲燕惠王。

問題就出在新上任的燕惠王身上，還是太子時，惠王便對樂毅有所不滿，兩人間有點小矛盾。樂毅失去老領導的後台，又和新領導有些恩怨，自然意識到接下來的工作不好幹，新領導上任後，三把火燒得他計劃失敗，英雄無淚。

燕惠王上任不久，便「湊巧」地聽到許多關於樂毅的謠言。

> 「齊城不下者兩城耳。然所以不早拔者，聞樂毅與燕新王有隙，欲連兵且留齊，南面而王齊。齊之所患，唯恐他將之來。」——《史記．樂毅列傳》

這段謠言的中心思想很簡單，樂毅要造反了！

樂毅和先祖樂羊同樣遭到謠言的困擾，可運氣又比樂羊差了點。

燕惠王智商本就沒他老爸高，加上先前與樂毅已有矛盾，聽了流言也開始胡思亂想，一向破城無數、萬夫莫敵的樂毅五年來都沒攻下莒城和即墨的原因究竟是什麼？

人，有時候就怕胡思亂想，尤其是幾件事連在一起，結論通常只會更差。

燕惠王越想，越覺得傳言深得己心，覺得樂毅之所以沒拿下莒城和即墨的「隱情」肯定非同小可，經過「準確」推測，走出一步令後人訝嘆的棋招，「騎劫代將，而召樂毅」，派一名叫騎劫的將軍接替樂毅，把人召回京養老。

事實證明這是一步臭棋，燕惠王徹底中了別人的離間計。

多數謠言只是無中生有，有時可以找出其中矛盾，關於樂毅的謠言也是如此。

謠言的前半段，主要說明樂毅有自立爲王的心思，這倒正常，奇怪的是在後面的「齊之所患，唯恐他將之來」一句，連解決方法都附上，造謠的人也想得太周到了，哪裡來這麼好的事？分明是計。

可惜，燕惠王最怕威望顯赫的樂毅自立爲王，在這層顧忌下，愣是沒看出來，一意孤行地陣前換將。

按常理判斷，不管樂毅想不想自立爲王，惠王換人都是不智之舉，時當樂毅手握重兵，一旦逼急對方，更容易將謠言變成事實。

樂毅的腦袋瓜子靈活得很，想到與燕惠王素有矛盾，奉命回去的話，肯定不會有好果子吃，於是「畏誅，遂西降趙」，再也沒回燕國。

趙國君主也是個聰明人，「尊寵樂毅以警動於燕、齊」，善用樂毅爲趙國帶來的好處，頓時少了燕、齊兩方的壓力。

名將不單會兵打仗，同樣要懂得政治博弈，樂毅高明之處就在這裡，他懂得放棄。

如果是我，見燕惠王不仁不義、過河拆橋，早眼一橫，率兵打回燕國都城去，再不濟也要殺了來將，將目前所占之齊國土地抓緊，自立爲王。

可樂毅沒有，他只是選擇了放棄，放棄那些軍功政績，有時候，適時放棄也是一種高明的選擇，既不傷人，也保全自己威名。

樂毅走了，攻齊的故事卻還沒有結束，更驚心動魄的戰爭還在後面。

這時，有一個人出現，徹底顛覆燕齊大戰的情勢，這人當然不是接替樂毅的騎劫，而是即墨城中一個管生活行政的秘書，田單。

第 6 章

田單：秘書也瘋狂

田單將即墨城裡所有牛加在一起，湊到大概一千多頭，把牛裝扮得十分古怪，身披紅綢、畫著蛟龍圖，犄角綁上雙刀、尾巴淋上油液，顯而易見的，這是支極為特殊的部隊，

1. 秘書變將軍

如果沒有樂毅伐齊，田單充其量也只能在中央政府混個秘書長之類的官，如今臨危受命，肩上的責任一夜變重，腦中不停思考當下局勢。

樂毅走了，由騎劫接替，攻齊大戰還是得繼續打下去。

新官上任三把火，騎劫立刻將樂毅那套「減賦稅、廢苛政，尊重當地風俗，優待各方名流」等收服人心的懷柔政策全部廢除，彷彿只有這樣，才能顯示出騎劫大將軍的與眾不同。

騎劫下令強攻即墨，霎時間戰爭空前慘烈，血染城牆屍如山。一波燕軍倒下去，另一波燕軍衝上來，即墨城裡的軍民一心，眾志成城，一次又一次地擊退燕軍的猛烈進攻，用血肉身軀阻擋敵人來犯。

這場大戰從日出一直打到日落，即墨城依然固若金湯。放眼望去，燕軍傷亡慘重，丟盔棄甲的士兵死傷無數，在城下堆起座座屍山，空氣中漫著一股濃厚血腥味。

見強攻沒轍，騎劫只好下令撤兵。

在軍事會議上，燕國主將騎劫不相信以燕軍實力攻不下這小小的即墨城，下令衆士兵好好休息，明日再戰。

不料，次日一大清早，卻忽然出現一個奇怪現象。

只見即墨城上空有無數飛鳥盤旋，黑壓壓地往來盤旋，絲毫不肯離去。

「這是怎麼回事？」

燕軍將士頓時議論紛紛，這異象究竟是怎麼回事？

騎劫眉頭一皺，問身邊的部下，「即墨守將是誰？」

「田單。」

「田單？」騎劫想不出齊國還有這麼一號人物，「哼！裝神弄鬼。」

這話說得倒沒錯，田單的確是在裝神弄鬼，無窮飛鳥盤旋只是小試牛刀，更大的還在後面。

「他原先是做什麼的？」

「沒聽說……」

騎劫怎麼樣也沒想到，對手田單原本只是個行政秘書。

田單，臨淄人，是田氏宗族的一支遠房親戚，算是貴族中的平民，因為這層關係在中央混了個秘書（臨淄市掾），也是個領公家薪水的職員。

當燕軍攻到臨淄時，齊湣王選擇出逃，身為臣下的田單自然也跟著逃跑，不過，他跑的方式跟別人不太一樣。

逃跑時需要用到馬車，古代的木製車體品質粗糙，也不大安全，超過一定速度的話，容易拋錨，更甚者還會四分五裂。

田單特地讓族人把車軸兩端的突出部位全部鋸下，又包上鐵皮，這樣不僅能增強車體的穩固性，外觀看起來也極有特色，可說是歷史上第一批改裝車！

城破後，齊人爭相逃亡，不少人果真被撞得軸斷車壞，被燕軍抓走，只有田單和族人用鐵皮包住車軸後，才得以順利逃出，退守即墨。

跑到即墨後，樂毅已帶著燕軍攻至，守將出城決一死戰，壯烈犧牲，城中頓時群龍無首。突然間，有人得知田單因乘坐改裝車跑到即墨，便推舉田單為將軍。

如果沒有樂毅伐齊，田單充其量也只能在中央政府混個秘書長之類的文官，如今臨危受命，肩上的責任一夜變重，腦中不停思考當下局勢。以現有即墨軍事力量來看，完全不足以與樂毅正面相抗，想要成功，得動動腦子，使出計策才行。

田單當上即墨守將不久，聽到燕昭王去世的消息，意識到這是個大好機會，又獲悉燕惠王與樂毅有隙，便使了一招離間計。

樂毅攻齊五年，終未能呑下莒城、即墨二城，燕惠王自然有所懷疑。

田單明白燕惠王的顧忌，派人四處散佈謠言，說樂毅要自立爲王，對方果然中計，以騎劫取代樂毅。跟樂毅鬥，田單未必能占到便宜，但樂毅一走，事情就好辦多了，自己的智慧對付騎劫已綽綽有餘。

樂毅無故被換，燕軍將士早已憤憤不平，心生暗怨。這時騎劫不去安撫將士心思，反倒下令強攻，眞是「四肢發達，頭腦簡單」的最佳代言人，後來的事態發展，也證明他確實沒什麼腦袋。

田單一計既成，一計又起，再度發揮聰明才智，改變局勢。

首先下令，命城中軍民在吃飯前得先祭祖，一來可以增強城中人民的凝聚力，使其不忘本；二來，祭祖用的食物可以引起飛鳥爭食盤旋，造成一種「天神相助」的假象，在城外燕軍心底埋下忌憚畏懼的種子。

這一招用得實在高明，自古以來，神仙、天人等存在，深深影響華夏民族的思維，何況戰國時期的古人？

田單又一邊忽悠即墨軍民，「神來下教我，當有神人爲我師。」簡單來說，便是將有神仙下凡指導衆人克敵制勝。

「有個神仙做咱們老師」這種話一看就知道在矇人，但沒辦法，當時崇神畏鬼的古人就吃這套。

只是齊國老百姓也不是白癡，你說神仙下凡就下凡，那神仙在哪兒呢？

這時，有個士兵跟田單開玩笑，「我能當仙人嗎？」

田單立馬將計就計，「神師在上，請受田單一拜。」

「呵呵！拉倒吧，我跟你鬧著玩呢！」

田單演技極佳，執意拱手將人往城上請，「哎呀！您別客氣了。」

那年頭沒有電影文化，要不然田單保準能拿下金馬獎影帝，才說了一句話，神師便有了，即墨軍民心裡也開始興奮了起來。

正待這時，又聽城外一聲鑼響，殺聲震天，燕軍再次攻城。

田單下達命令，「大夥拼死頂住！」為了強調這命令的神聖，還附加一句上去，「這是神師的命令！」

命令沾上個「神」字，效果可是不得了，即墨全城軍民同仇敵愾，奮死守城，頂住燕軍一輪接一輪的猛攻。

由此可見，神仙在那時代相當具有市場。

2. 奮戰的原動力

騎劫納悶得很，人也殺了，該割的鼻子也割了，城為什麼還攻不破？正當搜腸刮肚、想不其他比割鼻更傷人的主意時，「好朋友」田單又幫他出了一招。

騎劫憤怒了，怎麼也不明白，看似不堪一擊的即墨城爲何久攻不下？即墨軍民的頑強抵抗令人無法想像。他原先以爲，只要強攻重壓，即墨必克，現在看來樂毅五年來未曾攻克，當中果然大有玄機。

大軍圍攻五年未竟全功，對軍人來是種莫大恥辱，此刻騎劫心緒又遠比樂毅急躁難安，恨不得馬上攻破——只要攻克即墨，齊國所剩無幾，到時候「亡齊」這道至高榮譽的光環便會落到自己頭上。

可是此刻，不得不先冷靜地思考，是不是戰略上出了問題，苦思許久後，騎劫終於有了結論——自己戰略沒有錯，是殺人還不夠多的緣故。

主意一定，立即派人把先前抓來的齊國俘虜綁在城下，又往城裡頭喊，「不投降，就開殺！」

即墨城垛上的軍民見狀，全都怒目而視，下面全跪著一群自己孩子、父母，還有妻子……等等家人。

雙方交涉許久，未果，下場可想而知。

騎劫憤怒地下令，「全都給我殺了！」

燕軍應了一聲，斬齊國俘虜像在切菜一般，砍死一批又一批，霎時血花四濺。

即墨城的軍民百姓默默看著一切，怒火中燒，把這種仇恨深深埋進心底，化作戰鬥時的動力。

田單見狀，將計就計，又開始派人造謠，不得不說，這是他最拿手的招數。

這時候，燕軍又得到一個「意外」的情報，急忙向主將騎劫稟報，「報告將軍，聽說齊國人最怕我們割去俘虜的鼻子，不如直接把俘虜帶於大軍前，再行進攻，便能收事半功倍之效！」

騎劫大喜過望，有才！馬上下令照做，於是一樁集體整容事件爆發，齊國的俘虜全都被割掉鼻子。

想來田單也是出於無奈，才想到這棄車保帥的一招，畢竟割掉鼻子總比死了強。

此令既成，騎劫相信即墨城裡目前肯定士氣低落，便拔出寶劍，厲聲道：「攻城！」

燕軍將士得令，立刻前仆後繼，發動另一輪攻勢。

無奈即墨軍民人人義憤填膺，奮死抵擋，守城的老弱病殘如有神助，戰鬥力倍增，誰也不願意被抓去割鼻毀容。

幾次強攻後，燕軍傷亡慘重，敗下陣來。

騎劫能接替樂毅的職位，應該還是有幾分軍事才能，可惜他並不擅長打這種攻城戰，除了強攻外全無他法，一點創意都沒有。

燕軍將士再次敗陣後，士氣更趨低落，無心再戰。攻堅戰一旦久攻不下，最容易喪失軍心，再加上這些將士本來全是樂毅屬下，先前打仗時戰無不勝，很少流血，哪知才剛換個新領導，卻立刻白白送死，換了誰都不想使勁拼殺。

另一方面，騎劫則是納悶得很，人也殺了，該割的鼻子也割了，城爲什麼還攻不破？正當他搜腸刮肚，想不其他比割鼻更傷人的主意時，「好朋友」田單又幫他出了一招——挖祖墳。

田單再次放出謠言，「吾懼燕人掘吾城外塚墓，戮先人，可爲寒心。」

騎劫一聽，突然覺得對即墨還不夠狠，非常聽話地下達有史以來最沒道德的軍令，命燕軍掘墳燒屍，來個集體火葬。即墨城外的墳地登時倒了大楣，被無情鍬鎬挖開，原先在地下安息的屍骸一具具被抬出，架在火堆上焚燒。

祖墳在中國人信仰裡具有至高無上、不容褻瀆的地位，你刨人家祖墳比殺了他還狠，明擺著要找人決一死戰。

即墨城中。

面對燕軍刨祖墳的舉動，齊軍義憤填膺，不少人衝到田單跟前請戰，「將軍，下令吧！他娘的，我們出城跟燕軍決一死戰！」

即墨軍民上下一心，衆志成城，請戰的聲音一浪高過一浪。田單做事向來謹愼，不想貿然迎戰，冷靜地看著怒氣沖沖的即墨軍民，打是一定要打的，關鍵是怎麼打？

想了一想後，田單淡淡說道：「修城牆吧。」

此話一出，所有人全愣住了，回過神後，不少人都暗罵田單無能，是個懦夫。

田單又加上一句老話，「這是神師的命令。」

不料，這句命令竟像過期的飛機票一般不好使，那位被尊爲「神師」的仁兄估計家裡祖墳也被刨了，一齊盯著上司瞧。田單面對衆人疑問，沉聲道：「不做防守，又該怎麼進攻？」說完，一個人拿著鐵鍬去補城牆。

衆人聞言，才恍然大悟，說得也是，即墨城能撐到今天，靠的還不是堅固的防守陣仗嗎？

3.

火牛夜奔

睡夢中的騎劫衝出軍營，立即傻眼，眼前這群怪物是什麼？幸好他身經百戰，當即回過神來，厲聲大喝，想穩住軍心，「頂住！頂住！」

另一邊，騎劫也沒消停，缺德事做盡後，還覺得不過癮，又繼續指揮士兵攻城。一個陽光明媚的上午，燕軍再次發動攻勢，這一仗雙方互有傷亡。幾經殺伐後，即墨城裡的壯丁沒剩多少，守城的士兵皆是些老弱殘兵，定睛一看，好像還有婦人上城守衛。獲知情報，騎劫喜滋滋地衝到最前線，當真看到即墨城上守軍人數銳減，心底得意洋洋，愈發覺得對方開城投降指日可待。

田單聰明絕頂，反應極快，眼珠子一轉又是一個點子。

他故意命令身強力壯的守城青年退離城垛，把老弱病殘全弄到上面去，又把自己的妻妾家人編在部隊中，達到欺敵的目的。

在這些計策當中，勝利的天秤已向齊人傾斜，相比之下，騎劫太嫩了點。人一旦迷信暴力，腦袋就不夠靈光，燕軍戰術始終如一，不投降要打，還不投降就繼續打，打到送醫爲止，如果換個環境會更實用。

不過，這次攻城總算見到成效，即墨城裡終於派出使者，這些使者身份特殊，一經調查，全都是即墨當地的納稅大戶。

見狀，燕軍將士嘴角隱隱浮起一抹得意的微笑。

使者一邊送上黃金，一邊誠懇地傳達田單的話，「大將軍英明神武，即墨城中軍力匱乏，不消幾日必然攻克。我等前來沒別的意思，只希望這點小意思送給大將軍及衆將領們，你們辛苦了，還望將軍克城之日，不要擄掠我家妻妾。」

騎劫等燕軍將領很高興，「好說好說……」

得此消息之後，燕軍將士歡呼雀躍，勝利終於到來，他們又高呼萬歲，喜極而泣，只是等待他們的不是輝煌，而是一連串的慘敗。

這些其實都是田單的鬼主意。

田單一方面派富豪出城，贈送燕軍將士金銀以麻痹敵人，另一方面準備反攻，死守五年，也該是齊國反擊的時候了！

夜裡，即墨城悄然無聲，城中人影竄動，冷風蕭蕭，這是一個平靜得令人窒息的夜晚，城上的老弱病殘還在一絲不苟地守城。

另一邊，由於即墨將要投降，勝利在望，燕軍將士終於能放心睡個安穩覺。暴風雨的前夕通常異常平靜，因爲有一場史無前例的戰役即將爆發。

此時，田單將即墨城裡所有牛聚在一起，湊到大概一千多頭，把牛裝扮得十分古怪，身披紅綢、畫著蛟龍圖，犄角綁上雙刀、尾巴淋上油液，顯而易見的，這是支極爲特殊的部隊。在田單的安排下，中國歷史上難得一見的人獸大戰即將拉開序幕。

田單作戰前，不落人後地也來上一陣喊話，第一句不忘抬出精神領袖，「神師說了……」不管是牛的古怪裝扮也好，命令的下達也罷，務必使一切看來都像是出自神仙手筆，才能讓即墨軍民信心倍增，戰鬥力直線上升。

「士兵們！五年來的堅守，你們辛苦了！我知道有的人和我一樣，都是被燕軍佔領家園後才逃來的，城外那些人，殺了我們的同胞，刨去我們的祖墳，是可忍，孰不可忍！今晚，便是我們反擊的時候！無論是誰，只要能上戰場的都別含糊，不能上戰場的人，也在一旁敲鑼助威，把他們打得屁滾尿流！」

齊軍頓時熱血沸騰，田單見狀，自信滿滿地讓人悄悄打開城門，又下令綁在牛尾巴上的浸滿油脂的蘆葦上引火燃燒。老牛的尾巴被點著，只能邊吼邊向前衝去，原本耕田的老牛立馬變成勢不可擋的一群瘋牛。

燕營裡，燕軍將士正有說有笑，想著即墨投降後，要入城去狠狠吃上一頓美食，再找兩個當地美女作陪，真是人生一大美事，氣氛歡愉，聊得不亦樂乎。

忽然，見即墨城門打開，燕軍將士止住了話頭，疑惑地望去。即墨城裡忽然殺出一團火勢，異常兇猛，依稀可見來者身形有龍紋，火光刺眼，如同一隻噴火巨龍忽然殺至，同時鑼鼓聲大響，聲動天地。

「那是什麼？啊……」

一名燕軍將士話還沒說完，便被一刀插入胸膛，接著身子被頂飛幾十米遠，重重摔在地上，尚未起身，便被後頭追上的火牛踩扁，連哼都沒哼一聲便糊裡糊塗地身亡。

多數燕軍幾乎都是這麼個死法，他們不知道眼前這群兇猛的動物是什麼東西，害怕之餘，第一想法便是逃命，可惜他們的速度根本跑不過燃燒的瘋牛，全被踩成爛泥。

這場戰役的後續清理動作十分麻煩，本來通常用「個」或「具」來計算傷亡人數，但這群瘋火牛一踏過去後，便只能用「片」來計算地上那些血肉模糊的東西。

一千多頭帶火的牛，該是怎生壯觀的局面？再加上夜裡視線不清，四周喊聲大作，嚇得燕軍將士連拿刀去砍都忘了，只得驚慌逃竄。

睡夢中的騎劫衝出軍營，立即傻眼，眼前這群怪物是什麼？幸好他身經百戰，當即回過神來，厲聲大喝，想穩住軍心，「頂住！頂住！」

可惜，這道命令才剛發出，就被四周嘈雜的鑼鼓聲掩蓋，猶如消失在茫茫大海中的細小浪花。一波火牛衝過後，燕軍將士已是傷亡慘重，還沒來得及整頓軍容，又見齊軍主將田單正率領城中五千精兵殺至眼前。

五千精兵早已怒紅雙眼，奮不顧身地見人就砍，毫不手軟。戰場上鮮血飛濺、慘叫連連，那些先前做著美夢的燕軍這時才明白，自己正面臨此生最恐怖的惡夢。

騎劫終於意識到大勢已去，想就自己就算逃回燕國也是一死，不如跟齊軍拼了！豈知，這時田單率領的五千精兵正巧殺到，大夥一人一刀，合作無間地將騎劫將軍劈成碎肉塊。主將既死，群龍無首的燕軍立馬節節敗逃，齊軍仍緊追不捨，大有不殺乾淨絕不撤軍之意。

遙想五年前，燕軍一路勢如破竹，是何等風光霸道，如今倉皇逃命，惶惶如喪家之犬，戰場上的變化總是一瞬萬變，令人感嘆。

燕軍原先所佔之齊國城鎮，聽見即墨田單大破燕軍，馬上反叛，投入田單陣營，田單的兵力日益增多，一路向北，乘勝追擊，收復七十多座城池。

田單，一個管行政的秘書，臨危受命，毅然扛起守城重任，巧運智慧、出奇制勝，完成幾乎不可能的復國壯舉。

燕軍在齊地五年的統治霎時土崩瓦解，只得一路領著殘兵敗將退至黃河邊。

燕惠王不是英明的領導，開始後悔不該派騎劫接替樂毅，只好發揮「死不認錯」的優良傳統，寫了封信給逃到趙國的樂毅。信裡大致意思是：你這人真不夠義氣，我之前剛當上領導，啥也不懂，才會怕你太累而召回京，這也算是一片好心啊！怎麼你就直接跑到趙國去了？你對得起先王的一片深情厚意嗎？

樂毅跑到趙國，趙王封他為望諸君，以尊奉名將樂毅以此警示震懾燕齊。

樂毅也不傻，他人在趙國備受尊重，如魚得水，直接寫了封回信給燕惠王，大致意思是：我不想做被君主猜忌殺死的伍子胥，您還是別跟我瞎扯那些吧，大爺我就想待在趙國，永遠不回去了！

燕惠王收到信後，依舊只能後悔自己的莽撞決定，自此，燕國再也沒有像昭王時期的盛世。燕國轟轟烈烈伐齊，歷時五年多後卻一夕情勢翻覆，樂毅、田單在這場大戰中，各自書寫屬於自己的輝煌成就。

卷三

【動嘴的——政客篇】

縱橫家說白了就是忽悠，好像領導忽悠員工叫管理，

學校忽悠學生叫教育，女人忽悠男人叫勾引一般。

辯士忽悠國君叫遊說，遊說成名的就成了縱橫家。

第 1 章

管仲：九合諸侯，一匡天下

管仲懷著悲痛的心情和遠大的志向，被裝入囚車，隨使臣回國。心情忐忑不安，回到齊國就能保證不死嗎？自己曾經對姜小白暗下殺手，姜小白焉能放過他？

1. 窮怕的宰相

管仲可能是窮瘋了，每次和鮑叔牙分錢時，總是想占點便宜，多分個一毛五毛的。正是因為有了年少攏地攤的經歷，管仲後來做宰相時，才對經濟特別重視。

管仲，名夷吾，潁上（今安徽潁上）人。祖先是姬姓後代，與周王室同宗，體內也流著貴族的血液，管仲父親管莊做過齊國大夫，可惜後來家道中落，生活貧困。

到了管仲這輩，家裡早窮得叮噹響，那年頭是個亂世，連地主家也沒有什麼餘糧，過年過節的菜裡也沒辦法放上一點油，只能乾啃著窩窩頭，連喝口酒都成了一種奢望。由於少年喪父、老母在堂，年少的管仲不得不提早扛起生活重擔，左鄰右舍也看不起他，經常奚落他的處境。

幸好還有一個人願意與他交往，那人叫鮑叔牙。

鮑叔牙的家世比管仲好上許多，也不嫌棄管仲家裡窮，適逢節日，總會拿些好吃的東西分給管仲。管仲也不覺得這是什丢臉的事，爽快地接下，一來二去後，兩人交情甚篤，像是親兄弟一般，一起爬山頭、偷地瓜，一起喝酒聊胸中志向。

這兩位齊國未來的政壇雙子星，或許不知道，這段「管鮑之交」將光耀華夏幾千年，受人景仰欣羨。

管仲小小年紀便見過世態炎涼、人間心酸，心理層面早熟，這未必是件壞事，至少激勵了管仲，奮勇從社會底層一路往上爬，權至一人之下、萬人之上的齊國國相。

要只有管仲一個人的話還好說，有一餐沒一餐都無所謂，可管家老母親不行，她年事已高，需要有人奉養。

作爲兒子，管仲開始打工維持家計，可惜沒能出頭，後來乾脆下海經商。

周末時期的國家以農業爲主，經商的商人常被人看不起，但自小飽受閒話的管仲並不在意，知道只要是靠自己努力，做什麼都不丢臉，毅然經商去。

說得好聽點是經商，其實就是去擺地攤了，那年頭擺地攤不會被抓被趕，工作時間也能自行運用，十分自由。

管仲知道自己先前打工攢下的積蓄，連打醬油都不夠，想做生意有些不現實，幸好，忽然想到自己的好朋友鮑叔牙家底殷實，不如兩人一起合夥做生意賺錢，再每天按股分紅。小哥倆一拍即合，批些鞋墊襪子賣，承蒙父老鄉親照顧，生意利潤還不錯，每天都有不少收入。

管仲可能是窮瘋了，每次和鮑叔牙分錢時，總是想占點便宜，多分個一毛五毛的。鮑叔牙也不在意，十分體諒管仲，明白他不是貪利忘義的小人，只是家裡窮得沒辦法，又要供養老母親才會這樣。

能遇到鮑叔牙這樣的朋友，眞是管仲人生中的一大幸運。

正是因爲有了年少擺地攤的經歷，管仲後來做宰相時，才對經濟特別重視。會經商的人通常也懂政治，商人在特定的環境條件下，也能轉型成爲政治家，比如說後世的呂不韋、范蠡等。當然，與他們相比，管仲顯然不大算是成功商人，充其量只是個小販而已，但不管怎麼說，也是經驗豐富。

管仲不甘心一輩子經商，一輩子幹著被人瞧不起的職業，解決溫飽問題後，接下來要力爭上游，在社會這所大學裡成爲風雲人物！

他去過許多地方，接觸各式各樣的人，累積豐富的社會經驗，思想漸漸圓融成熟，知道要想在春秋戰國裡混出名號，勢必得從政才行。

可惜，幾次想當官最後都失敗，原因很簡單，沒有資本又沒有家世的管仲想做官，實屬妄想。

條條大道通羅馬，文官從政這條路行不通，就換一條——從軍立功。

管仲參軍後，徹底體會到軍旅生涯多麼嚴苛，也明白自己絕不是當兵的料，在軍中寫下專屬的光輝戰績──三次臨陣脫逃。這不是軍人應該做的，但管仲做了，沒送到軍事法庭處理，只是被時人譏笑貪生怕死，沒有奮勇犧牲的精神。

鮑叔牙得知此事，卻不這麼認爲，也向別人解釋，管仲不是怕死，是因爲家有年邁的母親需要他，所以不得不逃，他若死了，老母親該怎麼辦？

管仲十分感動，除了母親外，天下只有鮑叔牙最瞭解自己，脫口而道：「生我者父母，知我者鮑叔牙也。」

管仲很感激鮑叔牙的相知之情，多次想爲鮑叔牙辦事，結果卻都幫了倒忙，時人認爲管仲才能平庸，壓根沒什麼本事。

這時又是鮑叔牙爲他說話，「人以群分，物以類聚，我鮑叔牙尚且如此，我的朋友管仲還能差了嗎？他只是缺少一個實現才能的舞台而已！」

經過多年歷練，管仲從一隻雛雞成長爲羽翼豐滿的雄鷹，終於要在春秋戰國的政治天空裡自由的翱翔。

鮑叔牙與管仲或者機緣巧合，或者挖門盜洞找關係，總算雙雙進入了齊國的中央政府。齊國政壇的雙子星，從此開始演繹各自人生的輝煌。

2. 襄公風流

要是替齊襄公測智商的話，他肯定是個白癡，和文姜的醜事敗露後，人家丈夫也沒打算張揚，畢竟此事的確不好聽，你何苦再逼人家，還殺死他？

西元前六九八年，這年齊國發生了一件大事——僖公駕崩。齊僖公姜祿甫執政期間，齊國與鄭莊公結盟石門，是諸侯間互相結盟的開始，又與魯隱公結盟於艾。

其後十數年間，齊僖公樂此不疲地主持多國高層聚會，十分出風頭，儼然開創一個小霸主的局面，也爲後來齊國稱霸諸侯奠定基礎。

這位英明的國君有三個兒子，分別是太子姜諸兒、公子姜糾和公子姜小白。太子姜諸兒後來繼位，史稱齊襄公，之所以能成爲齊國的第十四任國君，是因爲他比較幸運，投胎成了老大。

僖公未死時，齊國的政治形勢便已開始發生變化。太子姜諸兒雖然居長，但人品卑劣，令國中老臣深爲憂慮，又見姜糾與姜小白兩人無論從才智和德行上來看，都遠遠勝過正式繼承人太子姜諸兒，各有一群支持者在旁輔佐。

當時，管仲和鮑叔牙分別受命輔佐公子姜糾和公子姜小白。

齊僖公知道姜小白將來沒有什麼繼承君位的希望，又覺得鮑叔牙才能持平，索性把兩個人放在一起。

一開始，鮑叔牙對齊僖公下達的「輔佐公子姜小白」這紙人事命令很不滿意，常常稱病不出。

管仲卻以他的敏銳的政治嗅覺提出另一番見解——國內衆多大臣因十分厭惡姜糾的母親，所以「恨屋及烏」，不喜歡姜糾本人，自然不喜他當齊國國君；相反的，姜小白自幼喪母，已拿到朝中許多大臣的同情票。

至於太子姜諸兒雖是皇儲，但好色無謀、人品卑劣，根本不列入競爭行列，目光放遠來看，將來統治齊國的人非糾即白。

在管仲眼中，自己伺奉的姜糾雖然聰明，品德也比太子強，但眼光平平，即使日後廢兒立君，也是一事無成。而鮑叔牙輔倚的幼子姜小白，雖然不如公子糾聰明，性格也很急躁，眼光卻十分深遠，思慮也深，作爲一個君王來說，是相當重要的人格特質。

聽完這一席話，鮑叔牙驀地一凜，暗暗佩服管仲的才識見解，從此竭力盡心地侍奉姜小白。

大家都是聰明人，話也不用說得太白，管仲和鮑叔牙兩位好朋友分別輔佐姜糾和姜小白，無異是一份政治投資雙保險。

這樣一來，不管最後是誰繼承王位，兩人都能互相舉薦對方，誰讓大家是哥們呢？

管仲看人的眼光精確無比，認定齊襄公姜諸兒好色無謀、人品卑劣，終不能成大事。

齊襄公這哥們繼位後果然不負眾望，在任十二年來毫無政績，輝煌燦爛的反而是私生活這一塊。

西元前六九七年，齊襄公被人發現與自家妹妹文姜通姦，帝王難免有些風流韻事，但關鍵是，襄公的妹妹早於齊僖公二十二年時出嫁，嫁的還是魯國國君魯桓公！

男人被戴綠帽子可說是一生最大的恥辱之一，何況這還是樁國際聯姻，一個弄不好，肯定會引發國際爭端。

齊襄公和文姜的愛情源由無人知曉，也許是這對同父異母的兄妹倆自幼兩小無猜，才會萌生情愫。

後來文姜遠嫁魯國，原本美麗的愛情，被無情的山水隔開，一直到文姜隨魯桓公訪齊時，兩人才有重逢的機會。

齊襄公立刻把握機會，下定決心和文姜重續前緣。

通姦事發後，因爲齊國得罪不起，魯桓公只好咬緊牙關忍了下來，狠狠怒斥妻子一番便罷。魯桓公也眞是的，要不然動作大點扯破臉，要不就甘心當烏龜，這樣不上不下地虛罵一頓，反而爲自己引來殺機。

魯桓公回國的前一天，齊襄公不曉得是心疼自己妹妹，還是早生殺機，找個名義宴請魯桓公吃飯，「明天你們就回魯國了，請你吃頓飯，算是餞行。」

魯桓公被迫戴上無法摘下的綠帽子，心底已十分鬱悶，卻還是忍氣吞聲，想草草吃過飯就離開齊國，回到魯國再和人商討一番，看怎麼和齊國討回公道。

可惜，齊襄公沒打算讓他活著回去。

齊襄公將魯桓公灌醉後，又命大力士彭生以殘忍的手段將人殺死。

事情敗露後，齊襄公迫於國際輿論，只得處死炮灰彭生以示謝罪，稍稍平息衆怒。要是替齊襄公測智商的話，他肯定是個白癡，和文姜的醜事敗露後，人家丈夫也沒打算張揚，畢竟此事的確不好聽，你何苦再逼人家，還殺死他？

魯桓公再不濟，好歹也是一國之君，這一殺，雖實現了齊襄公與文姜「從一夜情變成多夜情」的目標，但也失了民心，爲衆人不齒。

魯國迫於齊國國勢，魯桓公死後沒辦法有太大動作，但舉國上下早已怒紅雙眼、怨氣沖天，欺負人也不能欺負到這等地步。

具有敏銳政治嗅覺的管仲感到齊國政壇即將出現異樣，察覺不久的將來，齊國將爆發一場大亂，馬上與鮑叔牙替自己的主子找出一條安全的路。

兩人商討後，決定先離開齊國這塊是非之地才是上策。

管仲和同事召忽一路保護公子姜糾，前去外公家魯國避難（姜糾的娘是魯君之女）。公子姜小白他娘是衛君之女，但衛國離齊國太遠，鮑叔牙只好帶著姜小白跑到齊國的南邊鄰居莒國（今山東莒縣）去。

兩位公子一南一西，目的卻只有一個——靜觀其變，伺機而動。

3. 兄弟爭位

姜小白接到消息後，與鮑叔牙仔細分析國內形勢，決定日夜兼程趕回齊國，如果慢了一步，王位就會落到公子糾手中。要快！必須要快！

齊襄公十二年（西元前六八六年），齊國發生政變，襄公被自己堂弟姜無知及大夫連稱、管至父等人密謀殺死。

這二位仁兄與齊襄公都有些過節，先說連稱和管至父這兩個人的理由。

當初齊襄公曾派連稱及管至父駐守葵丘（後來齊桓公的葵丘之盟就是在此地舉行），約定七月瓜熟時前去，隔年瓜熟時再派別人接替。豈料，哥兒倆在葵丘駐守一年後，什麼命令也沒有，待瓜熟時期過後，齊襄公仍不派人交接。

不清楚齊襄公欺負兩人的目的是什麼，《史記》當中也只是說襄公常常因細故欺負臣子。兩位大夫很氣憤，玩人也沒有這麼玩的，另外，連稱則還有個堂妹入宮，一直不被襄公寵幸。

與他們二人相比，姜無知與齊襄公的怨恨就更複雜些。

這場政變的另一位主角姜無知，是齊僖公（齊襄公他爹）弟弟夷仲年的遺腹子，甚得僖公寵愛。早在齊襄公還是太子時，他們便是你看我彆扭、我瞅你難受的對手，鬥爭火焰時刻不停，可惜始終沒有分出高下。

齊襄公即位後，無故降低姜無知的俸祿及車馬服飾等級，給他一點小警告，示意自己才是大權在握的人，才在長久以來的敵對中稍占上風。姜無知心中有怨，暗暗記下堂兄的不仁，決定有朝一日要報仇雪恨，贏得最後的勝利……

一直到西元前六八六年，姜無知夥同連稱、管至父兩人謀害襄公後，才用生死分出勝負，贏得這場十多年的相爭

不曉得是不是被勝利沖昏頭，姜無知殺死襄公後，竟二話不說自立為君，可惜，齊國王位並不好坐，不到一年又遇襲身亡，史稱「齊前廢公」，連名號都未得到認同。

姜無知，這名字取非常好，無知，就是什麼都不知道。

不知道自己君王當得名不正、言不順，有兩個正式候選人的公子糾和小白在，怎麼樣輪都輪不到姜無知繼位。更不知道政變得來的王位完全不穩固，齊襄公再荒淫無道，也會有自己的心腹，怎麼可能默不作聲。

這齣鬧劇結束後，接下來出現更大的問題——齊國沒了君王。

國不可一日無君，偌大齊國立時群龍無首，朝中大臣們也開始商議擁立新君。各派勢力中，以大夫高傒勢力最大，與姜小白關係也比較鐵，趕緊暗中派人急去莒國，請姜小白速速回國繼位。姜小白接到消息後，與鮑叔牙仔細分析國內形勢，決定日夜兼程趕回齊國，如果慢了一步，王位就會落到公子糾手中。

要快！要快！必須要快！

另一方面，魯國得知姜無知遇襲身亡，也立刻派兵護送公子糾返齊，畢竟自己娘家人一旦變成了齊國君王，對魯國來說也是件好事。

西元前六八五年，一場王位爭奪賽開始。

首先出場的是姜小白與他的導師鮑叔牙，速度非常快地向齊國都城臨淄進發（今山東淄博）。這時，道路兩旁忽然殺出一票人馬，端的兇悍無比，爲首一人正是姜糾隊伍中的主力前鋒，管仲。

只見他會挽雕弓如滿月，發揚月黑風高宜殺人的優良傳統，不打算給姜小白任何機會，射吧！偉大的公子糾萬歲！

一箭射出，姜小白死了！王位是公子糾的了！

管仲見大功告成，立刻派人飛報魯國。接獲消息，魯國護送姜糾的部隊速度便放慢了，輕輕鬆鬆地悠哉前進，因爲再也沒有人能和姜糾爭奪王位。

哎呀！情況好像不大對？

原來，管仲那箭只射中了姜小白衣帶鉤，根本沒造成任何實質傷害。急中生智的姜小白順勢往後倒下，使出一招假死，還真騙過以精明強悍又愛占小便宜著稱的管仲。經此異變，公子小白一行人速度更快，流星趕月地率先抵達臨淄，由高傒立其爲君，爲齊桓公，是春秋戰國史上第一位霸主。

另一方面，管仲與姜糾認爲公子小白已死，再沒有人來爭奪君位，不急於趕路，身心完全放鬆，欣賞一下沿路風景和遠方落日的餘暉，六天後才慢條斯理地抵達齊國。沒想到才一進齊國，已有新君，正是早應死去的公子小白。見此，管仲難以置信地傻了眼，口中連說了七、八個「不可能」，可是眼前事實既定，已無法改變。

管仲反應很快，勸道：「馬上回魯國，再晚了些，大家全都活不成。」

魯莊公姬同，是魯國第十六任君主，也是先前被襄公命人暗殺的魯桓公之子，得知此事後氣急敗壞，立即派兵進攻齊國，企圖以武力強行干涉齊國政治，奪下君位。

齊桓公姜小白也不是吃素長大的，歷經生死後更形成熟，不慌不忙地發兵，毫不示弱，齊魯雙方會戰於乾時。這場大戰還沒有開始，勝負已明，魯國無論從國力還是人數上都稍遜一籌，結果也的確如人們預料一般，魯兵敗逃，齊兵乘勝追擊，直至魯國境內。

齊桓公姜小白爲絕後患，給魯莊公寫了封恐嚇信。

信箋大致內容是這樣：姜糾是我兄弟，我不忍下手，魯國就自行結果他吧，可管仲和召忽與我有不共戴天之仇，必須把人送回來，讓我親手把他們剁成肉醬，以消心頭之恨！如若不然，齊國軍便會大舉進攻，管殺不管埋，你們自己看著辦吧！

這封信寫得滴水不漏，齊桓公並沒有刻意恫嚇魯莊公，只是出言威脅而已。

魯莊公是個明白人，當下與大夫施伯商議。

大夫施伯是個老油條，一眼便看穿齊桓公內心的小算盤，冷靜地提出自己看法——齊桓公要殺公子糾是爲絕後患，但想要回管仲與召忽卻另有深意，特別是管仲，他的才能世間少見，如被齊國任用，終成魯國大患。

施伯說到最後，主張殺了管仲再還屍於齊，才不致衍生其他後患。

魯莊公也有他的打算，施伯固然分析得很透徹，但魯正值新敗，情況危急，若眞親手殺了管仲，萬一眞惹怒姜小白，大批齊軍進攻，魯國焉能抵擋？

可能是被姜小白的恐嚇信嚇昏了頭，魯莊公最終仍是沒採納施伯建議，依信中所言殺死姜糾，接著生擒管仲及召忽，將二人送還齊國，任桓公發落。

沒想到這一念之差，便造成魯國長久以來的羸弱，更沒想到抓人時也有意外發生……

4. 朋友，我挺你！

歷史無數次證明，有朋友總是贏面比較大。鮑叔牙不畏人言，向齊桓公力薦管仲，後來管仲也用事實證明，並未辜負鮑叔牙、齊桓公，乃至齊國上下所有人的期望。

召忽這哥們在歷史上雖然沒什麼名氣，但爲人忠貞勇武，見主公姜糾已死，便覺自己苟活於世也沒有意義，緩緩道出一番令管仲一輩子都忘不了的遺言。

「好同事，我死了，主公糾便得到一位以死事之的忠臣，至於你，就留在世上建功立業吧，記住，一定要使齊國稱霸各方諸侯。你我二人各盡其份，死者完成德行、生者成就功名……管兄，你好自爲之，小弟要先走一步了！」

語畢，便舉劍自刎，名字還來不及在史冊中留下，生命便如泡沫般消失。

一個微乎其微，容易令人遺忘的人，卻深深影響管仲理念，在管仲眼中，召忽形象高大，更堅定自己輔佐齊國，使其稱霸諸侯的信念。

接下來，管仲便懷著悲痛的心情和遠大志向，被裝入囚車，隨使臣回國。

回齊國的路上，管仲的心情忐忑不安，回到齊國就能保證不死嗎？他曾經對姜小白暗下殺手，對方焉能放過他？

另一方面，魯莊公深知他是曠世奇才，清醒過來後又能放過自己嗎？

管仲知道魯莊公一旦從恐懼中清醒，定會派人追殺，雖然，回到齊國也未必能活著，但回去能見到久違的好友鮑叔牙便夠了。

魯莊公果然不糊塗，清醒過來後深感後悔，管仲可是天下奇才，若齊桓公任用他，那無異於是如虎添翼，如不除，必是大患……想到這裡，立刻派出敢死隊，說什麼也不能令管仲活著回齊國。

人算不如天算，可惜等魯莊公清醒過來時，早已來不及了。

管仲知道回國可能是死，不回國一定會死，這是一道非常殘酷的選擇題。如果非要在兩者之間做出選擇的話，管仲顯然選擇前者。

國人有個根深柢固的觀念，狐死守丘、落葉歸根，死在本國，總比客死他鄉強得多。

管仲想趁魯莊公還未改變主意前，趕緊讓役夫加快趕路，見他們步履緩慢，當下心生一計，即興作了首慷慨激昂的《黃鵠之詞》，教役夫們邊走邊唱。

大家越唱越起勁，越唱走得越快，本來兩天的路程，最後一天半便到了。

管仲有驚無險地安全到達齊國邊境堂阜，儘管迎接的人很多，他還是能一眼認出人潮中的鮑叔牙。故友相見，兩人雖然很高興，不過也不知該說什麼，說得更明白些，管仲現任的身份可是階下囚。

面對久違的故友，還能說什麼？

對方最需要的是理解和安慰，鮑叔牙對朋友很夠意思，將人接回去後，卸下刑具、沐浴更衣，準備帶管仲去拜見齊桓公。

稍事休息後，管仲客套地說了一些「無法輔佐姜糾繼位，又未能盡忠而死，非常慚愧」之類的話。鮑叔牙誠懇地勸說，「你怎麼糊塗起來了？做大事者不拘小節，你先前也說過，主公有做霸主的遠大志向，眼下正缺少像管兄這樣的人才輔佐啊！」

兩人聊聊天，敘敘舊，等待齊桓公召見。

雖然彼此是仇人，姜小白卻不是心胸狹窄之人，也因爲如此，後來才能成爲光耀史冊的齊桓公。

當初派兵攻魯時，若非聽了鮑叔牙一席誠懇勸說，齊桓公是眞的想殺了管仲。

鮑叔牙是這麼說的，「主公若只想讓齊國富強，有我與高傒就夠，若是想讓齊國成爲諸侯霸主，非管仲之才不可。」

歷史無數次證明，有朋友總是贏面比較大。

鮑叔牙不畏人言，向齊桓公力薦管仲，後來管仲也用事實證明，並未辜負鮑叔牙、齊桓公，乃至齊國上下所有人的期望。

齊桓公因鮑叔牙之薦召見管仲，進行對談，「桓管霸業」的雛形就在兩人對話中形成。齊桓公對管仲很客氣，言語間卻沒放鬆，目前他最關心的，是如何使國家強盛起來，問話看似平淡無奇，卻點出胸中無限野心。

這種直指核心的尖銳問題，若放在影視作品中，主角通常會沉吟片刻，繼而慷慨陳詞，滔滔不絕，讓人聽了呆若木雞，才足以顯出主角的厲害。

歷史和戲劇並不同，天下奇才管仲沒有任何猶豫，立馬對答如流，好像這些問題他在囚車上早已想過。

首先是「先得民心，愛惜百姓」的大原則，國君誠心愛惜百姓，百姓自然願意為國家出力。由於桓公才剛即位，管仲也提出「與民休息」的建言，安撫因動亂而不安的人心，在國家發展方面，有「兵貴在精」的想法，只有提高齊軍的戰鬥力，強兵方可無敵；接下來則是「發展商業」，增強根本的經濟實力，使國家邁向富強。

這些由管仲口中說出的治國稱霸之道，使齊桓公大感驚奇，欣慰地暗想，鮑叔牙推薦的人果然沒有錯，自己原本頭疼的問題立時迎刃而解。

好吧，就讓齊國在我們手中強盛起來！

5. 九合諸侯

管仲沒有被勝利衝昏頭腦，冷靜地分析當前形勢。周王室雖已衰微，但仍屬名義上的天下共主，若以「尊王攘夷」號召，四海之內，諸侯必然望風歸附。

齊桓公爲表對管仲的尊崇及重視，稱管仲爲「仲父」，先是封他爲大夫，任行政職，後拜仲爲相，主持政事，充分發揮用人不疑的領導藝術。

管仲任齊相之後，根據國情及當時的國際形勢，進行了一系列的改革。

軍事改革：連五家之兵

這是管仲所制定的一種軍事制度，根據《國語》記載，這種制度是五家爲一軌，十軌爲里，四里爲一連，十連爲鄉。戰時每家出一名戰士，每鄉兩千戰士，五鄉戰士爲一軍，共計一萬人，全國設有三軍，由於基礎人數爲五家，稱作「連五家之兵」。

商業改革：輕重魚鹽之利

指通過國家對商業流通、產品物價的宏觀調控，加強耕戰，富國強兵。齊國臨海，有發達的漁業鹽業，因此管仲對此加以控制管理。

在古代輕商重農爲主的封建諸侯國裡，管仲能不遺餘力地發展商業，想來與年輕時擺地攤的經驗分不開。

社會福利改革：以贍貧窮

將一些老弱病殘，閒散人等讓國家贍養管理，作爲正規軍的預備役。

人事改革：祿賢能

春秋戰國時期，管仲當然也知道人才的重要性，偌大個齊國集團若是沒有人才輔佐，談何發展？

企，無人則止，身爲齊國集團的總經理管仲，他當然明白這個道理，但企業領導者的主要任務不是去發現人才，而是去建立一個可以生產人才的機制。用他自己的話來說便是，「一年之計，莫如樹穀。十年之計，莫如樹木。終身之計，莫如樹人。」

齊國經過管仲這麼一整頓，不久便出現民足國富、社會安定的和諧繁榮局面。

說到這裡，筆者不由得想起，歷史總有著驚人的相似，一千三百多年後的大唐帝國，那引以爲豪的「貞觀之治」，彷彿就是「桓管霸業」的翻版，有著驚人的雷同之處。

首先，都是衆望所歸的弟代兄——齊桓公姜小白取代二哥姜糾；唐太宗李世民取代自己大哥李建成。其次，兩者都是弟之才能超過兄長，也同樣是骨肉相殘，也同樣功蓋千秋，彪炳史冊。

更驚人的相似是，他們都重用對頭，使之成爲莫逆君臣。齊桓公不計前嫌任用射他一箭的仇人管仲爲相。李世民也同樣重用曾處心積慮要害死自己的魏徵，授予高官要職。

「國家富強，人民有錢了，該是我成就霸業的時候了吧？」齊桓公得意地對管仲說。管仲是非常有遠見的人，馬上給齊桓公潑了盆冷水，冷靜答道：「現在還不行！」

「現在還不行？爲什麼？」

管仲不慌不忙指出，「我們還需要一面正義的旗幟。」那面正義的旗幟叫做「尊王攘夷」，這一複雜的政治術語，深深影響後世中國，乃至鄰近的朝鮮、日本。

管仲沒有被勝利沖昏頭，冷靜地分析當前形勢。

「當今諸侯，強於齊者甚衆，南有荊楚，西有秦晉，他們自逞其雄，不知尊奉周王，所以無法稱霸。周王室雖已衰微，但仍屬名義上的天下共主，若以『尊王攘夷』號召，四海之內，諸侯必然望風歸附！」

齊桓公微微沉吟，捋著鬍鬚說道：「有理！」

就這樣他們打著「尊王攘夷」的口號，踏上齊國霸業的征途，在史冊上寫下一頁頁的輝煌風光。

齊桓公二年（西元前六八四年），滅郯國。

齊桓公五年（西元前六八一年），征伐魯國，魯軍敗，盟會於柯地，發生著名的「曹沫劫持」事件。（詳見《曹沫篇》）

齊桓公七年（西元前六七九年），諸侯與齊桓公在甄地盟會，齊桓公從此成爲天下諸侯的公認霸主。

齊桓公二十三年（西元前六六三年），山戎入侵燕國，燕向齊國求援，齊桓公出兵救燕，擊退山戎。

齊桓公二十七年（西元前六五九年），平魯國政變，齊桓公大義滅親殺了妹妹哀姜。

齊桓公二十八年（西元前六五八年），衛國被狄人侵伐，齊國出兵。

齊桓公二十九年（西元前六五七年），興兵伐蔡國，蔡國大敗。

齊桓公三十年（西元前六五六年），齊桓公率「八國聯軍」伐楚國。

齊桓公三十五年（西元前六五一年），齊桓公與諸侯盟會葵丘，史稱「葵丘會盟」。

……

齊桓公四十一年（西元前六四五年），管仲去世。

管仲的去世爲齊國埋下政治隱患，因爲他窮其一生輔佐齊桓公，卻忘了培養接班人，這是個重大失誤。

臨死前，齊桓公問他，「仲父死後，群臣中誰可做相國？鮑叔牙嗎？」知鮑叔牙者莫如管仲，管仲首先淘汰他的老朋友，「鮑叔牙太過君子，不能勝任相國之職。」

齊桓公說：「易牙這人怎麼樣？」

「易牙蒸嬰，迎合國君，沒有人性，不能任用。」

齊桓公又問：「開方這人怎麼樣？」

「他拋棄雙親來迎合國君，不合人情，不可接近。」

齊桓公還問：「豎刁如何？」

「自殘身肢來迎合國君，不合人情，不可親信。」最後，管仲推薦的是爲人忠厚，居家不忘公事的隰朋。

齊桓公聽了十分不以爲然，以爲管仲病糊塗了。

其實，管仲沒有糊塗，到臨死那一刻都非常清醒，眞正糊塗的是齊桓公。

管仲死後，齊桓公沒有聽從管仲之言，仍重用這三人。

過了兩年，齊桓公病重。易牙、豎刁見齊桓公將不久於人世，竟堵塞宮門，假傳君命，不許任何人進去，活活餓死功蓋千秋的春秋第一霸主。

更慘的是，齊桓公死後，宮中大亂，齊桓公那些「孝順」的兒子為了爭奪王位，忙著互相殘殺，致使齊桓公的屍體停放六十七天都無人收殮，屍體腐爛生蛆，慘不忍睹。

這血淋淋的教訓證明，不聽忠言是多麼可怕的一件事！

管仲，春秋時期齊國著名的政治家、軍事家。他不負眾望，輔佐齊桓公，完成了稱霸諸侯的光輝偉業。但是管仲真正的功績並不是後來的南征北伐，而是政治改革，富強齊國。《史記》中對管仲評價為：「齊桓公以霸，九合諸侯，一匡天下，管仲之謀也。」管仲的任何一件功績，都足以令人羨慕一輩子。更難得的是：「管仲卒，齊國遵其政，常強於諸侯。」這一句，足可見管仲改革的成效。

管仲「九合諸侯，一匡天下」的輝煌政績，不知成了多少人的偶像，不說別的，三國時期的諸葛孔明便是管仲的鐵桿粉絲。

齊國作為春秋戰國時期的霸主，歷代不缺人才，管仲死後百年，齊國又出現一位可與之媲美的賢相，叫做晏嬰。

第 2 章

晏嬰：闖蕩江湖全憑嘴一張

晏嬰處事非常圓滑，懂得伴君的大前提是絕不能削了國君的面子，不管哪位老闆，都比員工更需要面子。秉持這種為官風格，才可能既為人民著想，又同時平安終老。

1. 伏屍痛哀的君子

晏子邁著沉重的步伐大步跨進崔府，脫掉帽子，捶胸頓足，不顧一切地撲在齊莊公屍體上號啕大哭，接著直起身子後，又激動地跳了三次，頓足以示哀痛。

麥田裡站著一名瘦小枯乾的漢子，臉上的表情如同腳下貧瘠的土地，這人正是可與管仲比肩而立的齊國名相——晏嬰。

晏嬰，字仲，夷維（今山東高密）人。

他在這裡種地，不是爲了建設社會主義新農村，當然也不是《麥田捕手》的主人翁，他想守望的，是齊國的政局。

晏嬰凝望都城，無聲長歎，此時的齊國，已不復當初桓公及管相執政時的風光。

朝中有人好做官，那年頭多子承父業，晏嬰順理成章繼承父親晏弱上大夫的職位，成爲齊國的一位公務員。

晏弱的工作內容，無非是陪著時陪領導打打麻將，忙的時候給領導送點禮，碌碌無爲地混日子，事實證明，這樣做，名字不會被記入史冊，但他臨死前，把兒子的工作安排好，也算完成一樁任務。

縱觀晏弱此生唯一値得稱讚的，就是生了個名聲遠播、人格優秀的好兒子，這是很多父親的光榮，也是很多父親的悲哀。

雖然現在晏嬰好像混得還不如老子，竟自願下放農村改造，原因很簡單，齊國政局太混亂了。

第一任老闆是齊靈公姜環，他沒重視晏嬰，後來死了。

第二任是現今齊國的最高領導齊莊公，也沒發覺他的才能，後來死得更慘。

晏嬰用血淋淋的事實告訴齊國君王們，如果不重視我，只有死路一條。

直到最後，第三任老闆齊景公姜杵臼似乎意識到這一點，開始予以重用，所以才能執政長達五十八年之久，成爲齊國歷史上在位時間最長的國君。

齊莊公這位領導不重視晏嬰，所以晏嬰只好暫時窩在東海之濱的農村裡，一邊放牛種地，一邊觀察局勢，伺機再起。

機會總是會來的，西元前五四八年，齊莊公姜光死了。

齊莊公是有些抱負的君主，也不是無所作爲的領導，傳說有一次出遊時看到螳螂，不知道這是什麼東西，司機告訴他這是螳螂，很自不量力，只知前進不知後退。齊莊公想了想，「如果是人的話，一定是勇士，我們要尊重它。」於是吩咐車夫繞開那隻螳螂，這就是著名的「螳臂擋車」的典故。（出自《莊子．人間世》）。

可惜這位仁兄卻繼承了祖先齊襄公的「優良傳統」，與部屬崔杼的妻子通姦，東窗事發後，結果卻和襄公不大一樣，因爲崔杼不是咬牙苦吞的魯桓公。

人不狠、站不穩，齊莊公碰了不該碰的女人，惹了不該惹的人，又不懂得春秋戰國時的生存法則，最後死在崔杼的手裡。

小領導玩火燒身，晏嬰聞此噩耗極爲悲慟，同時敏銳地察覺這是自己東山再起、重歸朝野的大好時機。

晏嬰帶著悲慟的心情連夜趕回都城，決心回去弔唁齊莊公。

明眼人一看便知，晏嬰此去凶多吉少，崔杼可不是省油的燈，他是個十足的猛人，君王都敢殺了，還有什麼事他不敢做？

崔杼府門前，立石獅，朱漆門，房舍稠密，屋宇連雲。

晏嬰望著闊氣威嚴的大門，說出一番經典名言，「君爲社稷死則死之，爲社稷亡則亡之。若爲己死己亡者，非其私暱，誰敢任之？」

翻譯過來便是，國君如爲社稷而死，臣子便應殉主，若爲社稷而出逃，臣子也該跟著流亡；但國君若是為自己私利或死或逃亡，除了寵幸的私臣，又會有誰為此殉死逃亡？

這番話不難看出幾個重點，一來晏嬰並不是齊莊公生前的寵臣，所以沒必要跟著私德不彰的主公死；再者，領導既然死了，作為臣子便應該前來示意，至於領導怎麼死的，或是誰殺的，跟我一概無關，也沒打算為他報仇。

晏子邁著沉重的步伐大步跨進崔府，脫掉帽子，捶胸頓足，不顧一切地撲在齊莊公屍體上號啕大哭，接著直起身子後，又激動地跳了三次，頓足以示哀痛。

一切禮節做到後，便像個沒事人似地走出崔府大門，作為一位不受寵的人臣，晏嬰表現出自己該有的道義立場，十分到位。

在場所有人都愣了，包括崔杼。

回過神後，有人對崔杼建議，「大人，殺掉晏嬰這目中無人的傢伙吧！」

崔杼再不濟，也在中央政府混了好幾年，搖搖頭說：「不行，晏嬰這小子的群眾口碑不錯，放了他，我們才會得到人民認同。」

真要說的話，崔杼應該知道自從他殺了齊莊公那一刻起，便已大失民心。

齊莊公死後，崔杼和大夫慶封共同擁立齊莊公的異母兄弟姜杵臼為國君，他便是後來執政長達五十八年的齊景公。在崔杼眼中，姜杵臼不過是個傀儡國君，大爺心情好今天你就是君王，看你不順眼，明天就讓你去當要飯的！

齊景公登基後，封崔杼、慶封為左右相國——顯然是被逼的。

立了君王還不夠，接下來要擺平的是滿朝文武，朝中這幫老弱病殘可不好擺弄，各方勢力暗自鬥爭，說不定哪天便會爆發崩盤，逼自己下台。

崔杼爲了鞏固權勢、樹立威信，想出一個「歃血爲盟」的大絕招，這項活動在後世如黑手黨、白蓮教或洪興社等組織被發揚光大。

崔杼、慶封把滿朝文武大臣趕到姜太公廟（供奉姜子牙的祠堂），派兵把守，逼迫大家歃血爲盟，表示效忠。這行動立刻徹底得罪齊國全體公務員，歃血爲盟的前提是大家自願，哪有逼迫一定要效忠誰誰誰的道理？再說，你又不是國君！

不過，崔杼、慶封也不是什麼好說話的傢伙，他們相信暴力可以解決一切問題，高舉亮晃晃的刀子，只差沒大喊「順我者昌，逆我者亡」的口號。

大文人魯迅曾說過，「眞的猛士，敢於直面慘澹的人生，敢於正視淋漓的鮮血。」而歷史上總是有一群人正氣凜然、不畏強權，在暴力面前絕不低頭。

崔杼沒想到眞有人不怕死，一連砍翻七、八個人，血濺太公廟，氛圍緊繃。

面對屍橫在地的已故同事，每個人心底悚懼，一顆心懸到嗓子眼上。

慶封更是壓不住氣，大喝一聲，「還有誰？」眼神轉到了晏嬰身上。

2. 會辦事的員工

照理來說，這種好官肯定會得到晉升，再不濟也會受到領導的賞賜或鼓勵，但齊景公的賞賜硬是不同凡響──召來晏嬰痛批一頓，就差沒叫他下崗休息了！

晏嬰，一個身材矮小、其貌不揚，從來沒被重視過的基層公務員，此刻面臨生死，卻表現出超乎尋常的勇氣。

他緊盯著指向自己的尖刀，嘴角輕輕一笑，長歎道：「我真的做不到什麼『效忠』，我只跟從忠君利國的人！」眼神堅毅鎮定，誰都看得出來，他已經有捨生取義的覺悟。

慶封都快瘋了，瞬間明白，天底下真有不怕死的人，眼前這看似平凡的晏嬰就是這類人。歷史無數次證明，邪永遠壓不倒正義，瘦小文弱的晏嬰，此際形象竟是那般高大，令他的對手感到微微驚怒。慶封怒了，不殺了晏嬰難消心頭之恨。

崔杼或許被晏嬰毫不畏懼的表現震懾感動，或者心中還有一絲正義未曾泯滅，出言攔下，「晏嬰忠臣也，不能殺。」

慶封一愣，「你什麼時候變成菩薩了？救苦救難啊你！」

「晏嬰忠臣也，不能殺。」崔杼重複道。

崔杼之所以沒有殺晏嬰，是因為他人氣很高，殺了他會引起不必要的麻煩。在他看來，晏嬰不過是個最普通的小公務員，跟燒鍋爐的大叔沒兩樣，日後大權在握，還怕你晏嬰鹹魚翻身不成？

沒想到鹹魚沒翻身，鯊魚倒是翻身了。

慶封是極其危險的人物，兩人能夠合作，是為了共同利益，難免會有分贓不均的時候，你多我少，久而久之便出現衝突矛盾。齊景公元年（西元前五四七年），崔杼因為家務事東窗事發，慶封便看準機會，幫了老朋友一把。

慶封想了想，怎麼幫呢？乾脆送佛送上天，好人做到底，興兵誅滅了崔氏一族，崔杼因為沒在家倖免於難。

後來哥倆見了面，慶封得意地說：「大哥，你看我怎麼樣？」

崔杼只回了一句話，「幹得好，幹得好！」接著便橫劍自刎。

崔杼一死，沒人的權勢大過慶封，慶封「益驕，嗜酒好獵」，想喝多少酒就喝多少，想收拾誰就整他。

可是，暗中裡有四雙眼睛在緊緊地盯著慶封。

他與崔杼之間的鬥爭無異於是鷸蚌相爭，得利的自然是旁觀的人。

齊景公三年（西元前五四五年）十月，政局再次異動。田、鮑、高、欒四大家族，趁慶封外出打獵時，突地發動聯合，舉兵消滅慶氏一族，慶封因為外出打獵而倖免，倉皇地逃到吳國尋求庇護。吳國倒豪爽得很，把朱方之地賞給慶封。慶封樂得從此不回齊國，待在吳國享受更加富有的人生，哪還管齊國那勞什子的一團混亂？

見慶封跑了，朝臣未免有些不甘心，轉念一想，既然他跑了，就拿死去的崔杼開刀吧！此年秋，齊人移葬莊公，又把崔杼屍體示於街市，以洩民憤，至此，齊國的動亂總算回復不靜。

為感謝臣民相助平亂，齊景公大肆封賞有功之臣。

由於晏嬰表現出極為堅定、未有二心的政治立場，在這波拔擢中也換了個新職位，外派到東阿（今山東阿城鎮）去，成了東阿的首席長官。

老實說，這地位實在不算高，眼看晏嬰都四十歲了，在中央只當個基層行政文官，到了外頭也才混到個小縣長，還不如自己老爹至少能陪著最高領導的職位呢！

晏嬰接到人事調動的命令後，什麼也沒有說，乖乖地往東阿出發，一去就是三年，一心為百姓著想，政績斐然，是個相當稱職的父母官，民間好評與日俱增。

照理來說，這種好官肯定會得到晉升，再不濟也會受到領導的賞賜或鼓勵，但齊景公的賞賜硬是不同凡響——召來晏嬰痛批一頓，就差沒叫他下崗休息了！

以晏嬰的機敏睿智，立馬想到關鍵處——自己三年在東阿秉公辦事，一心爲民，得罪了不少權貴，才會導致這種結果。

衆口鑠金，一個人說謊，你會認爲他在說假話，假如三個人、十個人，甚至一百個人口中說的都是同樣的話，再大的謊言也能變成事實。

很明顯的，最高領導齊景公聽到的，肯定是另一種版本的晏嬰。

若按晏嬰在太廟不畏強暴的表現推論，應該要顯現出自己直言不諱的人格特質，據理力爭，最終一頭撞在齊國王宮外頭，以死明志。

然後，齊景君便會被其「文死諫」的精神感動，派人查明眞相，發現晏嬰果然是被冤枉，便給遺族發點紀念品，再提升一下他的死後名聲……

《紅樓夢》的作者曹雪芹曾以賈寶玉之口，對「文死諫，武死戰」一事進行批判。一個臣下不惜用死去證明自己觀點正確，等於在變相指責領導的錯，那你把領導放在哪了？再說，一有衝突就馬上犧牲，豈不更辜負國家和君王對自己的栽培和期望？

晏嬰處事圓滑，懂得伴君的大前提是絕不能削了國君的面子，不管哪位老闆，都比員工更需要面子，想達到雙贏的目的，尋死不是明智的選擇。

秉持這種爲官風格，才可能既爲人民著想，又同時平安終老。

晏嬰忙向景公「請罪」，順從地說道：「我知道錯了！請領導再給我一次機會，我定不會令國家失望！」

齊景公知道晏嬰好歹也是事奉過靈公、莊公的老臣，自己得給他面子，便淡淡地說了一句，「好吧，就再給你一次機會。」

三年後，齊景公聽見許多人誇讚晏嬰，心下大喜，看來老同志知錯能改，再度召見晏嬰，準備重重賞賜一番。

晏嬰卻堅辭不受。齊景公好生奇怪，怎麼搞的？賞賜還不要？細問其故。

晏嬰才道出原委，「三年前我爲民辦事，得罪許多人，落得謠言四起，還被老闆你痛罵一頓，所以後來我反其道而行，什麼話都聽他們的，自然好話連篇……但臣下實在良心不安，這種同流合污帶來的獎賞我不能要！」

晏嬰從不正面頂撞領導，我只做事，然後讓領導自己來看，用事實說話。

晏嬰的睿智令人佩服，不正面頂撞景公，只把事實結果放在他面前，若是領導沒瞎，自然明白當中差別。

如此一來，便能巧妙地避開衝突、保全自己，又能達到勸諫君王的目的。

齊景公這才恍然大悟，原來這瘦小枯乾的小老頭才是輔佐齊國的賢才，立即拜晏嬰爲相，想恢復齊國以往的風光，但日子一久，又熬不住了。

3. 二桃殺三士

不難看出晏嬰其人權謀機深，同時筆者認為，那三位仁兄未免太蠢了點，怎麼看都只是有點能力的莽漢匹夫，他們用事實證明一個真理，有時動刀不如動腦。

《史記》對齊景公的評價是：「好治宮室，聚狗馬，奢侈，厚賦重刑。」你看，這評語沒有一條是正面表揚，性格決定命運，喜歡玩鬧的領導，註定不會有什麼大作爲，就連晏嬰也沒轍。

齊景公這個人的喜好之一是養寵物，本來弄些雞鴨狗貓，準備把皇宮擴建成野生動物園，後來覺得養寵物沒什麼意思，便乾脆養起人來，四處尋訪勇士，並接進宮好生禮遇，企圖建立自己的文治武功名聲。

當時，齊景公豢養了三個勇士，江湖人稱「齊國三傑」，分別是田開疆、公孫接、古治子，三人力能搏虎，勇猛異常，深受齊景公寵信。

三人恃寵自傲、爲所欲爲，即使看到宰相晏嬰也沒多搭理，這倒也合理，領導都在背後撐腰了，他們還怕什麼？

晏嬰見勢不妙，便私下找齊景公聊天，奉上對齊國三傑的評價：「內不以禁暴、外不可威敵。」翻成白話就是，這些人對外打仗根本不行，只知道窩裡鬧，這種「勇士」留著有什麼用？難道叫他們去殺豬？

齊景公一聽，也終於感受到三人帶給自己的威脅，但因對方勇猛無匹，擔心「搏之恐不得，制之恐不中」，會打草驚蛇，使齊國政局混亂。

晏嬰自信滿滿地說道：「既然不能明目張膽地用武力解決，唯有智取一途。」

過了不久，齊景公設宴款待魯國國君，雙方都是高層領導，一旁作陪的自然也得是齊國有頭有臉的人物，這個重任最後落在「齊國三傑」頭上。三人很高興，能和兩位領導一同吃飯是莫大光榮，沒想到，等待他們的卻是殘酷的人性。

酒過三旬，晏嬰報告兩位領導，「園中桃子已經熟透，我去摘幾個，讓二位嘗嘗鮮。」不一會兒後，晏嬰領著園吏，用玉盤獻上六顆桃子。

只見盤子裡的桃子碩大新鮮、香氣撲鼻，十分令人垂涎。

齊景公問：「就只結了這幾個嗎？」

晏嬰說：「其他的因爲還沒全熟，所以只摘下這六顆。」

語畢，他便恭恭敬敬地先獻給兩位領導一人一個，接著是兩國宰相各一個，結果，盤中現在只剩下兩個桃子。

這是一道巧妙的數學題，剩下的兩個桃子是誰吃？

晏嬰低聲提議道：「不然……誰的功勞最大，誰就吃桃吧！」

齊景公會意，他明白晏嬰的意圖，於是發令，「三勇士而賜二桃，功勞大者食之。」

這明擺著是個殺局，齊國三傑居然看不出來？或許晏嬰也早已算到他們有勇無謀的腦子。三傑接下來正如晏嬰所料，爲了桃子開始爭論。

公孫接率先走到晏嬰和端著玉盤的園史旁，拍著胸膛說：「有一次我陪領導去打獵，林中突然竄出一頭猛虎，是我衝上去將虎打死，才救下國君。如此大功，不應該吃顆金桃嗎？」

晏嬰點點頭，「這等大事，自然該吃。」

一旁的田開疆眼看桃子只剩一個，立馬急得大喊大叫，「當年我奉命討伐徐國，出生入死，斬其名將，俘虜徐兵五千餘人，嚇得徐國國君俯首稱臣，連鄰近的郯國和莒國也望風歸附。如此大功，難道不能吃個桃子嗎？」

晏嬰聞言，連忙把剩下的一個桃子遞給田開疆。

古冶子見狀，也不甘示弱地喊道：「你們兩個這算啥？當年我送領導過黃河時，有一隻大王八正在興風作浪，那時我二話不說地馬上跳進洶湧河水裡殺死牠，才保住國君性命。這種功勞是不是該吃桃子？」

聞言，齊景公也想起來那件事，心有餘悸地說道：「當時黃河的確波濤洶湧，要不是將軍，我早沒命了，蓋世奇功，理應吃桃。」

晏嬰假意長嘆道：「古先生的功勞爲自然高出其他二位，但現在桃子已經沒了，只好等樹上其他金桃熟了再說。」

公孫接和田開疆拔出劍來，哀痛地說道：「我們功不及古先生，卻搶著吃桃，還有什麼臉面活著？」二話不說也用佩劍抹了脖子。

古冶子見兩人死了，沉不住氣，「我們三人結爲兄弟，誓同生死，親如骨肉，如今他倆已死，我還苟活，於心何安？」說完，也拔劍自刎了。

三位傑出的勇士，意氣相投，用本該殺敵的寶劍結束自己愚蠢的一生，這就是著名的「二桃殺三士」。

從這個故事中，不難看出晏嬰其人權謀機深，筆者認爲，那三位仁兄未免太蠢了點，怎麼看都只是有點能力的莽漢匹夫，他們用事實證明，有時動刀不如動腦。

「齊國三傑」死了，齊景公感到很可惜，然而晏嬰早已爲齊景公物色一位文武雙全的大將，姓田名穰苴，是個很厲害的武才。

晏嬰不僅權謀深，還善於發現和舉薦人才。

《史記》中記載，晏嬰做宰相時，他的司機（御夫）很得意，給宰相趕車是件非常了不起的事，多少司機夢寐以求，當然可以得意。

誰知司機他媳婦很有才幹，看不慣老公得意洋洋的樣子，就對他提出離婚的要求。宰相司機很納悶，問道：「日子過得不是挺好的嗎？妳這是鬧啥？」

他媳婦說：「晏子身高不足六尺，卻做了宰相，名聲顯揚於各國之間，我在門內偷看過，他外出時一臉深沉思考，胸中似有大事。哪像你身高八尺，不過才做了人家的車夫，便一副牛哄哄地自以為滿足，眞是膚淺！」

被妻子教訓一頓後，司機態度變得謙虛恭謹。晏子發現他的變化，感到很奇怪，細問原因，待車夫如實相告後，覺得此人知錯能改，就推薦他做了齊國大夫。

晏嬰令人津津樂道的，還有他的外交才能。

他受命出外訪問楚國時，楚王知道晏嬰身材矮小，想故意刁難，在大門旁開了個小洞讓他進。《史記》提過，晏嬰身高不足六尺，按戰國一尺為二十三點一公分來算的話，晏嬰還不到一百四十公分，的確是矮了點。

晏嬰不慌不忙地諷道：「出使到狗國的人從狗洞進去，今天我出使到楚國來，不該從這小洞進去吧？」

楚王沒辦法，請晏嬰進去。

楚王感覺很沒面子，略略生氣地說道：「齊國沒人了嗎？怎麼會派你來？」

晏嬰仍是冷靜地說道：「齊國人才濟濟，領導會根據訪問的國家不同，派不同的人前往。賢能的人被派到賢能君王那去，像我晏嬰最是無才，只好訪問楚國。」

一計不成，再生一計。吃飯時，席間侍衛綁來一人，說是齊國人，犯了盜竊罪。

楚王得意看著晏嬰，「原來齊國人都愛偷盜？」

晏嬰說：「橘生淮南則爲橘，生於淮北則爲枳。一方水土養一方人，人家在齊國不曾偷盜，到了楚國反而偷盜起來，莫不是楚國的水土使人喜歡偷盜？」

聞言，楚王苦笑著說：「聖人是不能同他開玩笑的，反而自討沒趣。」

無論是使楚、使晉還是使吳，晏嬰都堅持原則又靈活應變，剛柔並濟，面對大國的淫威和責難，不卑不亢，一次次地化解難題，捍衛了齊國的尊嚴。

西元前五百年，晏嬰去世。

晏嬰是一名傑出的外交家，又深諳君臣之道，從來不正面頂撞領導，只是用事實證明，叫領導自己去品。

晏子雖然很有才幹，但有一系列問題還是沒有解決。齊國田氏家族勢力龐大，大有取代王權的勢頭。早在齊景公九年，他就看到了這一點（齊政卒歸田氏），但他沒有能力或者魄力去改變現狀。果然如晏嬰所料，他去世一百多年後，田氏果真取代姜氏，史稱「田氏代齊」。

第 3 章

伍子胥：仇恨令人喪心病狂

瘋狂的復仇烈焰燒毀了伍子胥的理智，面對楚平王塵封了十年的屍身，他雙眼瞪大，血紅不已，歇斯底里地喊道：「來人！鞭屍三百！」

1. 反主宿敵

嫉賢妒能陷害忠良的人大凡都有幾把看家本領，最明顯的絕招就是說壞話進讒言。接著，費無忌開始夜以繼日地在楚平王身邊展開如簧之舌，說太子熊建的壞話。

張旭，唐朝著名書法家，後世尊為草聖。范仲淹，宋代著名政治家、文學家。沈萬三，元末明初江南首富。唐伯虎，明朝著名畫家。馮夢龍，明朝著名文學家，著有《三言二拍》。顧炎武，明末清初著名思想家、史學家。顧頡剛，近代著名歷史學家。葉聖陶，近代著名作家、教育家……上述名人不同朝代、不同領域，各自在歷史上留下輝煌的一頁成就。

他們看似截然不同，卻有一個共同的美麗的家鄉——蘇州。蘇州盛產狀元及美女，千百年來人才輩出，是個極具文化氣息的地方。

若將時序拉回兩千五百多年前，締造這一城市的人，正是伍子胥。

西元前五一四年，吳王闔閭建都，命伍子胥「相土嘗水」、「象天法地」，建成闔閭城，即現代蘇州城的雛形，規模、位置迄今未變，實屬世界罕見。

伍子胥有很多的豐功偉績，我認爲建造蘇州城是他對中華文化做的最大貢獻。

伍子胥是名副其實的「伍老二」，在家裡排行老二的成功機率比較高，比如說孔子孔老二、周亞夫周老二、孫權孫老二、和唐太宗李老二等等。

排行老二的人，無論家庭地位還是性格脾氣都與長子不一樣，通常長子比較守成，次子比較激進，伍奢的二兒子伍子胥也是這樣。

伍子胥生性剛烈、文武雙全，勇而多謀，出身楚國名門。

先祖伍舉事楚莊王時直言不諱，父親伍奢這輩也很不錯，伍子胥本來可以光耀先祖，成爲楚國萬人敬仰的棟樑將才，可以一切美好的前景都因爲一個人而變調，轉成熊熊的復仇烈焰。

這個人叫費無忌，與伍奢同朝爲官，都是太子熊建的屬官，伍奢爲太傅，費無忌爲少傅。從官職上來看，少傅是太傅的輔官，費無忌居於伍奢之下，再者太子熊建好像也看不上他，漸漸地，費無忌不再效忠太子。

不過，熊建可是未來的楚王，一旦上台，對費無忌仕途肯定會造成極大阻力，弄得不好還會被滅族，還是先爲自己的前程仔細考慮，畢竟攸關性命，不可不慎。

費無忌明白，要是太子熊建登基，自己不會有好下場，充分發揮嫉賢妒能、謀害忠良的優良傳統，開始剷除異己的一番謀劃。

當前比太子大的唯有楚平王，討好楚平王才是上策，費無忌每天都在想，怎麼才能迎合領導。

太子漸漸長大，到娶妻成家的年齡，楚平王準備替太子熊建娶個媳婦，對象是秦國國君之妹。費無忌受命去秦國迎聘秦嬴氏，見秦氏女貌美如花，下意識靈光一閃，這女人給平王才合適，回國後便力讚秦女美貌出衆。

楚平王被他說得動了心，也好奇那秦國女究竟何等美麗。

費無忌見機發言，「大王，不如您娶了秦女，至於太子可以另聘女成親。天賜良機，不容錯過啊！」

楚平王想了想，也是，誰娶還不都是老熊家的人？便娶了本應屬於他兒子熊建的未婚妻。身爲楚國最高領導，竟然跟孩子爭媳婦？這楚平王的道德水準可眞是驚人！

娶過門一看，秦女果然貌美，甚是寵幸，趁著自己生理水準還沒下降，和秦女一起生了個兒子，也就是後來的楚昭王熊軫。

楚平王暗自慶幸，卻不知費無忌是爲自己著想！

費無忌因爲「勸娶」一事，乾脆不在太子那裡工作，直接跳槽到老領導這，一切盡按計劃進行中，但自己內心的憂懼仍未平息，一天一天擴大。

費無忌再次冷靜思考，自己雖然依附到楚平王旗下，但再親的部屬哪比得上人家父子？楚平王早晚有一天都會死，太子熊建一旦繼位，早晚會對自己下手……

與其受制於人，不如先發制人。目前自己力量尚不足以與太子黨對抗，當務之急是先將太子踢出中央政府，遠離權力中心。

有了新人後，楚平王便不再寵幸熊建他娘，沒人吹枕邊風，和太子熊建自然也漸漸疏遠。費無忌見時機成熟，便向楚平王「建議」，楚國偏居南方，遠離中原，難與晉齊等國爭霸，不如擴築城父（在今河南平頂山，一說寶豐，另說襄城），讓太子鎮守北界，便能逐步爭奪天下。

楚平王採納建議，派太子熊建擴築城父，表面上說得好聽，是想讓太子出外歷練一番，實際上等於發配邊疆。

嫉賢妒能陷害忠良的人大凡都有幾把看家本領，最明顯的絕招就是說壞話進讒言。接著，費無忌開始夜以繼日地在楚平王身邊展開如簧之舌，說太子熊建的壞話。

費無忌說的，還是可以要了熊建性命的話。「太子以秦女之故，不能無怨望，願王少自備也。自太子居城父，將兵，外交諸侯，且欲入爲亂矣。」

這麼一大串話，重點只有兩個字——造反！

2. 出逃楚國

伍尚接受了逮捕令。接下來是伍子胥。伍子胥不像他大哥那樣束手就擒，來一個殺一個，來兩個殺一雙，最後在好友申包胥的幫助下逃出楚國。

造反，放在任何時代裡都是非常敏感的話題，特別是在春秋戰國這種亂世裡，兒弒父、臣殺君的事情屢見不鮮。楚平王忽然警覺起來，對太子熊建之事寧可信其有不可信其無，因爲兒子很多，王位只有一個。

綜觀楚平王一生，幹過兩件大事，一是殺兄政變，奪取王位，二是殺伍子胥父兄。第一件事，可以看出他貪權，第二件事是則爲楚國埋下險些亡國的伏筆。「昏庸無道」這個詞兒是專門爲楚平王準備的。

楚平王先召回太子太傅伍奢當面對質。費無忌知道伍奢乃太子黨，必要爲太子熊建極力辯護。爲了達到目的，他只能惡語中傷。

伍奢極力為太子熊建辯護。費無忌只淡淡地說了一句話，一句要了伍奢性命的話：

「假如大王今日不制止，事成之後，您可就成了階下囚了。」

費無忌抓住楚平王心理的弱點，當初他也是政變上的台，最怕的當然是別人政變。

楚平王盛怒，下令囚禁伍奢，同時還命令城父邑司馬奮揚追殺太子熊建。

昔日的父子倆，今日成了你死我活的敵人。熊建怎麼也沒有想到，自己好好地在城父待著，從來沒做過打家劫舍的事，遵紀守法，居然也能招來殺身之禍。

司馬奮揚接到命令，冒危險馬不停蹄地送訊給太子熊建，只為心中的兩個字，良知。

熊建接到消息，一刻不停地逃往宋國……太子一走，證明費無忌的戰略計劃實現。

然而對伍子胥來說，費無忌僅僅是他人生開始的第一個小人。

事情還沒有完，接下來的是太傅伍奢，他是老頭子，殺不殺倒無關緊要，關鍵是要殺了他兒子，以絕後患。

「伍奢有兩個兒子，都很賢能，不殺他們，將成楚之患！」

費無忌不僅闡述殺伍奢兒子的原因，同時也把計策想好，「可以用伍奢當人質，把他們騙來後殺之，絕楚後患。」

聞言，楚平王便派人對伍奢說：「只要招來你的兩個兒子，就放了你。」

伍奢苦笑道：「老大伍尚為人寬厚仁慈，叫他一定能來。老二伍員桀驁不馴，能成就大事，他知道來了一定被擒，勢必不來。」

知子莫若父，伍奢對兩個兒子的脾氣秉性瞭若指掌，尤其是對老二伍子胥，事情也如他所料那般。

另一方面，伍家兄弟正在討論楚平王那道「來，吾生汝父；不來，今殺奢也」的通緝令。老大伍尚表現得很守成，打算前往。老二伍子胥卻指出殘忍的現狀，「我們去一定活不了，到時候誰來報仇？」

伍尚微笑道：「我知道，就算我去了也救不了父親，可父親也是爲了求生，若不去，對不起他老人家。假如我們逃走，日後又不能報仇，會被貽笑萬年。老二，我陪父親一起死吧，至於報仇重任，還是留給你吧，快逃！」

伍尚是老大，個性守成仁厚，少了伍子胥那一份桀驁不馴，老實保守，不懂得順應時勢，但在父親眼裡，無疑是個好孩子。

伍尚接受了逮捕令。

接下來是伍子胥。伍子胥不像他大哥那樣束手就擒，來一個殺一個，來兩個殺一雙，最後在好友申包胥的幫助下逃出楚國。

伍子胥恨恨地說：「我一定要顛覆楚國。」

申包胥冷靜對答，「我必要保全楚國。」

若干年後，兩人都用事實兌現了諾言。

3. 一飯千金

伍子胥還沒有走到吳國都城，便發起高燒，好不容易熬到病好，又出現另一個嚴重的問題——身上沒錢，怎麼吃飯？正當他饑困交迫之際，有位浣紗的姑娘走到他身旁……

伍奢聽到兒子逃跑的消息後，無奈地仰天長歎，「楚國將要苦於戰火！」知子莫若父，明白伍子胥此刻已經選擇復仇這條路，可惜他沒等到那天，就被楚平王斬首，長子伍尚也未能倖免。

父兄之仇，不共戴天，自從父兄死的那天，伍子胥性格變得偏差扭曲，復仇的火種深深埋在心底，多年後才在荊楚之地瘋狂燃燒，變成一個被仇恨折磨到喪心病狂的人。

逃亡的路並不好走，一步一驚魂，伍子胥從逃亡的那一刻起，便開始一場波瀾起伏的傳奇人生。

命苦不能怨政府，點背不能怨社會。

伍子胥追隨熊建逃亡，到了宋國時，正好趕上人家國內窩裡反（時值華氏作亂），只得改往鄭國而去。

到了鄭國，鄭國君臣上下態度倒不失禮，對他們友善得很，三餐有酒有肉、好吃好喝，只是對於出兵相助的事經常打哈哈，不闡明立場，畢竟鄭國不是什麼能和強楚相提並論的大國。

熊建一看沒戲，只好跑到晉國碰碰運氣。

晉頃公長得慈眉善目，十分同情熊建，也很爲他著想，幫忙出了個要命的「好」主意。晉頃公說：「既然鄭國信任太子，便請太子爲我們作內應，屆時裡應外合，定能滅掉鄭國，一滅掉鄭國，我在這裡承諾，把它分給太子，不知你意下如何？」

還有什麼會比權力或容身土地更有誘惑力？熊建欣然同意，又返回鄭國，開始這趟裡應外合的戰略計劃。

天有不測風雲，沒想到時機尚未成熟，秘密就已被洩漏——原因是熊建因爲私怨想要殺掉一個部下。但這個人知道計劃，就悄悄通知鄭定公，出賣熊建。

眞是有什麼樣的主人就有什麼樣的僕人，熊建若是沒有圖謀之意，焉能遭到殺身之禍？再說鄭國好酒好肉地供著，幹嘛非要奪人家土地？

鄭定公很果斷，立刻派人撲殺熊建。

本該是楚國未來君王的熊建，受人陷害、流亡他國，處境十分淒楚，竟還落個慘死異鄉的結局，眞是害人之心不可有。

太子熊建被殺後，伍子胥很害怕，鄭國人勢必會繼續把帳算到其他人頭上，立刻帶著熊建的兒子熊勝連夜逃跑，往吳國奔去。

事實正如伍子胥所料，鄭兵窮追不捨，幾經輾轉，總算出了鄭國，卻跑到吳楚兩國交界處——韶關。

接下來是戲曲名段《伍子胥過韶關》的場景。

故事情節大致是，伍子胥帶著熊勝出鄭國後，白天躲藏官兵、晚上披星趕路，來到吳楚兩國交界的韶關。

見通緝令貼得大街小巷，楚平王早囑咐各地官吏盤查，幸虧遇到個好心人東皐公。

東皐公很同情伍子胥，又有一好友皇甫訥長相酷似子胥，便想讓此人冒充伍子胥過關，可皇甫訥並不在家中，等了六日還不回來。

伍子胥心急如焚，到了第七日早晨，居然發現自己鬚髮全白，守關楚兵辨識不出，最後兩人順利過關。

「伍子胥過昭關，一夜愁白了頭」的典故就從這兒來的。

誠然文學戲曲如此，史料上沒有記載伍子胥過韶關時有這段，但過程也是驚心動魄。韶關的守兵認出了伍子胥，下令追捕。

伍子胥、熊勝兩人急忙狂奔，慌不擇路，情急之下兩人分頭跑開，天若憐惜，咱們吳國相會！

伍子胥跑得很快，耳旁卻還是能聽到追兵的呼喊，霎時慌不擇路，不知怎地竟跑到江邊，內心悲涼地望著滔滔水面，難道上天眞要亡我？

後面的追兵愈發近了……武俠小說主人公遇到危險之時，通常天上會掉下來個打橫的，這次也不例外。

老天終於開眼了！

不遠處的水面來了一艘小漁船，漁翁見伍子胥一臉焦灼，啥也沒說，直接載人過江。

伍子胥驚魂未定地坐在船頭，江風獵獵，望向岸邊破口大罵的追兵，這一切，都更堅定他報仇的決心。

伍子胥望了一眼對岸的楚國，面色沉重，心中暗道：父兄之仇，不共戴天！

過了江，伍子胥不忘救命之恩，解下腰懸寶劍送給漁翁，價值百金，聊表謝意。

哪知漁翁看也不看地冷哼一聲，「這是幹啥玩意兒？按照楚國的法令，抓到伍子胥便能賞錢封爵，俺救你過江，難道僅僅是爲了這把破劍嗎？你也太看不起打漁的了！」

伍子胥收回寶劍，恭敬地說道：「多謝老翁，救命之恩，當湧泉相報，後會有期。」

伍子胥還沒有走到吳國都城，便發起高燒，好不容易熬到病好，又出現另一個嚴重的問題——身上沒錢，怎麼吃飯？

正當他饑困交迫之際，有位浣紗的姑娘走到他身旁，竹筐中的飯菜飄來縷縷菜香。不知道伍子胥一個貴族青年是怎麼拉下臉面和小姑娘討飯吃的，然而爲了報仇，他必須堅強地活下去。

善良好心的姑娘看著落魄英武的伍子胥，頓生惻隱之心，慨然將飯菜相贈。

伍子胥飽餐一頓後，說出一句要命的話，「我是楚國通緝的伍子胥。」言下之意，自然是希望對方不要洩漏自己行蹤。

姑娘一震，彷彿想起什麼，立即轉身抱石，投水而死。

伍子胥見狀傷感不已，咬破手指，在石上以血寫下一句話。

爾浣紗，我行乞；我腹飽，爾身溺。十年之後，千金報德！

據聞伍子胥想報恩，卻苦於不知姑娘姓啥住哪，索性在她當時跳水的地方投下黃金千兩，這也就是「千金小姐」的由來。

可惜這是個傳說，史料沒有記載，但是史料沒有記載並不等於沒有發生，我相信這是眞的。

伍子胥是個瘋狂的人，更是個有原則的人。

4. 復仇之路

有了吳王的支持及孫武的輔助，伍子胥修築城池、充實國庫，鑄造兵器、編練軍隊……所有戰前的「準備」都在如火如荼進行中。

茫茫江湖，何處是我家？

流浪中的伍子胥飽經風霜，嘗盡人間酸甜苦辣，一切經歷更加堅定他復仇的決心，為了復仇，不惜一切代價。

一行人幾經輾轉，終於抵達吳國都城，勤找門路，終於見到吳王，成為公務員，一旦接近吳國的權力中心，為父兄復仇也是遲早的事。

西元前五一八年，一幫娘們兒給了伍子胥伐楚的首次機會。

這事說起來挺搞笑的，在吳楚的交接地帶（今安徽省天長縣西北）附近，沒有任何明確的國家界線或分隔標誌，更沒派士兵站崗放哨，完全是塊灰色地帶。

當時，住在附近的兩國女子因爲爭奪桑葉而大打出手，巾幗不讓鬚眉，身體力行地詮釋什麼叫做「春秋戰國」，將無處不戰的時代精神發揚光大。

楚王聽說此事後，君顏震怒，憤而下令發兵攻吳。

另一邊的吳國也毫不示弱，隨即指派公子光攻打楚國。

僅僅幾個女人爭桑葉，最後竟演變成兩國大動干戈，打了一場轟轟烈烈的國際戰爭，這兩位最高領導是不是吃飽閒著沒事幹？

這件「小事」引發出的戰火，其實可以理解。

在以農業爲主的春秋戰國時期，養蠶是國民收入的重要經濟作物，關乎國計民生，領導們又焉能不予以重視？

此戰役中，吳國公子光攻克楚國的鐘離、居巢二城後，便撤軍了，畢竟起因細微，若是衍生爲大陣仗，反而容易落人口實。

伍子胥暗忖，雖然不是什麼好機會，總比沒有強，立即向吳王僚進言，「楚國可破，希望大王再派公子光出戰。」

但是，公子光這哥們發覺伍子胥心思有偏，立馬出言反對，「萬萬不可，王上，楚國豈是那麼容易被征服的？伍子胥的父兄都被楚王殺了，他是爲了私怨，和吳國利益毫不相干。」

吳王僚一想，還是自家人向著自家人，公子光說得有道理，便下令不再發兵。

伍子胥的第一次機會就這樣消失了……幸而柳暗花明又一村，正因遊說吳王僚不成，他才又看到另一邊的風景，以及前頭的希望。

《史記》中以一句簡單扼要的話說明，「光有內志」，伍子胥察覺公子光有弒君奪位之意。以敏銳的政治眼光來看，他明白不久的將來，公子光必殺吳王僚而代之，成爲吳國新君，自己想要令吳國出兵，爲父兄報仇的話，勢必得先過公子光這一關。

伍子胥與公子光的關係很特殊，與其說是「你知我賢，我知你能」的英雄惺惺相惜情結，倒不如說這是一種相互利用的關係。

兩人都不弱智，明白靠一個人成大事的風險極高，是以暗暗互助，達到雙贏。

伍子胥在吳國一直暗暗等待，可惜等了很久，還是沒有第二次機會，忽然間想到專諸的能耐，看來是用上他的時候。

伍子胥將專諸舉薦給公子光，自己則帶著先前會合的楚國前太子遺孤熊勝跑到鄉下建設社會主義新農村去了。這是極其高明的謀略，既能在公子光身邊安插心腹，自己又跳出三界外，靜觀時局變化。

伍子胥是個深沉複雜的人，性格才能粗略可概括爲「能堅忍、善謀斷、懷大才」，在這件事上，他充分展現「善謀斷」的一面，之後發展也如他所料。

三年後，公子光令專諸刺吳王僚而自立，是爲吳王闔閭。（詳見《專諸篇》）

聽到闔閭即位，伍子胥爲專諸悲傷之際，也爲自己高興，父兄之仇指日可報！

事成之後，吳王闔閭自然沒有忘記推薦專諸的人情，派人找回伍子胥，任命爲行人，相當於今天的外交官，並共謀政事。

吳王闔閭是個野心家，執政吳國後，打打鬧鬧一天也不得消停，目標只有一個——天下霸主。

次年，吳王闔閭命伍子胥建造闔閭城，即今天的蘇州。同年，伍子胥舉薦孫武爲吳國將軍，添進一位生力軍，形成吳國霸業的鐵三角陣容。

有了吳王的支持及孫武的輔助，伍子胥修築城池、充實國庫，鑄造兵器、編練軍隊……所有戰前的「準備」都在如火如荼進行中，恨不得馬上進行稱霸諸侯的計劃。

就在伍子胥躊躇滿志之際，又有一位難兄難弟從楚國逃奔吳地，叫伯嚭。

伯嚭是楚國名臣伯州犁之孫，父親伯郤宛，是楚王左尹，因遭到費無忌嫉恨而被誅連全族，只有他幸運逃出，茫然無依之際，聽說伍子胥在吳國混得不錯，便跑來投奔。

兩個楚國人同病相憐，一見如故，伍子胥更是出於對同鄉的同情，大力推薦伯嚭給吳王闔閭。精明的伍子胥怎麼也沒想到，若十年後自己居然會死在這位仁兄手上。

5. 掘墓鞭楚王

瘋狂的復仇烈焰燒毀了伍子胥的理智，面對楚平王塵封了十年的屍身，他雙眼瞪大，血紅不已，歇斯底里地喊道：「來人！鞭屍三百！」

西元前五一二年，吳國第一次大舉攻楚，先後滅掉徐國和鐘吾國，翦除楚國的羽翼。趁著吳軍士氣高漲，吳王闔閭開開心心地想一舉拿下楚國。

這時孫武站了出來，阻止吳軍前進，並侃侃陳述當中利害，也想尋求伍子胥的認同。此時，復仇的烈焰正在隱忍多年的伍子胥胸中熊熊燃燒，然而他還是沒有衝動行事，知道要是一個弄不好，非但無法雪仇，沒準還得賠上整個吳國。

吃虧的買賣伍子胥是不會做的，他冷靜地分析時局，提出「疲楚誤楚」策略，正是這一招弄得楚軍六年來沒睡過好覺，精神極度疲累。

吳軍徹底執行伍子胥的計策──疲軍。

趁對方不備就打，等楚軍趕來，吳軍立馬轉身就跑，完全不和楚軍正面交鋒，原則很簡單，「敵進我退，敵退我回，敵疲我擾，敵追我跑」，就不信騷擾不死對方！

事實證明，這的確是個高明的策略，實施了六年之久。

一開始楚軍還會以爲吳軍是在耍什麼「佯裝敗走好誘敵深入」之類的陰謀詭計，但時間一長，漸漸發現不是那麼回事，而是人家就只想打騷擾戰，好像強盜一般，東搶一把，西撈一票的，「應該不具備」與楚軍正面交鋒的作戰能力，興師動衆的正規軍跟一群「強盜」滿山遍野地跑，實在沒啥意思。

久而久之，弄得楚軍鬥志盡失，自然是河裡趕大車——沒轍！

西元前五〇六年，柏舉之戰，楚軍顯示出驚人的戰鬥力——全軍覆沒，吳軍馬上乘勝追擊，一路打到楚國郢都。（詳情見《孫武篇》）

郢都遭殃了！

再次強調一下，伍子胥的性格概括爲「能堅忍、善謀斷、懷大才」。能堅忍，爲了復仇堅強地活下去，爲了等待時機，不惜到鄉下耕田；善謀斷，他一生中不只一次展現出這項人格特質；懷大才，才能用到正處可以匡扶濟世，用來報仇肯定禍國殃民。

可以想像得到，伍子胥領軍攻破郢都城時會有什麼情形，燒殺搶掠、洗劫國庫、淫亂後宮……無所不用其極。

見狀，孫武毅然站出來憤怒地說：「不可以這麼做！」

報仇心切的伍子胥與打一仗就跑的闔閭根本不搭理孫武，自古勝者爲王敗者賊，如今吳軍已是這片土地的主人，大家當然可以盡情享受。

該到伍子胥出場的時候。

郢都，伍子胥再熟悉不過的家鄉，本可以在這裡建功立業，可是上天讓他選擇另一種方式名留史冊。

伍子胥望著熟悉的一草一木，父兄是在這裡被殺的，當年我是從這裡出逃的，途中顛沛流離、九死一生，險些被官兵抓住，幸好有漁翁幫我渡江，卻又身染重病，病好了身無分文，爲了活下去我不得不低下高貴的頭，向人家乞討……這一切的一切，都在等待今日。

爲了報一己之仇，伍子胥率領他國軍兵踐踏故鄉，使故國人民生靈塗炭，這是什麼心態？這是眞實的伍子胥，也是一段眞實的歷史，他胸中那股瘋狂的復仇烈焰已然點亮楚國深秋的夜空。

楚平王走楣運，似乎有先見之明，早在十年前就掛了。

既然不能手刃仇人，父債子還，那就殺了你的兒子！

伍子胥將郢都翻了個底朝上，卻沒見到楚昭王的人影，眞是不走運！原來，楚昭王早就腳下抹油，溜之大吉，這位仁兄上陣拒敵不行，逃跑倒還有相當程度的水準。

楚平王死了，楚昭王跑路……面對這種尷尬局面，伍子胥近乎瘋狂，想到一個極其殘忍的手段——掘墳。

作爲炎黃子孫，我們都知道掘墳是對死人最大的褻瀆與不敬。

伍子胥開了掘墳之先河，再由後世的摸金校尉和考古專家將掘墳發揚光大。瘋狂的復仇烈焰燒毀了伍子胥的理智，面對楚平王塵封了十年的屍身，他雙眼瞪大，血紅不已，歇斯底里地喊道：「來人！鞭屍三百！」

「掘楚平王墓，出其屍，鞭之三百」之後，伍子胥還不過癮，又「左足踐其腹，右手抉其目」，恨恨大罵道：「汝生時枉有目珠，不辨忠佞，聽信讒言，殺吾父兄，豈不冤哉！」

伍子胥猶覺不解恨，又割下平王的頭，把棺中衣物及棺木盡數銷毀，連同屍骨棄之荒野，望著火光沖天的郢都一呆喟然長歎，父親，大哥！子胥給你們報仇了！

爲了復仇，伍子胥不惜掘墳鞭屍，造成極其惡劣的影響，也影響到兩個人。一個是申包胥，伍子胥以前的的哥們兒。另一個則是夫差，未來的吳王。

筆者當眞不明白，恨一個人可以十年、五十年甚至五百年這樣恨下去，這莫不是傳說中的報應？

6. 名將末路

夫差得知伍子胥寄子齊國之事後，伯嚭又趁機在耳邊誣陷，夫差遂以「私通敵國，懷有二心」的罪名，派人送給伍子胥一把屬鏤之劍，迫其自殺。

申包胥，強人中的強人。

即使國君昏庸無道，歷朝歷代仍不缺忠臣，申包胥就是這樣一個忠心臣子，得知伍子胥掘墳鞭屍的作爲後，極爲憤怒，修書一封，內容直接翻成白話就是：你這麼做，太他媽的過分了！不怕遭雷劈嗎？眞是傷天害理，缺德到了極點！

伍子胥回答得很乾脆，「吾日途遠，吾故倒行而逆施之。」表面上說得含蓄委婉，其實言下之意是，我他娘的就這麼做了，又怎樣？

申包胥表面冷靜，內心早已忿恨不安，此際爲了保全楚國，只能求助他國之兵，楚昭王他娘是秦國人——就是當初原先要嫁給太子熊建那位，兩國是姻親，應該比較好說話吧？一思及此，申包胥便直接趕赴秦國。

當時在位者是秦哀公，暗忖，兩者雖然是親戚關係，但又不是什麼芝麻綠豆大的小打鬧，這可是國際爭端，一個弄不好，所有國家都會跳下來的……一番權衡利弊後，沒同意出兵。

申包胥碰了一次釘子後，思前想後，自己一介書生，怎麼才能令秦哀公出兵？沒多久，便想出最直接的辦法，哭！

這方法後來被無數人應用，雖然目的不盡相同，但效果奇佳，申包胥也不例外。

申包胥于秦廷，晝夜哭，七日七夜不絕其聲。《史記．伍子胥列傳》

我們都哭過，都知道哭是很浪費體力也很傷身體的，申包胥爲了拯救祖國，哀慟惋泣，哭了整整七天七夜，這是一種怎樣的毅力？

不管怎麼說，親家還是比較好說動，秦哀公被申包胥的精神感動，嘆道：「楚王雖無道，但有這樣的臣子，焉能不救？」遂出兵抗吳以援楚。

加上這時，吳國內部恰巧也出了點事，闔閭的弟弟夫概竟趁國內空虛時發動政變，想上位爲王。

闔閭聞聽，毅然決定撤兵，放棄楚地，自己的王位可比什麼都重要！

另一方面，楚昭王見吳國發生內亂倒來了興致，變得自信滿滿、雄姿英發，率領楚軍攻回郢都。

雙方再次交戰，這次楚軍得勝，吳王闔閭撤軍回國。

吳楚之戰就這樣虎頭蛇尾地結束。

吳王闔閭望著荊楚大地，暗暗思忖，我還會再來的。

自從破郢以來，吳國染上打仗上癮的毛病，一天不打仗，便感覺生活缺少什麼樂趣，兩年後，吳王闔閭派出太子夫差，再度攻打楚國。

楚國聞訊，十分害怕，爲了避免破都的國恥再度發生，舉國上下想出一個高明的方法——將首都由郢都遷往鄀邑。

遷都，通常是在國家危機之際，不得已採取的辦法。

夫差奪取楚國番地，戰果還算輝煌，然而吳王闔閭總覺得不過癮，楚國服了，那就拿其他國家過過癮吧！

這時的吳國重用伍子胥、孫武兩將，西破強楚、北威齊晉、南服越人，在亂世中豪氣稱霸，國勢空前鼎盛。

吳王闔廬十二年（西元前五〇三年），吳國發生一件大事，四十二歲的孫武就此離開吳國，淡出衆人視野，再無事蹟記入史冊。

如果孫武還在，吳國還會發生亡國的悲劇嗎？

這實在說不準。

西元前四九六年，吳王闔閭再度攻越，沒想到越軍採取偷襲戰術，發箭群攻。闔閭中箭，傷到腳上的大拇趾，傷口過度感染，最終不治，一代梟雄就這麼死了，也算是戰死沙場。

闔閭死後，夫差繼位，夫差很有作爲，念念不忘要爲父報仇，兩年後發兵攻越，越王勾踐兵敗會稽山，派文種賄賂伯嚭請求講和。

此刻，伍子胥站了出來，準確冷靜地指出，「今天不滅，後必悔之。」

夫差本就耳根子軟，又想起當年伍子胥爲報父仇而不擇手段，心裡鄙視，殺人不過頭點地，人家都投降了，至於趕盡殺絕嗎？故意聽從伯嚭的建議，與越國簽訂停火協定。

五年後，齊景公去世，國君新立，大臣們爭權鬥利。

夫差看出這是擊敗強齊的好機會，舉兵攻齊。

這次，伍子胥又站了出來，直陳利害，「越王臥薪嚐膽，必有作爲，越乃吳國心腹之患，不除越而攻齊，豈不是太過荒謬？」

夫差年少氣盛，沒採納他的建議，執意率兵攻齊，取得輝煌戰果後凱旋而歸，更不把伍子胥放在眼裡。

夫差之所以冷落伍子胥有以下幾點原因。

首先，生性不算剛硬的夫差，不喜歡伍子胥的作爲——爲了報仇竟掘墳鞭屍，爲了一己私怨，不惜引兵攻打自己祖國，使人民陷於水深火熱之中，這件事未免做得太絕。

接著，是君王都會有的顧忌。

伍子胥有才賢能是公認的事，同時還有著顛覆強楚的實力……這些輝煌成績不知不覺間給新即位的夫差極大壓力，早已犯了功高震主的忌諱。

夫差是剛上任的年輕領導，想要證明自己眼光及判斷，才會發兵攻齊，一旦得勝，自然心下大喜，得意萬分，相形之下便故意冷落老將軍伍子胥。

另外，伍子胥情緒過激也是一個大問題。

在對待越國的問題上，吳王夫差和伍子胥的看法發生分歧，雙方誰也不服誰，但後來伍子胥竟「稱病不出」，做出種種反抗，使一國之君的夫差失去面子。

許多不悅顧忌的累積，加上伯嚭在一旁煽風點火，誅殺伍子胥只是遲早的事。

當年的兄弟伯嚭，此時與伍子胥變成了政敵。他一直暗中觀察伍子胥，找伍子胥的小辮子。

精明的伍子胥最後卻輸在小人的手上。

伍子胥見夫差如此，料知吳國終將會被越國所滅，便趁出使齊國之際，把兒子托給齊國鮑氏，改王孫氏。

不料，正是這件事引來殺身之禍。

夫差得知伍子胥寄子齊國後，伯嚭又趁機在他耳邊誣陷，遂以「私通敵國，懷有二心」的罪名，派人送給伍子胥一把屬鏤之劍，迫其自殺。

伍子胥接劍在手，深深地歎口氣，「沒想到我伍子胥竟然是這般下場，昔年先王本不想立你，是我一再力爭，才讓你即位，之後又助你破楚敗越，威名遠揚，現在卻叫我自殺？」

伍子胥愈想愈恨，固執地和自己的僕人說道：「死可以，但我的看法絕不會錯！等我死後，記得把我雙眼挖下，掛在姑蘇城東門，讓我能看見越國大軍進城的那一天！」夫差聞訊大怒，割其頭，掛於東門城樓之上，又把屍體包在皮革裡，拋入江中，美其名爲「鴟夷浮江」。（鴟夷，裝酒的皮革）

十年後，三千越軍果眞滅掉吳國，應了伍子胥的預言。

王安石在《伍子胥廟記》一文中提到，「歎吳亡千有餘年，事之興壞廢革者不可勝數，獨子胥之祠不徙不絕，何其盛也！」明顯可見，伍子胥在吳越人民中的重要地位，也算是爲其複雜的一生傳奇做紀念。

第 4 章

商鞅：還你一個明媚的春天

新法雖然過於嚴酷，但成效顯而易見。沒幾年，秦國百姓便已家給人足，臣民勇於公戰而怯於私鬥，路不拾遺，夜不閉戶，國勢蒸蒸日上，儼然一派太平盛世。

1. 輾轉求出頭

公叔痤死後，公孫鞅失去靠山，魏惠王對他也很冷漠，日子混得一天不如一天，漸漸開始萌生跳槽的想法。正當百無聊賴之際，一則招聘啟事改變了他的命運。

商鞅是中國最偉大的改革家，空前強盛秦帝國的奠基人，但命不太好，被扣上謀反的帽子，弄了個五馬分屍的下場。

然戊戌六君子之一的譚嗣同有句話說得很對，「歷代變法無不是從流血開始。」

商鞅是衛國貴族（約前三九〇年至前三三八年）名鞅，故稱衛鞅，公孫氏，又稱公孫鞅。

衛國大致在今天的河南北部與河北南部地區，鐘靈毓秀、地靈人傑，在春秋戰國時期出現過很多歷史名人，比如吳起、李悝、荊軻、閔子騫，還有就是本篇主角商鞅。

不知公孫鞅是衛國國君的第幾個兒子，可以肯定的，雖然是公子，社會地位不高，所以名字叫「鞅」。

《說文解字》裡說明，「鞅，頸靼也。」本義是套在馬頸或馬腹上的皮帶，這麼一解釋，便知道地位不高。

縱然如此，作為貴族一員公孫鞅還是比普通百姓強得多，有吃有喝，衣食無憂，連「家教」都不是普通人，而是中國歷史乃至整個人類史上最厲害的老師，鬼谷子。

提起這位老師那可不一般，教出的學生像孫臏、龐涓、蘇秦、張儀、李牧、商鞅等人，全都大有來頭。

公孫鞅好刑名之學，不知是鬼谷子哪屆的畢業生，畢業之後開始闖蕩江湖。

戰國時期衛國已經是像米粒那麼大的小國，很難破開局面，再混下去也不會有太大的發展，所以公孫鞅決定到魏國去。

魏國當時是很強大的諸侯國，曾一度打得秦國哭爹喊娘。

魏國這時的領導是魏惠王，也就是孟子說的梁惠王。

可惜公孫鞅到了魏國並未一鳴驚人，魏惠王也沒搭理他，只有一個人看出公孫鞅是個人才，是時任魏國相國的公叔痤。

這麼說來，公孫鞅很厲害，直接投到相國門下。

相國公叔痤就是擠走吳起的那個公叔，當年怕吳起威脅他的位子，現在重病在身，作為棟樑之臣該為國家的未來著想。

在相國門下混，出人頭地是早晚的事！

正當公孫鞅暗暗得意地想著，上天開了個不大不小的玩笑——公叔痤病危。如果公叔痤多活幾年，好好培養公孫鞅，說不定將來統一中國的會是魏國。

魏惠王探望他說：「你若有不測，國家怎麼辦？」言下之意是您老死前能不能舉薦個人才？

公叔痤趁機說道：「公孫鞅，年少奇才，願王舉國而聽之。」

魏惠王聽後的反應是「王嘿然」，明顯感到失望，心裡不高興，但默不作聲。

公叔痤又說：「如不用，必殺之。」

魏惠王見他病危，寒暄幾句也就走了，途中還對左右說：「這老傢伙莫非病糊塗了？讓寡人用名不見經傳的公孫鞅？我靠！」

其實，公叔痤雖然生病，卻沒有老糊塗，一生雖然沒什麼傲人政績，看人眼光不比任何偉大的政治家差。

人生是這樣，有時因爲一個念頭就改變了一生，十多年後，魏惠王才明白公叔痤的「如不用，必殺之」的眞正意義。

公叔痤還沒病到說胡話，找來公孫鞅，勸道：「你快走吧！」

「爲什麼？」公孫鞅一愣。

公叔痤立刻說出原因，「剛才大王詢問能夠出任國相的人，我推薦了你，又看大王的神色不會同意我的建議，我當先忠於君後考慮臣的立場，因而勸大王假如不任用就該殺掉他！大王剛才答應我的請求，所以你趕快走吧！」

哪知公孫鞅非但沒有驚慌，反而一笑，說道：「大王既然不聽您的話任用我，又怎麼能聽您的話來殺我？」

公叔痤聽後，兩腿兒一蹬，去了！這是一句非常雷人的話，公叔痤怎麼死的不清楚，但很可能是被公孫鞅一番話噎死的。

後來，果然如公孫鞅所料那樣，魏惠王並沒有對他下手。公叔痤死後，公孫鞅失去靠山，魏惠王對他也很冷漠，日子混得一天不如一天，漸漸開始萌生跳槽的想法。

正當百無聊賴之際，一則招聘啓事改變了他的命運。

2.

立信

新法制定完畢，但要是直接頒佈，恐怕民眾不信服，公孫鞅想了個絕招——徙木立信。他派人在菜市場門口立了一根木頭，貼上告示……

貼出招聘啓事的是秦孝公，秦國總統。

提到秦國，一般人都會先想到秦始皇橫掃六國一統天下的事蹟，實力十分堅強，其實在孝公時期，秦還只是個位處西北的蠻夷小國。

由於秦國地處中原西北，與戎狄、羌等北方諸族混居，所以華夏諸侯國一直視秦爲戎狄國，禁止會盟中原。

會盟其實是一種標誌，是一個諸侯國國際地位的象徵，就像一個人說自己是貴族，誰信呢？不穿貂皮誰知道你是貴族？能夠參加會盟的諸侯國國際地位都很高，好像我們現代的企業高峰會一樣，參加的都是知名企業，誰會讓雜貨店老闆參與會議？

當時的秦國便相當於雜貨店老闆這種角色，地處偏僻，人民未開化，又與強魏接壤，三不五時都有戰爭爆發。

魏將吳起在的時候，更是把秦國打得屁滾尿流，陰晉之戰，魏國以五萬軍大破秦國五十萬，重創秦國元氣。秦孝公總結歷史經驗，最後得出結論——唯有變法才能圖強，二話不說地廣發求賢令。

公孫鞅覺得這是個機會，恰好一個姓景的太監在秦孝公麾下混得不錯，便透過他的關係求見。

公孫鞅第一次面試有點緊張，不知從何說起，東一耙西一掃帚地說了老半天。秦孝公很不給面子，屌然睡著了，醒來還透過景太監去罵公孫鞅。

好在公孫鞅與景太監的關係不錯，又求見一次，有了上次失敗的經驗，改說一堆關於前朝禹、湯、文、武的治國方法。

秦孝公態度有點變化，但也不見有多大興趣，揮揮手又叫公孫鞅出去。

無奈之下，公孫鞅又厚著臉皮求見，秦孝公基於勿縱賢才的想法，又給了他一次機會。公孫鞅知道中國人重視事不過三的道理，一生成敗都端看此行。

總結前兩次失敗的經驗，公孫鞅準確分析出秦孝公的內心。

秦孝公求賢，無非是要秦國強大，扭轉不利，依靠優越的地理位置進駐中原，既然如此，春秋時五霸的治國方法再適合不過了！一調整內容，秦孝公果然極感興趣，一聊就是好幾天，完全不生厭，最後宣佈公孫鞅已被錄用。

苦學多年，幾經輾轉，今日終於有了發揮的舞台，由此可見，成功就是一次次接連不斷的嘗試。公孫鞅躊躇滿志地望著大秦天空，這裡才是自己施展才華的地方，也是他改變歷史的地方。

過沒多久，秦孝公便打算施行變法，這決心與公孫鞅渴望成功的信心不謀而合。有了國君的支持，公孫鞅信心百倍，變法堅定如石，在面對甘龍、杜摯等貴族代言人的反對下，喊出了「治世不一道，便國不法古」的時代最強音。

大秦帝國從此走上國富兵強的霸王之路，爲未來的統一大業奠定紮實的基礎！

新法制定完畢，但要是直接頒佈，恐怕民衆不信服，公孫鞅想了個絕招——徙木立信。他派人在菜市場門口立了一根木頭，貼告示說，誰把它扛到北門，賞十金。

百姓們感到奇怪，沒有人敢動。

他見此，又派人貼出告示，「扛到北門，賞五十金。」

最終有個農民實在忍不住，直接把木頭扛到北門。

公孫鞅立刻下令給了他五十金，以此表明自己說到做到的決心，樹立起千金難買的威信。見政府威信已立，西元前三五六年，公孫鞅下令變法，一個強大的帝國就在他手中誕生。

3. 變法圖強

新法雖然過於嚴酷，但成效顯而易見。沒幾年，秦國百姓便已家給人足，臣民勇於公戰而怯於私鬥，路不拾遺、夜不閉戶，國勢蒸蒸日上，儼然一太平盛世。

變法具體措施可分經濟和軍事兩面，首先是經濟措施部分。

一、廢井田，開阡陌。

廢除井田制度，推行土地承包責任制，秦國土地不再只專屬於國君，不但允許開荒，還可以自由買賣，現代的土地承包責任制莫非就是從這發展的？

二、重農抑商，獎勵耕織。

商業是國家命脈，重農抑商好像很難理解，其實不然，在春秋戰國時期，各國主要經濟來源還是以農業爲主，加上秦國位處西邊，眞要靠和各國商業買賣是行不通的，倒不如回歸本心，在國內廣大的土地上開墾才是。

另外，公孫鞅鼓勵小農經濟的基本原因，也是爲了戰爭做保障。

三、統一度量衡。

由於戰國時度量制度並不統一，不要說各國不同，就連秦國各地也不一樣，如此一來，國家稅收便出現各地不一的漏洞，因此公孫鞅將各地度量統一，有利於國家稅收，是國力富強之徑。

接著是政治軍事措施：

一、勵軍功，實行二十等爵制，一切爵位全依照軍功授予，往後秦兵的驍勇也是這條法令起的作用。

二、除去世卿世祿制，鼓勵宗室貴族從軍建立軍功。

三、改革戶籍制度，實行連坐法。

四、推行縣制，爲秦朝郡縣制雛形，旨在削弱地方權力，加強中央集權。

五、定秦律，焚書明法（公孫鞅的這種封鎖思想的方式，被後來秦始皇發揚光大）。

從這套制度上我們可以看出公孫鞅的性格刻薄寡恩，太史公的評價也非常準確。公孫鞅這麼一折騰，等於把全國人民得罪，從這兒可以看出來他的下場也肯定不會太好過。

新法推行遇到很大阻力，最大的阻力來自秦國的舊貴族勢力，特別是在某件事發生後，這件事叫「太子犯法」。

天子犯法與庶民同罪這句話不知欺騙多少人，歷史上就從沒見過哪個天子因爲犯法而被用刑的，充其量也只是打打龍袍，虛應一番而已。

現在秦國太子犯法，擺在公孫鞅面前的是一道複雜的數學題。

對太子若是用刑，第一個不答應的肯定是秦孝公，未來大秦國的國君絕不能是個三級殘廢吧？太丟面子了！

但若是不用刑，全國人民都在看著，怎麼辦？

關鍵時刻，公孫鞅再次發揮準確的洞察力。能成爲歷史名人，公孫鞅身上具備常人所不及的能力，這就叫做才華，不由得你不服。

公孫鞅明白，歷來變法失敗的根本原因是「法之不行，自上犯之」，上面的人都不守法，平民百姓焉能服氣？

這個辣手的問題到了公孫鞅手上，馬上變成一個殺一儆百的大好機會。

他處理的方法很果斷，既然不能對太子用刑，就拿太子的屬官開刀吧！反正這場鬥爭中，總會有人要失去什麼。

公子虔失去了他的鼻子（劓刑）。

公孫賈在臉上紋了個刺青（黥刑），放在今天，或許會被理解爲某種藝術。

新法雖然過於嚴酷，但成效顯而易見。

沒幾年，秦國百姓便已家給人足，臣民勇於公戰而怯於私鬥，路不拾遺、夜不閉戶，國勢蒸蒸日上，儼然一太平盛世。

兩年後，秦從雍地（今陝西鳳翔）遷都到兩百多里外的咸陽。

遷都一般有兩種情況，一是受到不可抗拒的自然環境影響，比如缺水、地震、沙塵暴、颱風、酷熱、洪水等，如果上述自然災害每樣一年發生一次，肯定是個不能再住人的鬼地方，必須遷都。

第二種情況是敵軍入侵，國都的位置不利防禦，因這種原因而遷都的例子，在歷史上屢見不鮮。

不過，秦國之所以要遷都，卻不同於以上這兩種原因。

秦國遷都的主要目的是「實行軍事擴張」，說更明白些，就是要開幹了！

西元前三五〇年，秦國第二次下變法令。

西元前三四〇年，秦孝公對魏國發動變法後的第一次地盤擴張戰爭。

4. 作法自斃

商鞅星夜逃跑，逃到邊關，想要暫住旅店一宿。可秦國新法規定，住旅店必須出示證件，這是他自己制定的法令，如果旅店接納黑戶，就得連坐犯法。

虎狼的生存原則是一日有能力，就要去吃人，秦國無疑是這種動物的化身，既然國富兵強，便是對外擴張的時候，秦國遷都多年，一直在等待機會。

終於，機會來了！

西元前三四一年，齊魏兩國爆發馬陵之戰。結果魏國大敗，魏太子申被擒，主將龐涓自刎於樹下。秦國變法十六年後，是該到了成就霸業的時候。

公孫鞅分析時局指出，「秦之與魏，譬若人之有腹心疾，非魏並秦，秦即並魏。」說明從地理位置上看，秦、魏兩國勢必要火拼一場。

公孫鞅發動攻魏戰爭，無外乎兩項原因，第一，是要試驗變法的成效。第二，是證明給魏惠王看，當初他不用自己是多麼大的一項錯誤。

秦孝公聽過公孫鞅的分析後，懂得機不可失的道理，馬上下令出兵，並任命公孫鞅爲前線總指揮。

戰爭還沒有打響，結局已經出現，魏國戰勝的機會十分渺茫。

馬陵之戰才剛過，魏國元氣尚未恢復，就要面對韜光養晦十六年的秦國，魏惠王被弄得焦頭爛額，一聽對方主將是公孫鞅，心裡更是涼了半截。

雖然公孫鞅還沒上過戰場，但作爲孫臏、龐涓的同門，自然也具備統領全軍的能力。

這場決定性的戰役，魏國派出公子卬拒敵，兩軍相峙，大戰一觸即發，互通姓名後，發現彼此認識，曾經是哥們兒。

公孫鞅給公子卬寫了封信，大致意思是，咱們以前還處得不錯，如今各爲其主，實在不忍心相互攻擊，不如訂立會盟，痛痛快快喝幾杯，敘敘舊後各自撤兵吧！

公子卬接到信後很高興，認爲對方說得對，這樣一來，自己也能向魏惠王交代，公孫鞅眞是夠哥們兒。

公子卬前往會盟，老朋友相見，免不了寒暄幾句，沉浸在故友相見的欣喜之中，腦中更浮現自己兵不血刃、凱旋回國的場景。

不料，酒過三巡後，局勢急轉直下，左右埋伏的士兵突然襲擊公子卬！

公子卬暗暗叫苦不迭，公孫鞅啊公孫鞅，你可眞夠意思，這什麼哥們啊？

輕鬆擄獲魏國主將公子卬後，秦軍趁機打垮魏軍，押著公子卬班師回朝。

戰爭雖然贏了，但總是勝之不武，公孫鞅利用與公子卬的交情，再誘騙他前來會盟，伺機抓住，從情理上來講，做得確實不厚道。

如果說公孫鞅耍詐不厚道，倒不如說公子卬太嫩，兩軍對陣可是國際大事，秦國趁魏國新敗前來進犯，目的很明顯就是來打你的！怎麼可能因為哥們義氣喝兩杯酒而和平解決呢？

這養尊處優的公子卬竟然連「兵不厭詐」的道理都不懂。

戰爭失利的消息很快傳到安邑，魏惠王聽後，腸子都悔綠了，後悔不聽公叔痤的話儘早殺了那公孫鞅！

魏惠王的軍隊多次被秦擊潰，國內空虛，非常害怕，只好割讓河西地區奉獻給秦國作為講和的條件。

公孫鞅破魏還秦，秦封之於商十五邑，號為商君。

從這以後，人民才稱呼他為商鞅。

變法成功、出師大捷、裂土封侯，任何一項功績拿出來都值得別人羨慕一輩子的，天命之年的商鞅混到這地步，已是位極人臣，功成名就。

他推行的新法在秦國積怨極深，著實得罪不少人，但這些人沒有反抗的原因，是商鞅背後還有個威嚴的秦孝公。

有一天，一位叫趙良的人刻意提醒商鞅處境隱憂。

趙良的確是個能人，在與商鞅的對話中分析時局，直陳利弊，引經據典，說了好半天，核心思想只有一個，離開秦國，否則會死！

很不錯的建議，可惜商鞅沒有採納。一旦離開秦國，就等於離開自己的輝煌成績，好不容易努力了一輩子才有這等地步，豈能說走就走？

就在趙良會見商鞅後五個月，秦國發生一件大事，對商鞅來說是個沉重的打擊——秦孝公駕崩，新君登基，即秦惠文王。

太子一繼位，那些曾經深受變法之害的人便對商鞅展開瘋狂的報復行動。

率先發難的是公子虔，這位老兄念念不忘自己鼻子被割的事，索性一不做二不休，告商鞅意圖謀反。

謀反！一個完全可以將商鞅置之死地的罪名。

商鞅裂土封侯，權力過盛，秦孝公為了後世著想，也應當會對商鞅下手。

之所以沒對商鞅下手，也許是不想惹上惡名，再者，也可能知道自己一死，商鞅不會活多久了吧……不是所有的領導都配得上「英明」二字。

就算公子虔不告發商鞅，秦惠文王早晚要借個理由對他下手。

既然公子虔實際上是太子黨，與秦惠文王也算是一家人，這次發難，說不定還是受到領導的暗示呢。

秦惠文王二話不說，馬上下了逮捕令。

商鞅星夜逃跑，逃到邊關，想要暫住旅店一宿。

可秦國新法規定，住旅店必須出示證件，這是他自己制定的法令，如果旅店接納黑戶，便得連坐犯法。

商鞅出門太急，根本沒帶身份證，被拒之門外，露宿野外，最後無可奈何，只好逃到魏國避避風頭。魏國人怨恨他欺騙公子卬而打敗魏軍，拒絕收留他，接著不知道哪個人提了意見，又把商鞅送回秦國。

商鞅回到秦國後，舉目無親，秦國又四下捉拿他，沒辦法，只好躲回自己封地，發動士兵，準備攻打一旁的鄭國，謀求生路。

結果秦國大軍壓境打敗商鞅，在鄭國的黽池將商鞅五馬分屍。

秦惠文王爲了挽回當年失去的面子，又下令誅殺商鞅全家。

一代偉大的改革家最後得個謀反的惡名，落到家破人亡的下場。

第 5 章

蘇秦：忽悠！永無止境

縱橫家說白了就是忽悠，好像領導忽悠員工叫管理，學校忽悠學生叫教育，女人忽悠男人叫勾引一般。辯士忽悠國君叫遊說，遊說成名的就成了縱橫家。

1.

胸懷大志

乘風破浪會有時，直掛雲帆濟滄海。蘇老大不明白，看似孱弱的弟弟，為什麼總倔強得像醬缸裡的石頭？即使他選擇的事業，不被人民理解，卻不改初衷。

有個官員在他鄉上班，吏之妻與人私通，當他要回來時，姦夫憂之，妻曰：「勿憂，我已作毒酒待之。」

居三日，其夫果至，姦婦做好一桌菜餚接風洗塵，妻使妾舉毒酒進之。妾欲言酒中有毒，又怕惹怒主母，不說！丈夫就會被毒死，只好假裝突然摔倒，將酒潑掉。夫見此大怒，賞了她五十鞭子。

當有人在燕王面前詆毀時，蘇秦不哭不喊，冷靜地講著這個故事，用以暗喻自己便是那個挨鞭子的小妾，反駁燕王的「若不忠信耳，豈有以忠信而得罪者乎」等質疑。

縱橫家蘇秦自從替燕國打工，一輩子的行動都在詮釋「信如尾生」這四個字。尾生是個情種，與情人相約，情人還沒來，卻正巧碰上洪水暴漲，尾生抱著柱子癡等，至死也不肯離去。

著名的辯士稱為縱橫家，放在今天就是名嘴，特徵是遊說各國君主，說得更白話些，就是忽悠。

蘇秦，東周洛陽軒里人（今洛陽東），縱橫家的傑出代表人物。

蘇秦和別人一樣，都一雙眼睛兩條腿，也不比誰多出一隻手，在鬼谷子門下學習時，也沒表現出特殊專長，就這樣多年寒窗，畢業了學成下山。

按照武俠小說的情節推理，投得名師門下，苦學多年，學成下山，勢必要轟動整個江湖，撈個大俠或武林盟主當當才是。

然而，蘇秦沒有。他混得很慘，八個字可以概括：「出遊數歲，大困而歸。」翻成白話便是，出去混了好些年，最後狼狽不堪地回家了。

由此可見，蘇秦可能上學時沒有認真學習，屬於「上課睡大覺，包夜到通宵」的族群，就算一時悔過自新、發憤圖強，上個兩天學又會趕上休大禮拜的學習態度。

這時的蘇秦在外面實在混不下去，只好鼓起勇氣回家，再不回家，便會餓死他鄉。

回家後家人表現不出出他的預料，兄嫂、弟妹、妻妾、七大姑八大姨，或是東西兩院的左鄰右舍都來譏笑他。

他嫂子說：「周國人的習俗是治理產業，努力從事工商，追求那十分之二的盈利爲事業。如今你丟掉老本行，非要去幹耍嘴皮子的事兒，窮困潦倒，活該！」嫂子說得倒還算客氣，差點沒直說蘇秦你混到這份兒上，還不如痛快收拾收拾，去死算了！家裡養不起你這造糞機器！

蘇秦在鬼谷子門下混了多年，還是學到一招半式，你看人家厚臉皮的功夫造詣很深，非常適合做市場行銷。

蘇秦聽到惡毒譏諷，仰天長歎道：「讀書不能顯富貴，讀再多又有什麼用？」按照常理理解，能說出這等話來，勢必要棄書從商或幹點別的，好成就另一番大事業。然而蘇秦說完話後，又繼續讀書，眞不愧是非常之人，果然是不同。

學了這麼多年，蘇秦悟出一個道理，書貴精不貴多，努力地讀懂一本書，比腹有詩書、包羅萬象好使。蘇秦勤讀一本書，終於參透此書精華，也悟出縱橫之道，才使他成爲縱橫夜空上最璀璨最耀眼的一顆明星。

這本書的名字叫《陰符》，傳說是姜子牙寫的，玄機內斂，奇謀深奧，冠絕古今，通曉天下之道，是本了不得的曠世奇書，據說普通人看了能延年益壽，學子讀了能縱橫天下。

壓箱底的這本書，爲蘇秦帶來莫大喜悅。發現了能夠橫掃亂世的寶典之後，他夜以繼日，發憤讀書，達到忘我境界。

但人的精力畢竟有限，蘇秦也曾因爲讀書累了而趴在桌上睡著，醒來後再氣憤地罵自己沒出息。

有一天，他讀書困倦時突然驚醒，醒來發現是不小心被刺了一下。

這痛醒的經驗，使他發明發明出「錐刺股」這等帶有自虐傾向的激勵學習方法。

蘇秦面對家人嘲諷，從未自暴自棄，反而把這種嘲諷當成激勵學習的動機，堅忍不拔，直到成功。

有一天，蘇秦再度步入亂世，臨行前，鄭重地對他大哥說：「這本書你留下。」

蘇老大接過泛黃的《陰符》，不由得愣了一下。

「大哥，蘇家有這本書，後世子孫不愁吃穿。」

良久，蘇秦望著遠處的天空，他的聲音也彷彿來自遠山那一邊，飄忽不定，但字字清晰，「大哥，我走了！混不成名誓不還。」

蘇老大不明白，看似孱弱的弟弟，爲什麼總倔強得像醬缸裡的石頭？即使他選擇的事業，不被人民理解，卻不改初衷。

深藏在蘇秦內心的是一種堅忍不拔的力量，一直激勵他走向成功。

這種力量叫做——執著！

2. 合縱之始

縱橫家說白了就是忽悠，好像領導忽悠員工叫管理，學校忽悠學生叫教育，女人忽悠男人叫勾引一般。辯士忽悠國君叫遊說，遊說成名的就成了縱橫家。

可惜，就業困難同樣擺在蘇秦面前，他經歷了很長一段冬眠期。

蘇秦是當時中央政府管轄內的人，但沒被中央政府任用，後來只好離周去秦。

他躊躇滿志地來到秦國，推銷自己的思想。

豈料，秦惠文王很客氣地說著：「毛羽未成，不可以高飛。」言下之意是，俺單位不要你這種「高材生」，快去別處看看吧！

打擊不能令他屈服，有時面試受挫要比被錄用還要有意義，受挫的意志會在特定條件下轉化成動力，使你成為出類拔萃的人物。

蘇秦在秦國失敗不是因為理論不成熟，而是秦惠文王十分厭惡遊說之士，只能怪到他運氣不佳。

不料，到了趙國，趙肅侯他老弟奉陽君也看不上他。

蘇秦冷靜地分析，與其到大企業，不如到小公司吧。

當今天下諸侯林立，成兩極分化狀態，東以齊國爲首，西以秦國爲首，凡是以齊國爲首聯合他國抗擊秦國的外交計劃，稱爲「合縱」，秦國率領他國攻打齊國，則稱爲「連橫」。

合縱連橫中的主要諸侯國爲楚、魏、趙、韓、燕五國，實力超乎其他諸侯，即爲戰國七雄，而在七雄中，燕國實力最弱。

蘇秦屬於那種寧做雞頭不做鳳尾的人。雖然單位小點，待遇絲毫不遜色大企業，於是，他去了燕國。

縱橫家說白了就是忽悠，領導忽悠員工叫管理，學校忽悠學生叫教育，女人忽悠男人叫勾引一般，辯士忽悠國君叫遊說，遊說成名，就成了縱橫家。

首先，要引起對方的注意。相比之下蘇秦慘了點，他沒有辦法以女性引起燕王注意，那就只好恭維，俗稱拍馬屁。

身爲遊說的楷模、辯士的榜樣，蘇秦當然深諳此道，輕輕拍著燕王的馬屁說：「燕東有朝鮮，北有林胡，西有雲中，南有碣沱，地方二千餘里，兵甲數十萬……此所謂天府者也。」

經過蘇秦拍蒼蠅般的一拍，燕王很高興，笑得合不攏嘴。

「引起對方的注意」這招算是成功，緊接著是「恐嚇恫嚇」。

蘇秦接著說說：「燕國為什麼能安居樂業？燕國不被侵犯的原因在於秦、趙兩國彼此攻伐，削弱國力，燕國其後牽制。」

蘇秦又說：「如今趙國攻燕，用不上一個月便能挺進都城，而秦國攻燕是在千里之外。所以最大的威脅來自於趙國。」

「那先生有何竟見？」

最後一招，提出解決方法。

分析出「有病」、「發現就晚期」之後，病人都會問怎麼辦？有啥解決方法沒？

蘇秦也指出解決方法，「與趙從親，天下為一，則燕國必無患矣。」

忽悠的方法總結：引起注意→恐嚇恫嚇→程度加重→解決方法。看來，蘇秦對此十分拿手。

3. 衣錦還鄉

這時蘇秦已不再是當年吃不飽飯，落魄歸家的蘇季子，他是極其顯貴、顯赫一時的六國丞相。蘇秦的親戚鄰居見到他，皆伏在地，恭恭敬敬地伺候著。

蘇秦得到燕王器重後，開始爲自己的「合縱抗秦」四處奔走。當時六國中，趙國實力強大，當初看不上他的奉陽君已經掛了，天時地利，蘇秦開始轉運。蘇秦直陳利弊，指出趙國的位置最爲關鍵，牽一發動全身，只要聯合六國，制衡秦國，便能成就一番霸業。

趙王被他忽悠得也賞賜錢財，十分器重，讓他去聯合其他諸侯國。爭取到趙國贊同後，蘇秦兵不血刃，一一達成「合縱」聯盟。

蘇秦會根據忽悠對象的性格不同及智商高低，分別開創性地加上幾招，比如威逼、諷刺、羞愧等等，後來總結爲四個字「激、羞、利、誘」。

這四字訣若是善加利用，平步青雲不在話下。

經過蘇秦的努力，「於是六國從合並，蘇秦爲從約長，並相六國。」

一個人同時兼任六國丞相，那是一種什麼樣的才能？

蘇秦完成合縱後，北上趙國覆命，恰好途經洛陽——蘇秦的家鄉。

他望向洛陽，感慨良多，出門在外好幾年，是到該回家看看的時候，當年自己落魄，如今混得挺好，怎麼樣也得來個衣錦還鄉。

沒想到這一回去，竟先嚇壞了中央政府的地主。

由於蘇秦隨行的車輛馬匹滿載於道，各諸侯派來送行的縣長書記也不少，場面相當隆重，儼然是帝王級的待遇。

管轄洛陽的周天子周顯王早已名存實亡，只有巴掌大的一塊地方養老，一聽蘇秦路過，二話沒說，立即命令三軍儀仗隊爲蘇大人開路，派使臣出城到郊外迎接。

蘇秦總算是出盡風頭、揚眉吐氣了。

蘇秦到家一看，還是老樣子，三間茅草房，兩鋪大長炕，好幾年也沒變。

這時蘇秦已不再是當年吃不飽飯，落魄歸家的蘇季子，他是極其顯貴、顯赫一時的六國丞相。

親戚鄰居見到他，皆伏在地，恭恭敬敬地伺候著。

蘇秦笑著對嫂子說：「大嫂過來，我問妳個事兒。」

他大嫂不敢正視，急忙像狗一樣地跪爬而至，戰戰兢兢地聽著，彷彿一個等候法庭宣判的罪人。

蘇秦道：「當初妳對我傲慢無禮，現在怎這麼恭順了？」

他嫂子哪裡還敢回答，一句「位高多金」便粉飾過去。

蘇秦見此情形，由衷感慨道：「此一人之身，富貴則親戚畏懼之，貧賤則輕易之，況眾人乎！」

離了洛陽，蘇秦北上趙國覆命，被封爲武安君，把盟約交給秦國。

秦國懼之，不敢出函谷關十五年。

蘇秦爲了找工作懸樑刺股，日夜苦讀，爲了合縱奔走呼號，如今合縱成功，身掛六國相印，位極人臣，顯赫一時，可心裡不曾忘記自己的老東家，燕國。

合縱之後，中原發生重大變化。

秦國派使臣犀首欺騙齊魏，聯合攻打趙國，試圖破壞合縱聯盟之間的關係。

齊魏被秦國忽悠上當，回頭攻打趙國。

趙王責備蘇秦之計。

蘇秦恐懼，只好回返燕國。

蘇秦離開趙國後，本就脆弱的「合縱聯盟」便已名存實亡。合縱聯盟瓦解，有很多原因，各國之所以聯合，是因利益所聚，一天兩天還好，長此下去，難免分贓不均。加上各國之間本有舊隙，這種表面看似堅固的政治聯盟，實質上便如玻璃般脆弱易碎。

燕國，當初他發跡的地方，這老東家是七雄中實力最差的。

蘇秦分析時局談合縱時便明白指出，燕國的切膚之害乃齊也，時刻有吞併之心。對燕來說，亡齊乃上策，秦之威脅遠小於齊，縱然此舉為秦擴張平路，也是多年之後的事了，當務之急，須遏制齊國的吞併。

換句話說，蘇秦的「合縱抗秦」，實質上根本是「連橫滅齊」。

蘇秦是個很懷舊的人，面對此種形式，他不能不設身處地地為弱旅燕國著想。

秦惠王以其女為燕太子婦，這一年，燕文侯卒，太子立，是為燕易王。

易王初立，齊宣王趁著燕國發喪之際，攻燕，取十城。

剛剛回到燕國，蘇秦覺得應當為燕國做事。

面對燕易王的責問，蘇秦自告奮勇地說：「請讓我替大王把失去的土地要回來。」

怎麼可能？燕國滿朝文武心裡都在質疑，這蘇秦是在說大話吧？

4. 名嘴之死

齊王尚不知所以然，很聽話地將蘇秦車裂於市。一代偉大的縱橫家，又一位鬼谷子的學生被五馬分屍了，話說這位教育家的學生好像都善於自刎或車裂？

蘇秦既然敢這般說，就具備這種實力，向燕易王請命後，便出使齊國去。蘇秦見到齊宣王，一樣故技重施：引起注意→恐嚇恫嚇→程度加重→解決方法。首先「引起注意」，蘇秦的遊說之術早已爐火純青，不用張嘴發聲便能引起對方注意。蘇秦見到齊王，先是拜了兩拜，彎下腰去，向齊王表示慶賀，繼而又仰起頭來，又向齊王表示哀悼。

什麼叫大師？這就是大師，一舉一動都吸引人群眼光。

齊王立時納悶得很，千里迢迢的蘇秦莫非是專程給寡人演默劇來的？不解地問：「爲什麼慶賀和哀悼連得這麼快？」

「引起注意」成功，接下來的是「恐嚇恫嚇」。

蘇秦道：「臣聽說饑餓的人，寧願饑餓也不吃烏頭（烏頭，毛茛科的開花植物，有劇毒），是因爲越是能塡飽肚子就和餓死沒啥區別。如今燕國雖弱，但那可是秦國的女婿。大王雖然占了燕國十座城池的便宜，可是你知道嗎？你這樣做等於與秦國結仇。」

接著是「程度加重」，以危言嚇之。「強秦在燕國後面做後援，再招致天下的精銳部隊來攻擊你，這和吃烏頭有啥區別？」

齊宣王一想也是這麼回事，若非蘇秦提醒，齊國定要吃虧，恭敬地問道：「那依先生建議，寡人該怎麼辦？」

成功！接下來是「解決方法」。

蘇秦道：「很簡單！如聽臣之意見，便是將十座城池還給燕國，這樣一來，燕國白白收回失地，自然高興，燕國高興，秦國也就高興了，由此你好我好大家好，大家好才是眞的好嘛！」

蘇秦之所以能要回失地，主要是抬出強秦與天下諸侯來恫嚇威脅齊國。

但筆者分析，從地理位置上來看，秦國與齊國之間還隔著魏、韓、趙及其他幾個諸侯國。就算秦國眞要率天下諸侯攻打齊國，難道偌大齊國就沒有盟友嗎？這齊宣王的腦袋可眞是有點不靈光。

蘇秦不費吹灰之力，便要回燕國先前失去的十座城池。

人怕出名豬怕壯，一旦有所作爲，別人都想來算計你。

一個單位經常消滅的兩種人，一是羊，二是狼，羊因爲太弱沒有能力，只能消滅；狼因爲太強，會弄得其他員工心裡不平衡，不利安定，所以經常被消滅。

蘇秦這頭才剛建功的狼也一樣。

士大夫們開始在燕王面前說壞話，除了進獻讒言外還是進獻讒言，一點創意都沒有，不過，方法總是老的管用，燕易王相信了。

所以，蘇秦才講了開篇的那個故事。

再者，僅僅要回失地表明心跡還是不夠，七雄中實力最弱的燕國之所以能延長國祚近百年，是因爲蘇秦還有後招。

不料，這節骨眼上，一件意外的事發生了。

燕易王他娘與蘇秦通姦的光榮事，被狗仔隊發現，並無情曝光出來。

這事兒說起來挺有意思，燕易王的娘中年喪夫，難耐閨中寂寞，見蘇秦這大名鼎鼎的江湖才俊回到燕國，一張嘴能說會道，竟勾搭成姦。

假設燕易王是二十歲繼位，保守估計他娘年紀也在三十五至四十五歲中間，正是徐娘半老，雖然沒有年輕的侍妾漂亮，但長得五官端正，好歹當過「國母」，又是現任國君親娘……最終，紙包不住火，東窗事發。

蘇秦很恐懼，這事弄不好馬上就掉腦袋了。原因很簡單，如果燕文侯在，他們通姦就是給燕易王他爹戴綠帽子，肯定完蛋。但他爹死了，那麼燕易王最多是被蘇秦扣上一個「乾兒子」的頭銜，此事可大可小，端看燕王怎麼想。

燕易王得知此事後，做法令人跌碎眼鏡。

按常理來看，燕易王得知他娘與一國大臣通姦，淫亂後宮、有辱門風，至少也得先採取個隔離措施才對，但他沒有，反而對蘇秦「事之加厚」，也就是說，他更加優厚。父死登基，母又通姦，燕易王竟然對蘇秦事之加厚，甘心情願被扣上一頂「乾兒子」的帽子，莫非他是缺少父愛？

燕易王的舉動引起蘇秦警覺，害怕被誅殺，進言道：「我留在燕國，不能使燕國的地位提高，假如我在齊國，定能提高燕國的地位。」

燕易王在這件事的處理上也是左右爲難。處理蘇秦吧！人家有功於燕，不處理吧！面子上過不去，所以他想到「事之加厚」，也是希望蘇秦主動離開。

蘇秦進言，燕易王順水推舟，給大家個台階下，「那就去做吧！」

蘇秦假裝得罪燕王而來到齊國。齊宣王樂得合不攏嘴，得來全不費功夫，不知道蘇秦的「連橫亡齊」的策略才正要開始。

齊宣王沒多活幾年就掛了，兒子田地繼位，史稱齊湣王。

這恰好是個機會，蘇秦順著齊王的意思，勸說：「厚葬以明孝，高宮室以明意。」大興土木，表面上是很有面子，可實際上旨在勞民傷財，消耗齊國，從而減輕對燕國的壓力，所謂「敝齊」之策也。

這時，燕易王也作古，燕噲即位為王。

蘇秦在齊國幹得不錯，還是那句話人怕出名豬怕肥，《史記》裡提到，「齊大夫多與蘇秦爭寵者，而使人刺蘇秦。」

我覺得刺殺蘇秦的理由過於牽強，只因為爭寵嗎？難道齊國人智商都很低，看不出來蘇秦的實際用意？筆者推論，應該有人早就看出來，只是礙於蘇秦是齊王身邊的紅人，說什麼齊王也聽不進去，無奈之下才雇兇殺人。

刺客也是專家，將蘇秦刺成重傷後就消失了。

齊王下令捉拿，未果。

蘇秦知道自己無法再活，臨死前對齊王說出心裡話，「臣即死，請將我車裂於菜市，就說『蘇秦為燕作亂於齊』，如此一來，刺殺臣之賊必得矣。」

所謂「人之將死，其言也善」，蘇秦已經說出來齊國的真正目的，只是齊王尚不知所以然，很聽話地將蘇秦車裂於市。

一代偉大的縱橫家，又一位鬼谷子的學生被五馬分屍了，話說，這位教育家的學生好像都善於自刎或車裂？

蘇秦死後，那刺客果然為了邀功而找上門來，卻不知道，等待自己的是鋒利鍘刀。

蘇秦至死不渝，沒忘當初離開燕國時的信念，粉骨碎身，在所不惜，他只是選擇了「臥底」這種不光彩的方式報效國家才會被「天下共笑之」。

如果沒有蘇秦先在齊國搞破壞，也不會有後來的樂毅亡齊。

卷四

【有錢的——戰國四公子篇】

已近古稀之年的黃歇權勢薰天，
也學孟嘗君、平原君、信陵君二人養士，
人數多達三千人，成為戰國四公子之首。

第 1 章

孟嘗君：只是雞鳴不狗盜

臥榻之側豈容他人酣睡？不除掉孟嘗君，齊湣王總覺得身邊埋了顆炸彈，寢食難安。觀孟嘗君一生，非常擅長逃跑，這種政治避難給使他得以保全性命，安享天年。

1. 出身不代表實力

經過一番論斷之後，田嬰也被他的「將門必有將，相門必有相」的觀點深深折服。原本應是父子相見的人間親情，卻變成一場批鬥會。

中國古代的婚姻制度是一夫一妻多妾制，一人一生只能有一個正妻，至於妾的數目，則視「夫」的權力大小及經濟實力的高低而決定。

齊氏貴族田嬰家中有位女子，很不幸的是「一夫一妻多妾制」中的那個妾。戰國時期，爲了表示妾與妻的不同，官方記載習慣在妾的前面加個「賤」字，地位十分低下。像她這樣的「賤妾」，田嬰相府中多得很，性質多半屬於泡麵，吃多了反而容易膩，田嬰的妾也越納越多。

這位女子還算幸運，因爲五月初五那天生了個兒子，取名爲文，即田文，也就是後來的孟嘗君，戰國四公子之首。

田嬰看不上這個兒子，原因很簡單，當時流行一句讖語：「五月子者，長與戶齊，將不利其父母。」意思是說，五月初五出生的孩子，長大後會剋父剋母。

爲了避開所有可能，田嬰本著寧可信其有、不可信其無的辦事原則，冷漠地說了一句話，「扔了！」

田嬰一生中會缺很多東西，但唯獨不缺兒子。人總有擅長的一面，雖然田嬰在政績上平凡無功，在創造人類方面倒是碩果累累，單單兒子就有四十多人，都可以組成兩支足球隊了（女兒沒算在內），爲田氏香火的延續立下赫赫功勞。

田文的母親沒聽田嬰的，依舊偷偷撫養田文。

這裡有兩個原因，一是「母以子貴」的道理，自己容顏已凋、年華遲暮，成了黃臉婆的她，唯一能依靠的，只有懷中這五月初五出生的兒子。

另一方面，是出於母愛的天性。

撫養孩子長大成人箇中辛酸，唯有做過母親的人才能體會，何況這個孩子還被蓋上「扔掉」的印記。

其母竊舉生之，及長。

母親既有如此膽量與智慧，兒子田文自然也不會差到哪去，兩人接下來面臨的問題是，田嬰會不會承認這個兒子？

醜媳婦總得見公婆的，兒子早晚要面對父親，田文的母親知道，早晚會有這麼一天，田文也更是盼望這一天的到來。

某天，田文母親透過關係，讓田文見到父親田嬰。

此際的田嬰已然遲暮，人越老脾氣越火爆，當他得知田文乃是當年五月初五出生的孩子時，當下暴跳如雷。

田文早就料到這場面，不慌不忙地冷靜一拜，「不養育五月初五出生的孩子，這是爲什麼？」

「五月子者，長及閘一邊高，將不利其父母。」

又是這句老話，田嬰爲了一句不靠譜的讖語竟然就想葬送兒子的性命，眞是迷信害死人！既然田嬰相信讖語，田文也回了一句，「人的命是由上天授予的？還是由門來決定？」

再毒的讖語也大不過天，關鍵時刻把老天搬出來，其他什麼風吹草動根本不在話下。

田嬰默默無語。田文又接著說：「如果由上天授予，何須憂慮？如果是由門戶決定，只要加高門戶就可以了，誰還能長到那麼高？」

田嬰一想似乎也是那麼回事，只得蒼白無力地反擊一句，「別說了。」

田文又繼續問了一連串的問題，「子之子爲孫。孫之孫爲玄孫。玄孫之孫爲何？」

生活中有很多看似簡單的問題，但一些自命不凡的聰明人卻偏偏答不上來，田嬰也是如此，只能說不知道。

田文這一招叫「拋磚引玉」，拋出問題後，開始痛斥他爹無所政績，在他口中，齊國國土不增一寸，田氏門下不見賢士……這一切都是田嬰作爲齊國總理的失職！

經過一番論斷之後，田嬰也被他的「將門必有將，相門必有相」的觀點深深折服。原本應是父子相見的人間親情，卻變成一場批鬥會。

不過，田嬰並未憤怒，相反的，心裡樂得很，發現自己多了一個能幹的兒子，這件事的直接後果是——嬰乃禮文，使主家待賓客。

田文主持家政，還身兼相府總管前台接待等重要職位，由於接待工作做得非常到位，「名聲聞於諸侯」，人氣極高。

諸侯們也懂得主家心思，紛紛派人請田嬰立田文爲世子，繼承爵位。

嬰許之。嬰卒，謚為靖郭君。

田嬰在執政之際，曾參加過著名的齊魏馬陵之戰。

這場戰役的主角當然是孫臏，戰役勝利後，論功行賞也有副帥田嬰一份，後來在中央當了十多年總理，混到一塊薛邑封地，他死之後，人氣非常旺的田文繼承爵位，代立於薛，是爲孟嘗君。

2. 名聲聞於諸侯

青年才俊，年輕有為，你不去招別人別人都來招你，挖牆腳地都得排成一列，其中最熱衷的人是秦昭王。田文聞訊心裡得意，一旦得意就容易忘形，執意前往。

在戰國這座莊園裡，孟嘗君的出現無疑是那個時代一朵耀眼的奇葩異卉，然而歷史不是絕對公平，在他戰國四公子的光環上，卻是一頂「雞鳴狗盜」的帽子。一提到孟嘗君，便會不由自主想到，王安石那句「唯雞鳴狗盜之雄耳」，筆者認爲，得出這樣的結論著實有些偏頗，作爲戰國四公子之首的孟嘗君，並不只是傳說中的「雞鳴狗盜之輩」而已！

田文名聲在外，在諸侯們中口碑不錯，田嬰百年之後，順利繼承爵位。他身上有許多值得學習的地方，早在與田嬰相認之際，已然闡明人才的重要，之後廣招人才，食客數千人。不能因爲某些評語，就從門縫裡把人看扁，關鍵是站在哪個角度去看。

一時間南來北往，殺人下崗的人都有，龍蛇混雜，有工農子弟、有社會青年、有文人雅士，也有江湖俠盜，田府成了一座名副其實的複合型人才基地。

這些食客都是有故事的人，當然裡面不乏投機鑽營者，主要工作只有混吃等死。

這麼多來自不同階層的人，社會閱歷、愛好取向、人生價值觀各有不同，就涉及到一個複雜的管理問題，事實證明田文是個優秀的領導者。

在戰國，一個人待遇的優寡通常是靠出身換來。然而在田文門下，只要身懷一技之長，就能站住腳，並且待遇優厚，不會受到歧視。因為總經理對人不分貴賤、一律平等，不知撫平多少員工的自卑，就連家人親屬也受益不淺。

田文對待員工無微不至，所作所為在幾千人中尋求一種平衡，不僅如此，他自己的待遇竟然也和這群員工一樣。

有一次，田文招待員工吃晚飯，旁邊有人遮住了燈，一名員工惱火，認為伙食不好，立刻放下碗筷辭別，甩出一句：「老子不幹了。」

田文立刻端著自己的飯碗與那人相比，結果一模都一樣。

這名員工是個烈性漢子，羞愧難當，為了謝罪，竟當場自刎。

另外，孟嘗君門下還有個叫馮諼（亦名馮驩）的門客，遠道而來，也沒見有啥一技之長，田文只因他一句「聞君好士，以貧身歸於君」就留下他，暗中派人觀察。

馮諼人天抱怨，一會兒嫌飯不好，一會兒嫌出門沒車，田文也一一滿足他的要求。

田文不僅僅懂得管理，同時也會看人，這位貌不驚人的馮諼後來果眞立下汗馬功勞。青年才俊，年輕有爲，你不去招別人，挖牆腳的都會排成一列候著大駕，其中最熱衷的人是秦昭王。秦昭王聽聞田文賢能，想要得到這個人才，但田文畢竟是齊國人，得到他必然要付出代價，便派涇陽君到齊國做人質，請求見到田文。

要知道，戰國晚期的秦國是什麼地位？相當於能源業的中油、餐飲業的肯德基及麥當勞，是個了不得的龍頭老大，能被秦國最高領導相中，可是一件大事。

田文聞訊心裡得意，一旦得意就容易忘形，執意應邀前往。這時門客們發揮死諫的大無畏精神，齊聲阻止他出行，田文不聽執意前往，隨即，蘇代站了出來。

蘇代，蘇秦的兄弟，戰國著名縱橫家。他發揮了說明文中的「講道理、舉例子」的方法，給田文講了個故事。

「今天早上我從外面來，見一木偶人與一土偶人正在交談。木偶人說：『天一下雨，你就要坍毀了。』土偶人說：『我是由泥土生成的，即使坍毀，也會回到泥土裡。若哪天下起雨來，水流帶著你跑，可不知把你沖到哪裡去了。』秦國如虎似狼，您執意前往，一旦回不來，豈不會被土偶人嘲笑？」

這個故事的道理是，你是齊國人，家在齊國。

田文悟出其中道理，不再執意前往秦國。

3. 雞鳴狗盜之功

秦昭王的寵妃接到禮物後立刻辦事，溫柔地為孟嘗君美言，秦昭王一高興，便下令釋放田文。田文脫身後，趁著秦昭王還未改變主意，立刻馬不停蹄地逃走……

經此事件，田文又多了個「能納諫言」的名聲，名望再度上升，令某人深感恐懼，那人就是齊湣王。

齊湣王骨子裡有股叫「驕傲」的習性，驕傲的人通常善於嫉妒，見田文名聲太大，便在西元前二九九年時，隨便找了個理由，把他打發到秦國去。

秦昭王終得田文，笑顏逐開，馬上封田文爲秦國丞相。

秦相一職是多少人夢寐以求的職位，多少人兢兢業業，幹了一輩子還不知道秦相兩字怎麼寫，而田文一個外來戶才剛到秦國，便被封爲宰相，自然引起許多人心裡不服。

這是一種潛在的隱患，秦國裡也不乏嫉妒之輩，但最重的原因還在於田文是外來戶。

有人進諫秦昭王說：「田文賢，而又齊族也，今相秦，必先齊而後秦，秦其危矣。」意思是，田文是齊國人，以後工作一定先考慮到齊國的利益，如此一來秦國就危險了。說這句話的人智商很高，他並沒說田文哪裡不好，而是說「田文賢」，正因為田文有才，又是齊國人，秦國勢必危矣。

造謠也需要智商，話說得滴水不漏，綿裡藏針。

秦昭王經過臣下提醒，一想也是這麼回事，便動了殺機，命人囚禁田文。秦國歷代領導人裡頭，秦昭王才能一般，比不上前任領導秦武王，要知道秦國名相大多是些外來戶。

田文極為鬱悶，才剛要大展宏圖，居然身陷囹圄，這他娘的是什麼世道？性命比什麼都重要，自己若是死在秦國大獄之中，那可真是生得偉大、死得憋屈了！

田文一想，這時能救他的，只有那個女人——秦昭王寵妃。田文立刻派人求見秦昭王寵妃，他明白秦昭王只是聽信讒言，所以更需要枕頭風的效果。

秦昭王的寵妃告知田文的門客，「妾願得君狐白裘。」想辦事得先送禮，她開出條件，要孟嘗君送白狐裘皮給自己。

田文一聽馬上傻眼！剛到秦國時，自己已經把價值千金的白狐裘獻給秦昭王，正在皇家內庫鎖著呢！到哪去生第二件？森林嗎？

田文問遍門客，誰也想不出好辦法。

關鍵時刻有位仁兄發揮作用，他堅定地對田文說：「屬下能辦到！」

既然他敢說，就表示有實力。

嚴格說來，這位仁兄出身並不光彩，是位市井之徒，專長是小偷小摸，隔三岔五便得到派出所報到一下，如果不是田文廣招人才，現在可能還在牢裡蹲著。

他不是一般的小偷，偷東西的方法也和別人不同，喜歡披著狗皮行竊，這種前衛的行為藝術，當時多被人不齒。

是夜，這位仁兄混入秦宮，以高明的手法得手。

究竟是怎麼偷的？沒人知道。

能在守衛森嚴的秦國國庫中竊取白狐裘皮如同探囊取物，單從手藝上來說，冠上「盜王」、「盜聖」諸如此類的光榮稱號也不爲過，可惜《史記》只稱他爲「狗盜者」。如果有名字，肯定會成爲偷盜界的祖師爺，《水滸傳》裡的時遷算哪根蔥？

田文得到白狐裘皮後，喜出望外，立刻託人獻上去。秦昭王的寵妃接到禮物後立刻辦事，溫柔地爲其美言，秦昭王一高興，便下令釋放田文。

田文脫身後，趁著秦昭王還未改變主意，立刻馬不停蹄地逃走。

一行人跑到函谷關，眼看就要出秦國，這時麻煩又來了！

秦法規定，不聽雞鳴不得開門，田文得在函谷關等到天亮才行。

自商鞅變法之後，秦國法度變得異常嚴謹，想要花錢賄賂守門人是沒辦法的，你敢送，人家可未必收得下去。

可怎麼辦？總不能等著，一會兒秦昭王清醒，大筆追兵肯定立馬趕上。

這時，又是田文門下的「複合型人才」發揮作用。

此人有項特殊的才能──擅長學雞叫，這項藝術形式逐漸演變成為後世的口技。

在田文以及所有門客無計可施之際，他挺身而出，「俺會學雞叫，讓俺來試試。」

田文無奈：「也只能如此了，你試試吧！」

這位仁兄二話不說學起雞叫。

沒想到這一喊，整個函谷關的雞竟都跟著叫起來。守門的一聽函谷關的雞打鳴，心裡直納悶，怎麼這麼快就天亮？只得按法打開城門，田文得以逃脫。

從「雞鳴狗盜」這歷史事件中，我們得出一個結論，只要你有一技之長，早晚會派上用場。

還在溫柔鄉的秦昭王清醒後，果然後悔放走田文，可惜這時田文早已逃到趙國。

驚慌的田文逃出秦國，到了趙國卻幹了一件令人震驚的事。

4. 收租的本事

魏子很鬱悶，沒想到自己居然會因沒收回田租而被開除。另一個門客馮諼同樣被派去收租，結果也沒收齊，命運卻與魏子截然不同。

平原君趙勝，也是戰國四公子之一，聽說田文來了，便友好地接待客人。可惜，這是一個錯誤的時間點。

田文此去秦國，弄得自己窩火，自己是名人，出了這檔子事，早已顏面無光，如今平原君趙勝友好的待客行爲，愈發使他更沒面子，覺得對方是在看笑話。

更令他受不了的是，趙國人聽說政治明星田文來了，全都跑過來看，發覺田文身材矮小，不禁大爲失望，還順道諷刺了幾句。

田文聽到譏笑之言群起，登時發火，大喝一聲，「給我殺！」撕開原本溫文和善的嘴臉，把怒氣全撒在趙國人身上。

客與俱者下，斫擊殺數百人，遂滅一縣以去。——《史記．孟嘗君列傳》

事發之後，趙國政府連屁都沒敢放一個，不是田文狠，而是當時齊國強。眞小人田文是很記仇的，愛士是他的表面，本質上他還是愛自己的，他早晚有一天要報復那些人，這種性格當他位高權重時，會容易演變成戰爭行動。

田文憋了一肚子氣回到齊國，好在齊湣王給了些許安慰，封他爲齊相，參與執政。上任後，他果然開始策劃反攻秦國，打算聯合韓、魏攻打秦國，同時又向中央政府（指東周）借兵，其勢一發不可收拾。

此刻，又是蘇代出面阻止孟嘗君田文的復仇行動。

田文這人雖然記仇，卻很聽人家勸，見蘇代直陳利害，便長歎一聲作罷。

田文成爲齊相後，每天日理萬機，處理國家政務外，還要抽空給門客們開開座談會，又要到自己的封地收收租，實在分身乏術，只好派人分頭收租。畢竟門下三千多張嘴等著吃飯，沒有龐大收入很難維持家計，當領導的也眞不容易。

這一年，田大地主派魏子去收租。

那年頭還沒實行機械化，也沒有高產水稻，能不能豐收都得看老天爺的心情，所以很多農民仍然交不起田租。

魏子收到的租子沒多少，便乾脆把租子給了賢德之人，無功而返。

田地主向魏子討要田租，卻沒拿到，便細問其故。

魏子回答得振振有詞，「我假借您的名義，把租子都贈給賢德的人了。」

沒經過我同意，就把公司財產捐了？

田文一聽這話火了！雖說他求賢若渴，但其實更像是「好客自喜」的心理，眞正養士，才知道當中艱辛困難之處。

魏子原以爲這麼做能贏得田文的諒解，搞不好還會被誇獎，誰知道田文翻臉比翻書還快，痛斥一頓，開除了事。這時的田文不曾知道若干年後正是魏子贈送租子的那位賢人挺身而出，以身家性命力保，才使他平安度過一劫。

魏子很鬱悶，沒想到自己居然會因沒收回田租而被開除。另一個門客馮諼同樣被派去收租，結果也沒收齊，命運卻與魏子截然不同。

孟嘗君門下食客數千人，什麼是食客？就是吃飯的客人，這些人需要養著，養著需要有錢。田文封地本來不多，若碰上天老爺心情不好，農民顆粒無收，便像魏子無功而返，爲了能讓食客吃上飯，只得在其封地薛放了高利貸。

高利貸，是一項具有悠久歷史的暴利手段。

雖說放高利貸，碰上年頭不好，還是一個子兒也收不回來，家裡還有數千人張嘴等著吃飯呢！不知今年怎麼樣？田文想到了馮諼，派他去收款。

馮諼的做法與收租子的魏子大同小異，如出一轍。

馮諼只收了有錢還的帳，那還不起的人怎麼辦？他把那些不能還帳的人的欠條全燒了，還請他們吃飯，假借孟嘗君名義廣施恩德。

老百姓感激不盡，田文可不幹了！當初借出去的錢一分都沒收回，家裡還有上千口人等著吃飯啊！

馮諼早料到田文會是這反應，當即解釋，「該還得起的能還，該還不起的還是還不起，若是把人逼急，對方跑了，以後還找誰要錢？再說，這事若傳到齊王耳裡，對您不利，反對黨沒準會拿這事做文章，不如做個順水人情，讓大家知道您的賢德。」

瞧瞧這馮諼多會說話，這段話中有三層意思，第一不是我馮諼不會收錢，而是老百姓眞的給不起。第二，從市場角度考慮，潛在客戶需要培養，不能逼急了反而破壞市場。第三，眞收不了錢也就算了，別因此影響良好名聲。

田文也覺得馮諼說得有理，一笑置之。

後世說孟嘗君門下盡是些雞鳴狗盜之徒，這話說得未免牽強，幾千人的門客當中，仍是不乏英傑之輩——馮諼就是其中之一。

5. 以秦制齊

秦昭王幸災樂禍，還以為得到一寶，暗自罵齊湣王是個蠢貨，殊不知自己也被人賣了！馮諼也很高興，原來秦昭王腦袋就只有那麼一小塊。

馮諼當初投到孟嘗君門下，貧如洗，就差沒捧著要飯碗，然而正是這個人幫了孟嘗君一個大忙。

田文在齊國名聲愈發了得，甚至要蓋過齊國總統。

齊湣王本來便驕縱，當然容不得比自己有名的人，加上有人在耳邊扇風點火，馬上隨便找個藉口，在孟嘗君的名號上蓋下「作廢」戳章，斷絕田文的俸祿。

哼！沒錢看你還有什麼好神氣的！

田文失權失勢，門下還有數千張嘴等著吃飯，這樣一來，奉養門客這件事便顯得力不從心。食客們都是聰明人，見田文失勢，大夥便合計合計，行了！別給田老闆添麻煩，咱們走吧！

田文面對門客紛紛求去，心裡不是滋味，這幫人可真沒良心，好在還有一個人沒有棄他而去，這人便是馮諼。

馮諼說：「給我備車。」

田文苦笑說：「馮兄你排場可真大，走還得我來備車。」

「呿！我是去為你辦事的。」

田文疑惑問道：「辦事？辦什麼事？」

「讓你恢復官職，馬上備車。」

馮諼這人善於揣摩心思，同時也善於忽悠，如今孟嘗君下崗，該是自己表現價值的時候了。

馮諼駕車跑到秦國，忽悠秦昭王說：「天下遊說之士到秦，無非是想要使強秦弱齊；到齊國的人呢？無非想強齊弱秦。以此時的局勢來看齊、秦二國早晚要一決雌雄，不知大王想要使秦國成為雄國還是雌國？」

這哥們先是一頓雲山霧罩，把秦昭王弄得暈頭轉向。

秦昭王聽得入神，「當然要使秦國成為雄國。」

馮諼見秦昭王上道，隨即說道：「孟嘗君被齊王罷官了，大王知道吧？」這才是中心思想。

「嗯！聽說了。」

馮諼說：「很簡單。齊國誰最賢明？當然是孟嘗君。如今齊王罷了他的官，他心裡那個氣啊，必定會背離齊國，如此良機，自然不容錯過。孟嘗君若是到了秦國，齊國軍豈不是都將爲秦國掌握？」

「嗯……有理。」

「大王，您還不趕緊趁著齊王沒明白過來時，快去迎接孟嘗君？機不可失，等到齊王明白過來就晚了！」

秦昭王一想，覺馮諼說得沒錯，得！就這麼定了！立刻派人前去暗地裡迎接田文。

秦昭王幸災樂禍，還以爲得到一寶，心裡暗自罵齊湣王是個蠢貨、豬頭，殊不知自己也被人賣了！

馮諼也很高興，原來秦昭王腦袋就只有那麼一小塊。

馮諼夜以繼日、馬不停蹄，先秦王使者之前趕回齊國，立刻求見齊湣王，使出同樣一套說辭。

「天下的遊說之士到秦，無非是想要使強秦弱齊；到齊國的，無非是強齊弱秦。以此時的局勢來看，齊秦早晚要一決雌雄。不知大王想如何佔上風？」

齊湣王知道馮諼是孟嘗君田文的門客，當然要替自己老闆說好話，對他的說辭沒什麼過大反應。

馮諼又說：「據臣所知，秦國已經派使者帶著禮物來迎接孟嘗君了！」接著又進一步闡明利害，「孟嘗君不去也就罷了，一旦去了，齊國軍政機密將全部被秦國掌握，到時候麻煩大了。」

忽然，齊湣王意識到問題的嚴重性，脫口問道：「那該怎麼辦？」

「這倒好辦。」馮諼說：「只要大王在秦國使者尚未到達前，立刻恢復孟嘗君官位不就行了？」

「這……」

齊湣王不傻，本王下的命令豈可出爾反爾？於是派人到邊境看看秦國是不是眞的有使者前來，該不是馮諼忽悠我吧！

事實證明，馮諼把兩邊都忽悠了！

見到秦國使者，派出的人員立馬飛報齊湣王。齊湣王立刻恢復孟嘗君原職，同時又在其原有封地上又增加千戶，之前的門客也回來了。

孟嘗君被重新啓用，高興得合不攏嘴，可是日子難免有些磕磕絆絆，接下來還有更大的考驗等著他。

6. 政治避難的人生

觀孟嘗君一生，非常擅長逃跑，這種政治避難給使他得以保全性命，安享天年。

消息傳到田文耳朵裡，他立刻收拾行李跑到魏國，擔任丞相一職。

宦海浮沉，仕途焉能風調雨順？當官的難免被彈劾，孟嘗君田文也一樣。在他擔任齊國丞相之際，背後總有人說這說那，這是很平常的事，尚且有背後罵皇帝的，何況一個丞相。

但這次造謠的人並不笨，直接說道：「孟嘗君將爲亂。」造反是個很敏感的詞，何況孟嘗君田文門下尚有數千門客，那是一股不容小視的力量，換了誰都得掂量掂量。齊湣王心裡犯嘀咕，起初還不太相信，畢竟，田文要反早反了，何必等到今日？沒想到，這時突然發生一件意外。

齊湣王被劫持，凶手是個叫田君甲的犯人，他便自我推斷，這刺殺行動是田文策劃的。田文得知此事後，覺得只有跑才是上策。這裡面學問很大，造反的事不好說清楚，領導說你反你就反，自己也沒辦法說清楚。

田文這一跑，事情無形中更爲複雜難辨。

滿朝文武平時和田文關係不錯的大臣噤若寒蟬，平時在一起喝酒的兄弟默不作聲，涉及到謀反的大事，誰也不敢插手，有一個人卻上書給齊湣王申明清白。

這人是個無名氏，《史記》中未記其姓名。當初魏子假借田文名義曾經贈租稅的那位賢人就是他，他也用事實證明了「賢人」二字的含義，姑且稱他爲某甲吧！

某甲上書申明田文的清白，洋洋千餘言，盡皆明是非。

當時的朝野中是一邊倒的局面，齊湣王不可能因爲幾句話相信田文沒有謀反之嫌疑，這封信終究也是石沉大海。情急之下，這哥們兒只好使出比較極端的手段，以身家性命擔保田文不會謀反，敢說敢幹，隨後便在宮殿門口橫劍自刎，證明田文的清白。

田文聞聽此事之後，心裡做何感想？後人不清楚，只能確定幾經宦海沉浮後，遲暮的他上書請辭，回到薛邑養老。

齊湣王高興地一口同意。

然而，事情還沒有結束。

齊湣王發兵滅了宋國後，愈發驕縱自大，他最大的特色是，一旦驕傲起來，誰都不放在眼裡，孟嘗君又算什麼？

不徹底除掉孟嘗君，齊湣王總覺得身邊埋了顆炸彈，寢食難安。

觀孟嘗君一生，非常擅長逃跑，這種政治避難給使他得以保全性命，安享天年。消息傳到田文耳朵裡，立刻收拾行李跑到魏國，擔任丞相一職，直到齊湣王死後才回齊國。這段時間裡，爆發著名的樂毅亡齊事件，孟嘗君作爲齊國人，只能悶不吭聲地看著齊國被聯軍踐踏，既已身處魏國，保持中立，什麼國家情都是狗屁，只有保住自己的老命才最重要。

齊襄王登基後，和自己老爸一樣十分忌憚孟嘗君，畢竟田文身邊有一夥人，形成一股強大的政治力量。

齊襄王先是採取了拉攏策略，然後，「文卒，謚爲孟嘗君。諸子爭立，而齊、魏共滅薛。孟嘗絕嗣無後也。」

英明一世的孟嘗君肯定沒想到，自己居然落得斷子絕孫的下場，當初他毀了趙國一個縣，殺了數百名無辜的趙國百姓，這時報應來了。

若爲孟嘗君做個簡短評價，筆者綜觀其事蹟，覺得他是個管理的好領導，人格上的僞君子。

第 2 章

平原君：才能其實很一般

太史公説他「利令智昏，致使邯鄲幾乎覆亡」。宋代蘇轍則認為平原君僅僅為「一竊得名聲之人，不懂為國計慮」。筆者則認為，平原君趙勝不過就是個才能一般的佳公子。

1. 為士斬美人

為了挽回眾多賢士的心，平原君趙勝毅然殺了那位譏笑瘸子的美人，還親自捧著美人的頭顱給瘸子送去，致以誠摯的歉意。

趙勝（？—西元前二五三年），東周戰國時期趙國宗室大臣，趙武靈王之子，趙惠文王之弟，封於東武（今山東武城），號平原君，是戰國四公子之一。趙惠文王元年（西元前二九八年），趙勝擔任趙國總理（即相國一職），其後「三去相，三復位」，前後相趙共四十八年，歷經惠文王、孝成王兩朝。

太史公曰：「平原君，翩翩濁世之佳公子也。」

筆者倒不這麼認爲，太史公說他很有才，綜觀《史記．平原君虞卿列傳》全文，也許眞能感覺到趙勝之才，可惜是柴火的「柴」。

與孟嘗君田文相比，趙勝無論在政治生涯還是爲人處世上都遜色一分，但兩人有一個共同嗜好——養門客。

趙勝門下食客的數量絕對不低於孟嘗君，「賓客蓋至者數千人」，如此多的食客靠什麼吃飯呢？吃飯便得花錢，趙勝又是到哪去掙錢？能溫飽可是門客前來投靠的關鍵啊，他到底是怎麼解決的？

可惜這些《史記》都未記載，所以我們不知道趙勝的經濟來源究竟是什麼。相形之下，孟嘗君田文還是很有經濟頭腦，他的經濟來源主要是收租、放高利貸、還有朝廷俸祿。不過，趙勝有個嗜好是孟嘗君田文比不上的，他喜歡美女。

男人好色很正常，可一旦金屋藏了太多嬌，無異於埋下一顆炸彈，因爲有時候，女人撒嬌比撒野的破壞力還要大。

趙勝最美的美人住在別墅裡。在眾多姬妾中，不知她用何種手段哄得趙勝團團轉，住進平原君家的別墅，這裡象徵著權勢與美麗。

趙勝家的別墅金碧輝煌、雕樑畫棟，就是有一點不好，臨近民宅，外頭群眾的一舉一動能看得清清楚楚。有時趙勝很忙，美人只好站在樓頭幽怨歎息，妙目流波不經意間瞥向民宅，性命就這麼沒了。

人的命運，有時只因爲多看一眼多笑一聲而改變。

趙勝的美人看到什麼呢？她看到民宅中有個瘸子，外出打水一瘸一拐的，登時笑得很燦爛，從來沒有這麼開心過，還想把這事情告訴趙勝。

千金買一笑，自古以來博得美人一笑的人大有人在，能夠令她忍俊不禁的人算是幸運，換了別人也許暗自搖搖頭，也就算了，偏巧那打水的瘸子是個硬脾氣，認為美人是在譏笑自己，說得嚴重點，就是歧視殘疾人士。

「敢笑我？我要了妳的命！」身殘志堅的瘸子恨恨罵道。

第二天，瘸子一大清早找上門來，見到平原君趙勝便直接說道：「臣聞君之喜士，士不遠千里而至。小人不幸落得殘疾，昨天您的小妾在樓上笑我打水的樣子。您有權有勢，我一殘疾破落戶也不能怎麼樣，但我希望能得到她的首級。」

趙勝一聽，這不是精神病發作嗎？誰會因為這點破事去殺自己心愛的女人？真是荒唐！趙勝心裡想著，表面上不動聲色地點頭含笑，「好吧！你回去等著。」

瘸子又發洩一通後，才緩緩離開。見瘸子走遠，趙勝望著他的背影說：「觀此豎子，乃欲以一笑之故殺吾美人，不亦甚乎！」

翻譯成白話便是：這傢伙有病吧？竟因一笑而要我殺愛妾，也太過分了！

結果沒殺！趙勝沒殺愛妾的理由有兩點，「沒必要」以及「捨不得」。

常人眼中，這才多大點事兒，至於要殺要剮的嗎？瘸子也就是發發牢騷，找下心裡平衡罷了，所以沒必要殺。再者，趙勝之好色人所共知，姬妾成群，不可勝數，既然最美的美人才能住別墅，自然捨不得殺。

趙勝原以爲這事過些時日就會漸漸淡息，可一年後卻發現事態嚴重，門下食客竟走了一半。面對食客辭職離去的狀況，趙勝摸不著頭腦，問一個門客，「這是怎麼回事？我對他們都挺好的，爲什麼都走了？」

門客提醒他，「還記得一年前嗎？」

「一年前？什麼事？」

「你的小妾笑瘸子……」

這事兒趙勝早忘得一乾二淨，經人提醒，才恍然大悟，猛地意識到，美人保不住了！爲了挽回衆多賢士的心，平原君趙勝毅然殺死那位譏笑瘸子的美人，還親自捧著美人的頭顱給瘸子送去，並致以誠摯的歉意。

那時，賢士有限而女人很多，殺女人比殺豬般簡單，不知多少中國婦女用鮮血染紅歷史的半邊天。此舉果然奏效，原先離去的門客陸陸續續回來。

趙勝爲了挽回賢士的心，爲了自己的名譽，不惜背叛愛情，能說趙勝心狠嗎？不能，只能說人在江湖身不由己。

只是，趙國總理尚且不能保護自己的女人，還能保護國家嗎？

2. 毛遂自薦

無論從勇力還是文才上都很難再找一個出類拔萃的人，當時也沒有投票選舉，趙勝著實頭痛。正當他想放棄之際，有個人走了出來。

西元二六二年，秦趙爆發長平之戰。

這是歷史上一場相當著名的戰役，趙國在此戰中元氣大傷，四十萬將士陣亡，從此趙國一蹶不振，事情的起因是這麼回事——

趙孝成王四年，名將白起率領秦國大軍進攻韓國野王城。韓國戰事失利、節節敗退，眼看要擋不住秦軍的猛烈進攻，韓國中央政府決定，獻出上黨地區求和。

長期的戰爭歷史，有人總結出了一條歷史經驗——以和為貴，然而在弱肉強食的戰國中，處於劣勢的弱國根本沒有真正的和平可言，除了被打，只剩下挨揍，割地求和只是政府對軍事失利的延緩措施。

一場大戰可能能因割地而暫時偃旗息鼓，但更大的戰役還在後面。

守將馮亭不願降秦，但真正的戰場上誰也不能拿腦袋開玩笑，馮亭也一樣，他發揮了「打不過，找人幫你打」的優良傳統。

馮亭接到中央通知後，違背中央意見，擅自做主獻出上黨地區給趙國。

馮亭難道不知違反上級命令是死罪嗎？他當然知道，這麼做的目的是想「引趙抗秦」，為了掩飾自己目的，馮亭極盡誇張趙國得到上黨地區後的好處。

消息傳到趙國，朝野上下緊急集合，開會！

會議在熱烈而輕鬆的氣氛中進行，趙孝成王更是咧開大嘴樂壞了，上黨地區可是好大一片土地，好多稅收、好多油水，而且還是人家送的！

這等振奮人心的消息，孝成王不過走個形式，大家舉手表態，看應不應該接管，不用想一定是全數贊成，沒想到真有人反對。

平陽君趙豹。

趙豹認為，天下不會有免費的午餐，如果真的掉餡餅，可能是個大陷阱。

從時局上來看，上黨之地秦國志在必得，如果趙國接管此地，勢必變成韓國的保護傘，做了秦國的箭靶子。趙豹看出馮亭的險惡用心，斷然反對，事實也證明他的判斷完全正確，當然，這異議引起領導的不高興。

孝成王不悅，明擺著賺錢的買賣不去做，讓驢踢了吧你！又召來趙勝、趙禹等宗室大臣一同商討。

孝成王說：「你說，這上黨之地能不能接管，那可是韓國白送的。」

平原君趙勝思來想去，最後說了一句，「我看應該能拿。」

趙豹說話的分量遠不及趙勝，縱然堅決反對，依舊無法說服被餡餅敲昏頭的趙孝成王。就這樣，趙國接管韓國的上黨之地，事情正如平陽君趙豹所料，廉頗領兵駐守長平，引發長平之戰。

戰爭結果，趙國慘敗，上黨地區還沒得到，已經玩火燒身。

西元前二五七年，秦軍長驅直入包圍趙國都城邯鄲，看到秦軍圍困都城，趙孝成王傻眼了！平原君趙勝也傻眼了！唯今之計只有求救。

趙國臨時組成求救小組，趙勝任隊長，分別向楚國、魏國求救。信陵君魏無忌是趙勝的小舅子，託他給魏王捎個話兒好辦，都是親戚，然而楚國自己必須親自出訪。

「臨時求救小組」算上組長趙勝一共二十一人，也就是說他要在上千門客中選出文武雙全的人才共二十個。

好幾千賢士中選拔出二十人來，難度可想而知，就像現代的選秀節目一樣，得經過初試、海選、進階、決賽等階段，最後有十九個人在數千人中脫穎而出。

十九，這數字有些尷尬，預期編制是二十人，但無論從勇力還是文才上都很難再找一個出類拔萃的人，當時也沒有投票選舉，趙勝著實頭痛。

正當他想放棄之際，有個人走了出來，「不如讓我和你們一起去吧。」不經他人介紹，自告奮勇去做某項工作的行爲稱爲毛遂自薦，典故便是出於這個場景，走出來的人正是毛遂。

趙勝一看，好像見過，問他說：「你在我這兒幹幾年了？」

「三年。」毛遂回答得十分乾脆。

趙勝雙眉緊鎖，來此三年名不見經傳，同事也不誇獎，自己也沒聽過，這種人加入「臨時求救小組」？條件似乎不大符合。

歷史無數次證明了機會常常是留給有準備的人，毛遂在平原君門下沒沒無聞，準備三年，終於到他展露本事的時候。

趙勝毅然拒絕了他，拒絕他的理由很簡單——沒名氣！毛遂早料到會是這種結果，於是說道：「假如我被放在口袋裡，早就整個錐鋒都露出來。」

這句話有兩層意思，第一，我毛遂是個人才，只是缺少施展才華的機會；其次，也在諷刺趙勝有眼無珠，看不出來誰才是人才。

後來事實也證明，趙勝從數千人中選拔出的所謂「十九強」其實都是水貨。

趙勝無法回話，吐出一口氣，「那好吧！我們一起上路。」

3. 仗劍逼戰

趙勝驚呆，沒想到這個「十九強」之外的人才是真正強人，忽然明白，有才的人不一定都會有名氣。被恐嚇的楚王更是瞠目結舌，沒想到毛遂竟敢反身再進，滔滔不絕，一時間無言以對。

毛遂與趙勝等人前去楚國求救，官方辭彙叫「合縱盟約」，其實就是求救。「十九強」是通過正規途徑選拔出來，當然瞧不起毛遂，嘲諷譏笑都沒少了。毛遂也不在意，一路冒著槍林彈雨來到楚國，這裡才是看誰有本事的地方。

到了楚國王宮外，毛遂一改沉默，侃得山崩地裂，對國內形勢國際局勢瞭若指掌，此刻「十九強」才明白誰才是強人，徹底服了！

衆人在外面左等右等，始終不見平原君出來，急壞了。

趙勝與楚王訂立合縱盟約，直白地說是來搬援兵來了，言其利害，從早上一直談到中午，沒有結果。趙勝沒有孟嘗君田文之辯才，但既然能爲趙相四十八年之久，嘴皮子上的功夫當然了得。不過，從早上談到中午都沒結果。

大夥心下發急，不知此事究竟結果如何，倘若楚國不出兵，趙國危矣。

「十九強」這時顯示出他們的強項，暗暗慫恿毛遂，「先生上吧。」

毛遂點頭，「上就上，老子來也不是旅遊觀光的。」

他一路飛奔，提劍進了殿堂，對平原君說：「合縱不是『利』就是『害』，只兩句話，從早上談到中午還未決定下來，是何緣故？」

手提寶劍、疾言厲色的毛遂突然驚住楚王。楚王一愣，問道：「這誰呀？」

「這是我的隨從家臣。」平原君趙勝小心翼翼地說。

楚王見毛遂提劍上殿，又是個家臣，頓時火冒三丈，厲聲道：「滾下去！沒看見我和你主子談話嗎？哪有你插嘴的份兒？」

沒想到毛遂不但沒滾下去，反倒提劍大步上前，正色道：「大王敢喝斥我，不過是依仗楚國人多勢衆而已，現在你我相距十步，『十步殺一人』你是聽說過的，換句話說，大王的性命完全在我手中，卻還在我老闆面前斥責我？實在太不給我面子了！」

這是個赤裸裸的威脅，言下之意便是，大王又怎樣？想活命就最好放老實點！不然只要我一咳嗽，隨時會在你身上刺個透明的窟窿。

毛遂又繼續說道：「『湯以七十里之地稱霸天下，文王以百里之壤而使諸侯臣服，不是因爲他們兵多將廣，而是因爲他們善於掌握形勢、奮力揚威。如今楚國領土縱橫五千里，擁兵百萬，是稱霸的資本也。秦國白起不過毛小孩一個，居然就能把你們打得屁滾尿流，攻克郢都，燒毀夷陵，三戰辱祖，百世不解之仇，連趙王都感羞恥，可是大王卻不覺得羞愧。合縱盟約是為了楚國，不是為了趙國。」

這是在和楚王講理，「翻舊仇、揭老底」可是辯士忽悠別人的必修科目，毛遂運用得爐火純青。

「而且，在我領導面前，你為啥喝斥我？」最後，收場又再度扣回前題。

趙勝驚呆，沒想到這個「十九強」之外的人才是真正強人，忽然明白，有才的人不一定都會有名氣。被恐嚇的楚王更是瞠目結舌，沒想到毛遂竟敢反身再進，滔滔不絕，一時間無言以對，只得點頭稱是，「是是是，先生說得對。」

如果說楚王方才的怒火是燎原烈焰，毛遂這一番慷慨陳詞便像是滅火器，將楚王的那股囂張氣焰撲滅。他的態度急轉直下，變得和藹可親。

毛遂趁著聲勢逼問道：「你同意合縱盟約不？」

楚王被他氣勢嚇到，只得說道：「同意，同意！」

「那好，馬上飲血盟誓。」

飲血盟誓如同簽字畫押，這事兒就這麼定了！毛遂不辱使命，他成功了，趙勝也成功了，主僕二人相視一笑，一切盡在不言中，忽然發現原來世界可以更美。

4. 散財求死士

趙勝採納李同建議，將姬妾編進軍隊中，家財也全分給作戰士兵，此舉使趙軍士氣大振，同時募得死士三千，與秦軍決一死戰。

毛遂，在趙勝門下沒沒無聞三年，因爲自薦搭上「臨時求救小組」的末班車，被趙老闆勉強帶上。

雖然籍籍無名，卻在關鍵時刻促成楚趙合縱，從某種意義上講，是他挽救了趙國，同時，這也告訴我們一個眞理──會武不一定能打虎，沒名不一定就不行。

雖然達成楚趙合縱，楚國同意出兵，但戰爭還在繼續。

邯鄲告急！

毛遂發跡，傑出的表現得到趙老闆的肯定，回國之後被平原君拜爲上客，也就是所謂的高級員工。

毛遂雖然促成楚趙合縱，可是楚國派出的春申君卻遲遲不到，從地理位置上來看，至少得花好一段功夫。

另一方面的魏國信陵君奪取晉鄙大軍前往救趙，也還沒到。

平原君趙勝甚為憂慮，自己是一國宰相，絕不會做亡國奴，這也是衆多趙國人民的心願，可是眼下秦軍之犯究竟該怎麼抵擋才好？

外無援軍之師，內無拒敵之將，面對此種尷尬危機的境地平原君趙勝一籌莫展，眼看就要抵擋不住。

這時，李同站了出來。

李同與毛遂一樣都不是什麼名人，他爹只是邯鄲飯店的經理，此人卻是有志之士。

李同對趙勝說：「你想做亡國奴嗎？」

「當然不想。」趙勝憂心忡忡地說。

李同沉聲道：「你看看趙國現在，邯鄲百姓們拿人骨當柴火燒，交換孩子當飯吃，何其慘也！可是你趙勝位高權重，姬妾成群數以百計，穿的是綾羅綢緞，吃的是山珍海味，百姓們衣不遮體，飯都吃不飽，不覺得汗顏嗎？如果有朝一日秦軍破城，這一切你都將失去，假如趙國得以保全，這些又何愁沒有？」

李同慷慨陳詞說了一通，話裡有話，趙勝也不弱智，「你到底想要說什麼？」

「請把你的姬妾編到士兵隊伍中，分擔守城任務，散盡家財，發放給士兵。士兵們正當危急困苦之際，定會感恩戴德。」

李同的言下之意是能拖一天是一天，等待援軍到來解決邯鄲的危機。

經過提醒，趙勝恍然大悟，是啊！做爲一國總理，都城都被圍困，自己是該做點什麼才對。雖然趙勝才能平庸，但聽人勸是他的優點，單從這一點來看，春中君黃歇就遜色三分。所以，趙勝最後能平安終老，不像春中君落得被害死的下場。

趙勝採納李同建議，將姬妾編進軍隊中，家財也全分給作戰士兵，此舉使趙軍士氣大振，同時募得死士三千，與秦軍決一死戰。

三千死士，直衝秦軍，面對敵衆我寡而且兇悍異常的秦軍毫無懼意，士兵，就應該在戰場上找到屬於他們的榮譽。

秦軍面對僅僅三千的死士衝殺節節敗退，被擊退了三十里。

李同當然也在三千死士之中，他與戰友們兄弟們共存亡，戰死沙場，捍衛趙國尊嚴。

李同，一個沒沒無聞的人，關鍵時刻是他挽救趙國，爭取時間，使得楚魏援軍趕到，值得每個人的敬佩。

秦軍在楚國、魏國援軍趕來之際被迫撤退，邯鄲終於解圍。

李同的老爹，則因爲兒子作戰陣亡，由飯店經理變成「李侯」。

《史記》中對平原君做的傳，通篇讀來，會發現趙勝在其中只是條引線，更多篇幅都在記載他的門客，換句話說，他是那穿珍珠項鍊的細線。

門客當中，公孫龍便是一顆璀璨的珍珠。

當時趙國有個靠遊說起家的人叫虞卿（原名不詳，擔任趙國上卿，故史稱虞卿），虞卿看到趙勝的小舅子信陵君率兵解圍邯鄲，眼珠子一轉心生一計。

虞卿要以借信陵君解除邯鄲之圍爲藉口向趙王請求增加趙勝的封地。

原本這是一件好事，可是一個人看來其背後有險惡用心。

這人是趙勝門客公孫龍。

哲學系的同學都知道公孫龍，是春秋戰國時期著名的思想家，當時百家爭鳴，是一段思想激情燃燒的歲月，後世難以企及。

公孫龍即是名家的代表人物。

現在一提到名家，都會想到是某領域的專家，然而春秋戰國時期的名家，是以善於語言分析而著稱於世的思想流派。

「名」指的不是名氣，而是指事物的名稱及概念。

公孫龍，中國的柏拉圖，開闢了邏輯領域，打開邏輯學理論的一道曙光，著名理論是「白馬非馬」論。

5.「名」士

鄒衍是個出類拔萃的辯士，路過趙國時大肆批評公孫龍的理論為「詭辯」，有害正道，可惜歷史上沒有記載兩位頂尖高手的對決，真是一大遺憾。

故事發生在趙國馬匹染上流行病疫，臨近的秦國爲防瘟疫傳入國內，在函谷關口貼出告示，禁止趙國馬匹入關。

這天，正巧公孫龍騎著白馬來到函谷關。

關吏說：「你人可入關，但馬不能。」

公孫龍辯道：「白馬非馬，怎麼不可以過關？」

關吏說：「白馬是馬。」

公孫龍說：「我公孫龍就是龍嗎？」

關吏一愣，但仍堅持說：「按照規定，只要是趙國的馬就不能入關，管你是白馬還是黑馬。」

公孫龍微微一笑，道：「『馬』是指名稱而言，『白』是指顏色，名稱和顏色不是相同概念。『白馬』這個概念分開來就是『白』和『馬』或『馬』和『白』，是兩個不同的概念。比如說要馬，給黃馬或黑馬都可以，但是如果要白馬，給黑馬、給黃馬就不可以，由此證明『白馬』和『馬』不是同一回事！所以說白馬非馬。」

關吏越聽越迷糊，被這番高談闊論搞得暈頭轉向，不知該如何對答，只好讓公孫龍騎白馬過關。自此，公孫龍的《白馬論》名噪一時。

「白馬非馬」論在哲學或邏輯上有其學術性，但從平民角度來看，這所謂的「白馬非馬」不就是他娘的抬槓嗎？不過，春秋戰國是個自由年代，允許各種思想活動，這理論也就生存下來，還名噪一時。

公孫老夫子一看這玩意居然有市場，更加努力發揚，相繼提出「雞三足」、「火不熱」等略顯走火入魔的理論，如果放到現代，或許已進入了非正常人類研究中心去了。

公孫龍聞聽虞卿要爲趙勝請求封邑之事，找到趙勝詢問是否眞有此事。

趙勝說：「有啊！先生有什麼看法嗎？」

公孫龍是著名辯士，這類人通常以駁倒他人爲榮，好顯示自己高明，細思一下後便說道：「鄙人認爲不可以。」

「爲什麼？」趙勝不解地問道。

公孫龍展開如簧之舌，「趙王任君爲相，並非是你的才能是趙國獨一無二。劃出東武封賜給你，也不是因爲你做出什麼有功之事，只是因爲你們是親戚。」

公孫龍這話倒說得極爲準確，如果趙勝生在平常百姓家，才能一般的他根本無法位居高位。

「如今信陵君出兵解圍邯鄲，而您要求增加封邑，顯然很不合適。何況虞卿掌握著辦事成功與否的主動權，事成，他會向你要好處，事不成，他也會向你要人情。所以鄙人認爲此事不妥。」

趙勝聽公孫龍一說不無道理，立刻拒絕虞卿的建議。

公孫龍爲此得到重用厚待，可是早晚有一天，他也會有被駁倒的時候。

鄒衍，陰陽家代表人物，原來是學儒家的，後來「誤入歧途」專攻陰陽五行。

「陰陽」二字最早見於《易經》，「五行」則最早見於《尚書》。由此可見，陰陽五行本來是兩種理論，發展到戰國，以鄒衍爲首的陰陽家才將兩種理論合而爲一，出現「陰陽五行」學說。

這種思想應用在中國的中醫學、堪輿風水學等方面，影響極深，直到今天。

鄒衍是個出類拔萃的辯士，路過趙國時大肆批評公孫龍的理論爲「詭辯」，有害正道，可惜歷史上沒有記載兩位頂尖高手的對決，眞是一大遺憾。

在這場辯論中公孫龍輸了，搞陰陽五行的鄒衍棋高一著，竟使平原君趙勝辭退公孫龍。公孫龍離開平原君後，銷聲匿跡，名家後繼無人，邏輯思考學便猶如一顆璀璨流星耀眼地劃過中國思想界的夜空，消失無蹤。

回過頭來說趙勝，他在西元前二五一年去世，子孫世襲，在趙國滅亡同時斷絕。

歷史上對平原君趙勝的評價褒貶不一。

太史公說他「利令智昏，致使邯鄲幾乎覆亡」。宋代蘇轍則認爲平原君僅僅爲「一竊得名聲之人，不懂爲國計慮」。

筆者則認爲，平原君趙勝不過就是個才能一般，但出身良好的人，最大的優點是能聽進人勸，最大的弱點是沒主見。

相對的，同處亂世的春申君黃歇就是不懂聽取諫言，才會慘死刀下。

第 3 章

春申君：名利讓人頭暈目眩

已近古稀之年的黃歇權勢薰天，也學孟嘗君、平原君、信陵君三人養士，人數多達三千人，成為戰國四公子之首。

1. 求和信？

楚頃襄王以及滿朝文武將所有的希望寄託在黃歇身上，懷疑卻又期盼他能完成這艱困使命。幸虧臨危受命的黃歇並未辜負全國上下的期望，方式也很簡單，只寫了封信給秦昭王就搞定了。

西元前三〇二年，對於熊橫來說註定是不平凡的一年。

熊橫，楚國太子，像其他太子一樣，成了政治鬥爭的附庸品，被派到秦國當人質，失去自由，渴望家，渴望回國，不知多少次望著楚國的方向呆呆出神，然後黯然長歎。

想了很久，熊橫嘴角浮起一絲笑意，回家也並非不可能。

一天，他殺死秦國的看守大夫，歷盡千辛萬苦逃回楚國，很高興能重獲自由，在他眼中，風雨淒迷也是一種美。可熊橫不知，自他逃離秦國的那一刻開始，秦、楚兩國便扯破了臉，關係急劇惡化。

西元前二九九年，秦國伐楚，取八城。

在位的楚懷王如坐針氈，因爲兒子的出逃，導致不可收拾的局面，爲了保全兒子性命，自己得替兒子擦屁股，只好用老方法，會盟。

會盟未必起作用，但面對這種局面，也想不到其他更好的辦法了。

楚懷王前往與秦國會盟，沒想到強秦竟強行扣留楚懷王，幽禁起來。

楚懷王被扣留後，國中重臣明白老領導不可能再回來，於是推舉太子熊橫即位，爲楚頃襄王。

見熊橫登基，秦昭王笑了，他太瞭解小熊的性格，完全不把新王放在眼裡。

楚懷王在時，尚不能抵抗秦軍，何況是剛剛登基的小熊，人心不穩、威信不立，不趁此時攻楚，尚待何時？

秦國人舉進攻，大有一舉消滅楚國之心，派出秦國最驍勇善戰的將軍，「人屠」白起，是亂世中神鬼亦顫的名字。

白起領著軍隊，以迅雷不及掩耳之勢，奪下巫郡（今四川東部）、黔中郡（今湖南、四川、貴州交界地區）兩處。

西元前二七八年，白起毫不費力地攻破楚國都城，迫使楚頃襄王把都城向東遷往陳縣（今河南淮陽）。

年輕氣盛的楚頃襄王原先還抱著一絲希望，但在白起凌厲進攻下，希望殘忍地破滅，直到西元前二七二年，情勢變化。

這是秦楚兩國持續交戰的第二十六個年頭，楚國終於支持不住，無論從國力還是軍事來看，都已是強弩之末，無力抵抗來自秦國的軍事壓力，眼下只有求和這條路可走。

歷來求和都是有條件的，不是割地，就是賠款，當然，楚頃襄王兩樣都不想選，但又毫無選擇，更重要的是，誰能幫楚國談判求和？

放眼滿朝文武，唯有黃歇，這一年，他四十八歲。

黃歇因為知識淵博、辯才絕世，進入楚國中央政府，這麼多年來除了名聲響亮外，再無其他政績。

人到中年，也該成就一番自己的事業。

楚頃襄王以及滿朝文武將所有的希望寄託在黃歇身上，懷疑卻又期盼他能完成這艱困使命。幸虧臨危受命的黃歇並未辜負全國上下的期望，方式也很簡單，只寫了封信給秦昭王就搞定了。

黃歇的信寫得洋洋灑灑，足有千字餘，洞察時局，直陳利害，文采斐然、字字珠璣，好到字典上都找不到可以形容的辭彙。中心思想述說秦、楚乃亂世兩大強國，卻鷸蚌相爭，這樣一來便宜其他諸侯國，又指出秦國真正的威脅不在楚，而是接壤密切的其他諸侯國。

秦昭王看過，沉思良久，意味深長地說：「好。」一統天下的思路豁然開朗。看了黃歇寫的信，才知道什麼是坐井觀天，也才明白這麼多年來，自己一直在做無用功！

文章說得很明白，秦國的切膚之痛不在楚，而是其他接壤密切的諸侯國。

這不僅僅是一封求和信，在秦昭王眼裡，還是一封統一天下的企劃書，爽快地下令撤軍，但有個附屬條件——將楚國太子熊完送來秦國做人質，同時帶上黃歇。

兩人這一去，就是十年，中秋的月圓過十回，九月的秋菊也敗過十次。

在秦國，兩人過得戰戰兢兢，一如當年熊橫，好在太子熊完還有黃歇陪，有什麼風吹草動都不孤獨驚慌。

在這十年裡，他們建立起深厚的友誼，無關太子，也沒有屬下，彼此都只是人質，是難兄難弟的患難情誼。

黃歇在秦要做的事很多，其中結交秦國高層是一項重要工作。

在秦國的十年裡，黃歇一直努力維繫兩國關係，在兩國之間架起一座友好的橋樑。

范睢，秦國高層，與熊完關係密切，與黃歇交情也不錯，後來也成了黃歇的貴人。

2. 逃秦

秦昭王得知熊完出逃，異常震怒，但因愛惜黃歇的才華，隨意拋給他一柄寶劍，「你飲劍自絕吧！」正當性命懸於一線時，突然間，范雎說話了……

西元前二六三年，楚國傳來了一個不幸的消息——楚頃襄王病危。

太子熊完心情沉重，沉重不是因爲父親病危，皇室之間親情很淡，他擔心的是王位。此刻身在秦國做人質的熊完，沒有秦昭王的命令，不得擅自離開住所。

熊完擔憂，假如秦昭王不放他回國，一旦楚頃襄王去世，王室成員當中必然有人登上王位，自己這皇儲身份沒了，也失去在秦國當人質的意義。

身在他鄉的楚國太子熊完，望著楚國的方向不停長歎，沒有更好的辦法。

關鍵時刻，黃歇出面了，他覺得此事必得徵求秦昭王的同意，便透過范雎轉達他的意思。

秦昭王答應讓熊完的師傅先回去探查楚頃襄王的病情，其他的事回來再說。

「回來再說」，是種敷衍的官方用語，有拖延和反對的意思。

黃歇看得出來，秦昭王沒打算讓熊完回楚國。

「怎麼辦？」太子熊完擔憂問道。

楚頃襄王的病情日漸加重，說不定哪天就會掛了，時間變得尤爲重要，如果再晚一點，王位就是別人的。

王位關乎熊完的未來，也關乎黃歇的仕途。

正當熊完無計可施、長吁短歎之際，黃歇出了個主意。

「跑吧！這是最實際的辦法。只有逃出秦國，回到楚國，王位才有希望，否則你只能眼睜睜地看著自己從皇儲變成毫無價値的人。」

「那你怎麼辦？」熊完問道。

黃歇淡定地說：「不用管我，馬上逃回楚國，王位比什麼都重要，我自有安排。」

熊完眼裡含著淚花，趁著夜黑風高，膽顫心驚地一路逃回楚國。

黃歇一如往常，淡淡提點下人們說：「太子病了，閉門謝客。」

一天、兩天、三天……時間慢慢流逝，紙終於包不住火，東窗事發。

秦昭王得知熊完出逃，異常震怒，但因愛惜黃歇的才華，隨意拋給他一柄寶劍，「你飲劍自絕吧！」

正當性命懸於一線時，突然間，范雎說話了。

「大王此刻殺黃歇跟殺一頭豬其實沒區別，不過，熊完與黃歇是鐵哥們，即位後必然重用，不如讓他回去，以示我大秦親善。」

范雎這番話滴水不漏，表面上為黃歇求情，實際上有著深遠的政治目的，反正秦昭王不是老年癡呆，也沒必要把話說得太直接。

這言下之意是黃歇還有利用的價值，就算活著，也不會破壞秦國一統天下的計劃。如果黃歇被殺，熊完即位後念其感情，難免做出對秦不利的事來。

秦昭王迅速冷靜下來，也聽明白范雎的意思，沉吟片刻，下令送黃歇回國。

就這樣，黃歇在鬼門關轉了一圈，又保全性命，安全回到楚國。

黃歇歸楚三月後，楚頃襄王去世，熊完即位，史稱楚考烈王。

原本名聲顯赫卻一無作為的楚國高級公務員黃歇，臨危受命，以一紙信箋勸退秦軍，又在秦為質十年，關鍵時刻不惜「以身殉君」，至今還能活著回楚國，真是個奇蹟。

他的付出得到應有的回報。

3. 不孕的楚王

黃歇站了出來，一如當年幫助熊完從秦國出逃那般從容。他在貴族民間尋訪，求人算卦，保佑楚王得子，進獻的美女也是一個接一個，結果還是沒效。

楚考烈王元年（前二六二年），黃歇被任命為令尹（楚國總帥），封為春申君。五十八歲的春申君黃歇，躊躇滿志，激情已然沸騰，著手推行一連串政績。對外懷柔、對內安民，興修水利、疏通河道，政績顯赫，黃歇在諸侯中的威望無形中大增，衰弱的楚國為之一振，儼然變成另一番風貌。

任楚相第四年，秦、趙爆發著名的長平之戰，次年秦軍便已包圍趙國都城邯鄲。趙國向楚國求援，楚國派春申君帶兵前去救援。

任楚相第八年，楚國向北征伐，黃歇引兵滅掉魯國。

雖名相國，實際上春申君才是楚國真正的主人，國中沒有人在他之上，包括楚考烈王熊完。

已近古稀之年的黃歇權勢薰天，也學孟嘗君、平原君、信陵君三人養士，人數多達三千人，成為戰國四公子之首。

黃歇其實根本沒把幕僚們當一回事，也不指望他們做什麼事，只是為了裝點門面才養那麼多人而已。

有一年，趙國平原君派門客拜訪春申君，黃歇把人安排在上等客館。平原君的門客為了炫富，特意在頭上插上玳瑁簪子，亮出裝飾著珍珠寶玉的劍鞘，前去拜見春申君。光看這打扮一看就知道身份尊貴，雖然平原君名頭沒春申君響亮，但在這時能爭點面子也好啊！

沒想到春申君的門客竟然穿著珠寶做的鞋！

在這場較勁中，春申君贏得前所未有的面子，也意識到富貴是多麼美好重要的東西。

任相十四年，秦莊襄王立，以呂不韋為相，封為文信侯，取東周。

任相二十二年，空前強大的秦國大有一吞天下之心，各個諸侯國開始互訂盟約，準備聯合討伐秦國，同時讓楚考烈王擔任六國盟約的首腦，春申君責無旁貸地擔任「六國盟主」。

六國組成合縱聯軍，由黃歇任命龐暖為聯軍主帥，向西一路攻到函谷關（今河南靈寶境內），面對不利局面，秦傾全國之兵出關應戰，六國聯軍戰敗潰逃。

楚考烈王把作戰失利的罪責歸於春申君，開始冷落黃歇，與此同時，國內流言四起。誰也不是戰神，帶兵打仗哪有不失利的？黃歇回想一生的功績，面對如今的窘況，心裡很不是滋味。

這時，門客朱英站出來，開導多年的老同志，春申君的心理也寬慰許多。若是想重新得到楚王信任，必須要做一件事，還要做得很漂亮。

楚考烈王熊完有個男人的隱痛——得了不育症。做爲一國君王，一連好幾十年沒有子嗣，是多麼大的尷尬。雖然楚王對創造人類之事甚爲熱衷，可惜都沒結果，不得不唉聲歎氣，苦惱不已。

黃歇站了出來，一如當年幫助熊完從秦國出逃那般從容。他在貴族民間尋訪，求人算卦，保佑楚王得子，進獻的美女也是一個接一個，結果還是沒效。

正待黃歇束手無措，侍從李園看到機會來了，於是該出手時就出手。

李園，男，趙國人。眾所周知只要誰人能令楚王得子，必然平步青雲，飛黃騰達。不過，單單從楚王身上打主意那是不對的。

黃歇，楚國眞正的主人，只要打通他這一關，成功不難。

李園委身投到黃歇門下後，密切地觀望時局，黃歇進獻一個又一個的美女，可楚王照樣無子。

不久，李園請假回家，時間遠遠超過預期，回來後又向黃歇解釋延誤的原因，「齊王派使臣求娶我妹妹，我跟使臣飲酒，故延誤時間。」

黃歇問道：「他們訂婚了嗎？」

李園早料到他會有此一問，回答得很乾脆，「沒有。」

接下來，黃歇自是順想看一下李園的妹妹李嫣容貌如何。

李園的目的也是這個，他相信只要黃歇看上一眼，必然拜倒在李嫣石榴裙下，事實也如他所料，李園成功進獻妹妹給春申君。然而，此時老眼昏花的黃歇被美色迷惑，一心想著趁著年富力強，幹一番偉大的事業。

不久，李嫣懷孕。

滅門之禍就從這裡開始。

4. 滅門橫死

十七天後，楚考烈王駕崩。春申君奉旨進宮，才剛進入棘門，有名刺客突然出現，以職業的手法一刀結束他的性命——是李園事先埋伏的。

聽見李嫣懷孕，比黃歇更高興的人是李園，找了個空，與妹妹私下商議：「妹妹，春申君年老昏花，不知道哪天便作古，在黃家的日子未必好過，如今楚王無子，黃歇又權勢薰天，要是把妳獻給楚王，如果生個了男嬰。楚王一高興必然封妳為王后……」

這是一招徹底的「借腹生子」，黃歇拚老命努力，最後卻是讓別人坐享其成，被人家玩了一把。

李嫣找了個機會，對黃歇說道：「楚王尊重寵信您，即使兄弟也不如。如今您任楚國宰相已經二十多年，可大王沒有兒子，如果楚王壽終之後，改立兄弟為君，那麼便會使各自親信的人顯貴，您便會失寵。不僅如此，您身處尊位，執掌政事多年，著實得罪不少人，楚王兄弟果眞立爲國君，難保不對你下手。如何才能保住烏紗帽和這片大好的江東封地？」

經此提醒，黃歇豁然開朗。是啊！我怎麼沒有想到，假如楚王先我一步離去，我該怎辦？黃歇意識到問題的嚴重性，問道：「那該怎麼辦？」

李嫣笑說：「其實很簡單。現在我身懷六甲，別人不知，請把我進獻給楚王，上天保佑的話生個男嬰，那就等於你的兒子做了楚王，楚國亦爲你所有。」

黃歇見事到如今，既然是哥兒們，便當仁不讓，自己吃點虧，自告奮勇擔起這個重任，將李嫣進獻給楚考烈王熊完。

因爲是黃歇進獻的美女，楚王很是寵幸，不久後李嫣便生了一個男嬰，取名悍。

楚王笑開大嘴，在常人看來，做父親是自然的事，然而楚王爲了這個願望，足足努力一輩子，今天終於見到成效。替兒子取名時也有特殊意義，一個「悍」字，向全國人民證明我楚考烈王熊完十分強悍！

接著，大擺筵席，全國歡慶，封李嫣爲王后。大舅子李園也高升，同謀國政。

至此李園天衣無縫的計劃達成，沒有什麼比平步青雲，享受榮華富貴更加令人高興的。可是每次李園走路時，心裡深深惴慮，這一切來得不容易，富貴會不會如同過眼雲煙，稍縱即逝？現在楚王又病危……

不，我絕不讓這一切消失！

李園一凜，看來，只能除掉春申君。

李園爲了他另一項計劃暗暗豢養刺客，一切做得密不透風。然而，還是有人看出端倪。朱英，春申君門下一個很有遠見卓識的謀士，直覺告訴他，李園在不久的將來便會對黃歇下手。

朱英對黃歇說道：「世上有不期而至的福，也有不期而至的禍。如今處在生死無常的世上，奉事喜怒無常的君主，又怎麼能會沒有不期而至的人？」

黃歇本以爲是什麼高見，結果一聽，這什麼亂七八糟的東西啊？

「什麼是不期而至的福？」

朱英說：「您歷任楚相二十多年，雖名爲相，實際是楚國眞正的主人。假如楚王離世，您來輔佐年幼的君王，必然可建立像伊尹、周公一樣的功勳，這就是我說的不期而至的福。」

黃歇點點頭，又問道：「啥又是不期而至的禍呢？」

朱英沉聲道：「放眼楚國，如今最能威脅您的人是楚王的大舅子李園，而且他不掌軍事，家裡卻豢養著刺客，等到楚王離世，必然會搶先入宮，殺您滅口。」

黃歇聽後，微微一笑，暗想，李園這個人老實得很，性格又懦弱，怎麼可能有如此城府？朱英實在太過多慮。

黃歇也不反駁，詢問他的建議，「那麼接下來該怎麼辦？」

朱英自告奮勇地說：「我幫你殺了他，除去後患。」

黃歇笑了，覺得朱英的擔心純屬多餘，終於大笑道：「李園不過是楚王的大舅子，能奈我何？我執掌楚國二十多年，樹大根深，豈是他一個外戚能夠擺平的？」

朱英見此，明白自己諫言不受領導認同，知道大事不妙，只有跑路才能保全自己性命，二話不說地離開。

十七天後，楚考烈王駕崩。

春申君奉旨進宮，才剛進入棘門，有名刺客突然出現，以職業的手法一刀結束他的性命——是李園事先埋伏的。臨死之前，黃歇才明白朱英說得對，也終於看清李園眞正的嘴臉，可惜，一切都太晚了……

殺了黃歇，李園心裡還覺得不踏實，又下令滅盡春申君全家。

西元前二三七年，太子熊悍即位，史稱楚幽王。

李園取代黃歇，被任命爲楚國令尹。

第 4 章

信陵君：
熱血戰國俠客行

魏無忌率領五國聯軍，一舉擊潰秦國，進而乘勝追擊直到函谷關，把秦軍壓回函谷關之內。名動天下的魏無忌號召力前所未有，軍事才能也不容小看……秦王深深擔憂，決定來陰的！

1. 高深的隱士

後來，魏無忌才明白，那是侯嬴有意在試探他，經過此事，魏無忌民眾中得到了一個禮賢下士的好名聲。名聲，花多少錢有時也買不來。

西元前二七七年，魏昭王去世，魏圉（音同雨）繼承王位，是爲魏安釐王。孟嘗君田文自從逃到魏國後，擔任魏國總理十多年，實力雄厚、樹大根深，使才剛登基的魏安釐王甚爲忌憚，想來想去，做出一個非常高明的決策——封同父異母兄弟魏無忌於信陵（今河南寧陵），史稱信陵君。

到了西元前二七三年，秦昭王派遣白起進攻魏國，孟嘗君田文舉薦芒卯爲主帥，率領魏國軍隊與秦軍交戰。

白起在華陽大敗魏軍，斬獲魏軍十三萬人，芒卯戰敗而逃。

雖然魏軍打敗仗，但對安釐王來說，卻是削弱政敵的大好機會，他果斷地免去田文丞相之位，請他養老。

田文失勢後，許多人都改投信陵君門下，魏無忌漸漸取代田文的地位。然而，魏安釐王怎麼也沒想到，利用魏無忌牽制田文這一招，卻令自己難受一輩子。

魏無忌明白，想要在戰國中傲然挺立，沒有人才根本不行，受封後效仿田文、趙勝、黃歇等人，禮賢下士、廣招賓客，名聲遠播後，麾下食客最多曾達三千人。

魏無忌和其他三人較爲不同的地方是，他真心把門客當朋友，不是工具、擺設，更不是爲了裝點門面。

侯嬴，魏國著名隱士。

不管在哪一個朝代，隱士通常都沒有錢，侯嬴也不例外，他一個七十多歲的老頭，既無謀生的手藝，又沒有經濟實力。幸好還有份基層公務員職位——看門，職務全名爲「魏國都城大梁夷門守吏」，足以餬口。

人生七十古來稀，侯嬴沒有想要幹出一番轟轟烈烈的事業，只要每月拿點養老金，閒著沒事時，能和朋友們喝酒聊天就好。

事實上，他這年紀也不太可能出現第二春，不管哪一方面。

不過，當他看到魏無忌時，才發現原來自己也是個人才。

魏無忌帶著誠意找上侯嬴，出手大方，帶來的厚禮是侯嬴一輩子也買不起的禮物。

「在下魏無忌，聞聽老先生之賢，特來拜訪，小小禮物不成敬意，請您笑納。」

這不像是一個王公貴族的態度！侯嬴心裡思忖，聽說過魏無忌的名聲，今日一見，果眞名不虛傳。

公子魏無忌帶來的厚禮，羨煞在場所有人，他們瞠目結舌，視線久久沒能離開那份厚禮，心裡無比欣羨。

侯嬴看了看禮物，微笑說道：「多謝公子好意，小老兒不能收。」

所有人聞言一震，為兩個精神病人的對話感到驚愕。

侯嬴一個看大門的老頭，魏無忌是王公貴族，竟然屈身前來拜見送禮；而吃上頓沒下頓的老侯頭居然沒收下？這兩人肯定都瘋了！

被拒絕的魏無忌沒多說什麼，轉身離開。

這時，衆人回過神來，一個勁地直罵侯嬴老糊塗，天下居然有給錢還不要的人？

侯嬴只是笑著，輕輕搖頭不語。

不一會兒，魏無忌又來了。所有人再度一愣，信陵君這唱的是哪一齣？

魏無忌恭敬說道：「既然老先生不肯收下禮物，在下想請您到鄙府吃個家常便飯，如何？」

「好。」侯嬴俐落地答應，再不去就太不給人家面子，頓了頓又說道：「不過，我要先去趟菜市場看看朋友。」

「可以，我來替您趕車。」

魏無忌笑著坐到車夫位置上，一路來到菜市場。

朱亥，侯嬴的老朋友。名氣取得很有意境，朱亥朱亥，連豬都害怕，事實上他也是個殺豬的，非常適合當屠夫。

兩人張家長李家短地聊了好半天，引來圍觀的人不計其數。魏無忌恭恭敬敬地站在一旁，樣子彷彿是個循規蹈矩的僕人，一點都不像什麼王公貴族。

他可以等，但一旁的僕人們心裡開始紛紛臭罵侯嬴。

這老傢伙擺什麼譜？公子請你吃飯是看得起你，我靠！

直到侯嬴聊完，魏無忌還是那副恭恭敬敬的樣子，趕著馬車回府。

後來，魏無忌才明白，那是侯嬴有意在試探他，經過此事，信陵君從民眾中得到一個禮賢下士的好名聲。

名聲，有時花多少錢也買不來。

七十多歲的老侯頭，剛入門下，就給他帶來這麼大的禮物，果然是難得一見的賢士。

沒想到，侯嬴令他感動的事還在後頭。

2. 傾力救趙

魏無忌湊齊戰車一百多輛，打算帶著微薄的力量前去與秦軍死拼，此舉無異於以卵擊石、飛蛾撲火。一行人剛路經都城夷門之時，守門官吏侯嬴攔住了他們。

西元前二六二年，秦、趙爆發長平之戰，趙國戰敗，邯鄲告急，忙向魏國求救。魏安釐王想到唇亡齒寒的道理，如果趙國亡了，後果可是大大不妙，馬上派將軍晉鄙領兵十萬，前去解圍。

大軍浩浩蕩蕩開到前線，雙方一觸即發。消息不脛而走，傳到秦昭王耳朵裡，最高領導秦昭王迅速做出分析，寫了封信給魏安釐王。

信上說得很客氣，噓寒問暖，可是魏安釐王怎麼看，怎麼心驚——秦昭王只「提醒」魏安釐王，如果擅自動手，秦必會傾全國兵力攻魏，這絕對不是危言聳聽。

魏安釐王顫抖地看完信箋，秦國是惹不起的，趙國滅亡也是遲早的事，何必自找沒趣，下令魏軍駐守，觀望事態發展。

魏軍一停，趙國受不了。

平原君趙勝幾次催促未見效果，無奈之下只得向小舅子魏無忌求救，理由很簡單，邯鄲城破之日，就是你姐姐死亡之時，還是快來救救我們夫婦吧！

姐姐的性命是重要，但比這更重要的是保全魏國。

魏無忌冷靜地分析天下局勢，「今悉兵以臨趙，趙必亡。趙，魏之障也。趙亡，則魏且為之後。趙、魏，又楚、燕、齊諸國之障也，趙、魏亡，則楚、燕、齊諸國為之後。天下之勢，未有岌岌於此者也。故救趙者，亦以救魏，救一國者，亦以救六國也。」

結論很簡單，只有保全趙國，才能保全魏國、保全天下。

魏無忌將上述結論告知魏安釐王，然而不管怎麼說，最高領導就是按兵不動，兵符在他的手上，自己什麼都不能做。

魏無忌深深擔憂，為什麼大哥聽不進我的建議？

原因其實是一件小事。

當年，魏無忌與魏安釐王正在下棋，北方邊境傳來警報，說趙國發兵進犯，正準備進入魏國邊境。

魏安釐王馬上放下棋子，準備召集大臣商議對策。

魏無忌卻笑笑說：「大王勿急，此情報有假，並非是趙國進犯。」

驚恐不安的安釐王直唉聲嘆氣，無心再下，不久後又傳來消息，證實魏無忌的話。

安釐王大感驚詫，「你怎麼知道情報是假的？」

魏無忌如實相告，「因爲在我的門客中有能深入探聽趙王秘密的能人，可以隨時向我彙報趙王的行動。」

「原……原來是這樣啊。」安釐王深深憂懼，從此不敢放心將國事交予魏無忌處理，多年來戰戰兢兢地當國王。

公子魏無忌門客上千人，是一股不容小覷的力量，當中能人輩出，他名聲又遠播，就連平原君趙勝都來找他相救……

魏安釐王的心裡有種叫做嫉妒的東西作祟，凡只要是魏無忌提出的建議都不想聽，這一次也不例外。

魏無忌回到府邸，既然領導不發兵，只有我們親自上戰場了。

養兵千日，用兵一時，魏無忌湊齊戰車一百多輛，打算帶著微薄的力量前去與秦軍死拼，此舉無異於以卵擊石、飛蛾撲火。

一行人剛路經都城夷門之時，守門官吏侯嬴攔住了他們。

侯嬴知道這是信陵君的最後一招，但這哪裡是去打仗？分明是帶大家去送死！

魏無忌說：「老先生，跟我們一起去吧？」

「我不去。」侯嬴看出魏無忌不悅，補充道：「我不是貪生怕死，只是不會跟你們一起去送死。」

魏無忌也明白此行凶多吉少，聞言不由得長歎一聲，「魏王不發兵，我也不能眼睜睜看著趙國滅亡，事到如今只能這麼辦，先生有什麼高見嗎？」

「有。」侯嬴斬釘截鐵地說道。

魏無忌慌忙下馬，拜了三拜，「願聞老先生高見。」

「事情其實很簡單……」侯嬴娓娓道來，「想要晉鄙出兵，只要有兵符就行了。」

魏無忌心灰意冷，「這個我也知道，關鍵是兵符在魏王手裡啊！」

侯嬴解決了他的疑慮，「我知道公子曾對大王寵妃如姬有恩，爲她報了殺父之仇，就憑這一點，如姬必會幫忙。」

「好，就這麼辦！」魏無忌立時精神一振。

3. 何謂忠義？

魏無忌審時度勢，竊符殺將、保趙存魏，從歷史的宏觀角度看，的確可以算得上是一種顧全大局的精神，但這種事放在民間，就叫做吃裡扒外。

魏無忌找到如姬，把自己的要求和盤托出。如姬，一個知恩圖報的女人，爽快答應，並且效率極高，成功偷出兵符。

「現在是上路的時候了。」魏無忌對侯嬴說。

侯嬴說：「將在外，軍令有所不受，公子你要審時度勢，當機立斷。把他帶上。」

「誰？」

「朱亥。他是殺豬能手，力大非凡，殺個人不在話下。如果晉鄙聽從，那再好不過了。如果不從，就讓朱亥擊殺他。」

魏無忌聽後，竟突然哭了，哭得極爲傷心。

侯嬴低聲問道：「公子，你害怕了？」

魏無忌搖搖頭，「我哪是害怕？只是覺得可惜，晉鄙是魏國之將，也是不可多得的人才，實在不忍心對他下手……唉，不過，若是事態發展不妙，也只能犧牲他了。」

接著，魏無忌來到菜市場找到朱亥，說明來意，臉上有些不安，要知道那可是會掉腦袋的事兒！

「好！」朱亥一口乾脆答應，並且解釋說：「我只是個菜市場賣肉的賤民，公子王公貴族，屈身多次登門拜訪，之所以沒有回禮，是因為我認為小禮小節沒什麼用，如今見公子有難，正是臣效命之時。」

出發前，魏無忌特地感謝侯嬴的建議，要不是他出的主意，自己只能帶著人戰死沙場，更不用說什麼「救趙國，救天下」的事。侯嬴目光灼灼，眸子綻放著捨生取義的凜然目光，「我本該跟公子一起去，可是我年紀太大，心有餘而力不足。」

魏無忌點點頭，「這個我都知道，我不會怪你。」

侯嬴滄桑老臉上浮起一絲欣慰，望著前線鄴城的方向，沉聲道：「公子行到鄴城之日，便是我自刎之時，以此聊表對公子之忠心。」臉上毫無懼色，語氣堅定，誰都看得出那份捨生的堅決。

魏無忌眼睛霎時濕潤，心裡湧起一股暖流，又看了侯嬴最後一眼，接著揮手高喊，「出發！」火速前往前線，鄴城。看似老態龍鍾的侯嬴，血液流動著一種捨生取義的信念，言必行，行必果，待魏無忌與朱亥到鄴城那天，當即北面自盡。

另一邊，駐守鄴城的將軍晉鄙熱情地接待來人。

魏無忌說道：「大王派我接替將軍，有兵符在。」

身爲將軍的晉鄙經常看到兵符，知道這東西如假包換，然而不免懷疑，這命令太過倉促，也無事先通知，其中必然有問題。晉鄙狐疑地問道：「鄙人統帥十萬之師，駐守邊疆，事關國家命運，今天就公子你們前來接替，我懷疑其中有詐，恕難從命。」

話音剛落，晉鄙忽覺腦際「嗡」的一聲，接著一陣陣劇痛深入骨髓，隨後眼前一黑，再沒有見到光明。

朱亥，出手了，他以極其專業的殺豬手法，一榔頭削死魏國大將軍晉鄙。

此刻，一個普普通通的屠夫名字載入史冊，彪炳千秋。

魏無忌奪取兵權後，精選八萬士兵前進，與此同時，楚國也派出春申君黃歇救援趙國，在楚、魏、趙三國聯合下，一舉擊潰秦國，解除邯鄲之圍。

魏無忌審時度勢，竊符殺將、保趙存魏，從歷史的宏觀角度看，的確可以算得上是一種顧全大局的精神，但這種事放在民間，就叫做吃裡扒外。

趙國得救了，魏無忌卻從此回不了家。魏無忌明白，自己竊符殺將、欺君罔上，是不可饒恕的罪過，現在說什麼也不能回去魏國，只得暫時留在第二故鄉，趙國。

4. 憂憤以終老

魏王心裡那個叫做嫉妒的東西開始發作了，毫無理由地免去魏無忌上將軍之位。魏無忌非常鬱悶，明明是政治陰謀，大哥卻信以為真，自己為什麼要急巴巴地為這國家、這領導付出？

魏無忌領兵解圍邯鄲，是趙國的大恩人。

趙孝成王感激他的恩德，與平原君趙勝商議後，決定把五座城邑賞給信陵君。消息傳到魏無忌的耳朵裡，他心裡很高興，得意地想著，沒錯，自己是趙國的大恩人，沒有他，趙就會亡國，接受感激理所當然，當功臣的感覺眞好！

門客們對信陵君的驕傲自滿極爲反感，於是進言道：「別人對公子有恩，希望公子記住。然而公子對別人有恩，希望公子忘掉。況且假託魏王令，竊符殺將，對趙國來說雖是有功，對魏國來說卻是不忠。」

魏無忌聽後，忽然心下一寒，對啊！我怎麼忘了？對自己的祖國不忠，卻又拿這種不忠在他國邀功？豈不荒謬？魏無忌深深自責，暗罵自己吃裡扒外，眞不是東西，便在趙王的慶功會上，拒絕趙國的好意。

後來，魏王雖然赦免他的罪行，也承認那些封邑，不過，魏無忌還是留在趙國，一待就是十年。在這十年裡，魏無忌一如往常，禮賢下士、交好英傑，不知道從哪裡得到的消息，知道趙國有兩名賢人，可惜多次尋訪，都沒見到。

大隱隱於市，兩位趙國賢人都懂得這個道理，所以毛公混在賭徒中，薛公在飯店當服務員。幾經輾轉，公子魏無忌終於見到這兩個賢人，促膝長談，酣暢淋漓，大有相見恨晚之感。

王公貴族跟賭徒廝混在一起，引來他人閒言閒語，說得極爲不堪。

魏無忌的姐夫趙勝一聽極爲憤怒，對妻子說：「無忌一天到晚閒得沒事幹，居然跟賭徒和服務員混在一起？無知妄爲，豈有此理！」

消息傳到了小舅子那裡。

魏無忌一聽火了，憤而離開趙國，當初我竊符殺將，完全是衝著姐夫趙勝的賢德名聲而來，沒想到姐夫與人交往也看富貴，這樣的人還跟他扯啥呀？

消息又傳回姐夫那裡。

趙勝一聽，自慚形穢，急忙向小舅子請罪，事情也就過去了，然而趙勝不知道，此番風波，直接導致自己門客一部分轉投到魏無忌門下。

魏無忌接受道歉，安安心心地留在趙國。

然而，戰國是多事之秋，見魏無忌留趙十年不回魏國，秦國便伺機大舉進攻魏國。魏安釐王想到魏無忌，只有他回國才能拯救魏國，便派人去請，結果對方硬是不回來，還下了一道命令，誰敢給魏王使臣通信的，就地處死。魏安釐王焦頭爛額，實在想不出更好的辦法來，幸好關鍵時刻，有兩個人幫了他的忙。

毛公、薛公兩位賢人在和信陵君聊天時，正言勸說。

「公子所以在趙國受到尊重，名揚諸侯，是因爲以魏人的身份救趙之故。現在魏國危急之時，公子竟毫不顧念，假使秦國攻破大梁，把您先祖的宗廟夷平，公子還有何顏面苟活於世？」

經此一言，魏無忌終於明白，江山社稷遠比自己性命更重要，立即備車回到闊別已久的祖國。

西元前二四七年，魏無忌擔任魏國總指揮，通報天下後，各國知道是魏無忌擔任上將軍，紛紛派兵援魏。

看見了嗎？可見有名是多麼重要的一件事。

魏無忌率領五國聯軍，一舉擊潰秦國，進而乘勝追擊直到函谷關，把秦軍壓回函谷關之內。

名動天下的魏無忌號召力前所未有，軍事才能也不容小看，這使秦王深深擔憂，決定來陰的！

諸侯只聞魏公子，不聞魏王。公子亦欲因此時定南面稱王……

一次兩次還好，魏安釐王不會信，然而三人成虎，越來越多人這麼說，不由得安釐王不信，加上眼下情況也確是如此，魏無忌的名聲遠遠在魏王之上，才能也是魏王所不及。魏王心裡那個叫做嫉妒的東西開始發作了，毫無理由地免去魏無忌上將軍之位。

魏無忌非常鬱悶，明明是政治陰謀，大哥卻信以爲眞，自己爲什麼要急巴巴地爲這國家、這領導付出？

魏無忌看透了無才卻居於王位的安釐王後，他稱病不出，每日聲色犬馬，聊以撫平內心難以遣懷的憂憤，四年後去世。

十八年後，秦將王賁滅魏。

卷五

【玩刀的——亂世一名醫】

趙簡子出手很大方，家大業大，
這麼大個生產隊不在乎那兩根兒壟，
診金給了不老少，賜田地四萬畝。
名將，通常一戰成名，
名醫也一樣，一診成名。

又一章

扁鵲：科技以人為本

他在中醫學做出重大貢獻，影響深遠，千百年後的今天，我們都還在沿用他的方法，後世醫家尊其為祖師。有的人死了，他還活著，扁鵲永遠活在後世人民的心中……

1. 扁鵲這個名號

由於秦經理醫術高明，為百姓治好許多疾病，趙國的勞苦大眾們齊聲敬稱送他「扁鵲」。扁鵲，傳說是黃帝時代的名醫，從此秦越人便以這名字懸壺濟世，踏遍天下。

西元前四〇七年，中國歷史上誕生一位偉大的人物，姓秦名越人，另一個名字更爲眾人熟知，是後來的中醫學鼻祖——扁鵲。

扁鵲不像後世的李時珍是醫學世家，生在戰國時代的秦越人，朝不保夕，能混口飯吃就很不錯了。

不過，秦越人的家境在當時看來也算中產階級，在河北內邱（齊國勃海莫人，另說齊國渤海盧人，今濟南長清）某學校附近開了間旅店，供學生們方便住宿之用。

秦越人當上該旅店的經理，價格公道，童叟無欺，承蒙父老鄉親的照顧，生意還挺紅火的。

在沒有遇到長桑君之前，秦越人的想法和普通人一樣——掙錢娶妻，再生個娃，取名爲「秦超人」，把旅店生意作大，留給後代子孫一片殷實的家業，苟全性命於亂世，終老一生。

事實證明，不凡的人不可能永遠平凡，當然更重要的是，要碰到伯樂。

這一天，伯樂來了，他叫長桑君，長得仙風道骨、神俊非凡，一看便知不是普通人。

秦經理第一次見到長桑君時，便感覺這人不一般，別的服務員都不以爲然，只有秦經理對他恭敬有加。

一方面是出於客套禮貌，另一方面或許是種英雄相惜的情懷。

長桑君何等精明，也一眼看出秦經理不是普通人，一時內心激動不已，自己終於找到了傳人！

長桑君在秦經理的旅店長期投宿，成了老客戶之後，又從老客戶變成推心置腹的朋友，沒事聊聊天、喝喝酒，論論國際形勢，每次見面都會熱情地打招呼，每次離別也都依依不捨。

這時，秦越人唯一的目標是把旅店經營好，有錢了再開另一間，多賺些錢，娶妻生子。就在秦經理忙著爲經營之道苦思時，老朋友長桑君又來了，還吩咐廚下弄兩個大菜，說要跟秦經理痛快暢飲幾杯。

秦經理不知道這位老客戶葫蘆裡賣什麼藥，一臉疑惑地過去陪喝。

酒過三巡之後，長桑君竟嚴肅地說道：「秦老闆，我第一次見到你，就覺得你不是普通人。」

秦經理也很客氣，「哪裡！哪裡！大哥也不是凡人啊！」

長桑君正色道：「兄弟，我老了，沒幾天在世上。我有些秘方想留給你，你千萬不可洩漏出去。」

秦經理恭敬地說：「好！」

筆者想，這時扁鵲的心裡肯定極為矛盾，那旅店開了十餘年還沒倒，可見經營有道，要是得到長桑君的醫家秘方，就意味著自己可能要改行。

假如說他是十八歲開的旅店，經過十餘年的光景，現在也應該是奔三的人了，一個快要三十歲的人面臨著再就業的難題，可想而知其內心矛盾。

長桑君明白秦經理的猶疑，又從懷中拿出一種藥。

「用草木上的露水服下這種藥，三十天後，你就能知曉許多事，這藥可靈驗了……」

長桑君附在秦經理的耳邊低聲說，接著拿出全部秘方，都傳給了他。

這是戰國歲月中普普通通的一天，但是被後世記入中國醫學史後，就此成了極不平凡的一天。

長桑君喝下最後一杯酒後，驀地消失，蒸發在茫茫天地之間。秦經理目瞪口呆，忖道，這是天意，自己絕不能違背，要讓神仙傳下的醫術發揚光大。

秦越人先按照長桑君說的連續服藥，三十天後，竟能看見牆另一邊的人，之後診視別人的疾病時，也能看透五臟，這比核磁共振還厲害。

經過不斷學習，秦越人再無顧慮，終於整裝出發，開始了他走街奔巷、萍蹤江湖的醫療人生。從此中國少了一個旅店經理，多了一個醫家鼻祖，戰國萬里河川中每一寸土地，都曾留下他的光輝神蹟。

爲醫或在齊，或在趙。

秦經理幹一行專一行，刻苦鑽研、孜孜不倦，周遊列國，把醫療經驗用於衆生，爲民解除痛苦。由於秦經理醫術實在高明，爲百姓治好了多疾病，趙國的勞苦大衆們齊聲敬稱他「扁鵲」。

扁鵲，傳說是黃帝時代的名醫，從此秦越人便以這名字懸壺濟世，踏遍天下。

2. 一診成名

> 趙簡子出手很大方，家大業大，這麼大個生產隊不在乎那兩根兒韭，診金給了不老少，賜田地四萬畝。名將，通常一戰成名，名醫也一樣，一診成名。

從趙國出來後，秦越人以「扁鵲」一名懸壺濟世，行醫天下，不知治過多少病，也不知救過多少人。

經過幾年的走街竄巷，扁鵲小有名氣，但不足以譽滿天下，他渴望接到大活一展才華，可是總要有機會。

這一天，他來到晉國。

其時的晉國，政治形勢是大夫勢力強盛而國君力量衰弱。

這裡的「大夫」是種官職，不是醫生，西周以後先秦諸侯國中，在國君之下有卿、大夫、士三級，大夫世襲有封地。

趙簡子是大夫中的代表人物，當時大權在握，獨掌國事，說話比國家總統還大聲。

趙簡子（？—前四七六年），是中國春秋時期晉國趙氏的領袖，原名趙鞅，又名志父，亦稱趙孟。說到趙簡子可能有些陌生，他兒子你一定聽說過，就是趙襄子，刺客豫讓刺殺的那位仁兄。

趙簡子這位位高權重的大臣有突然病倒，可能因為國事操勞，也可能是因為輿論壓力，反正是病倒了，五天不省人事。

這一病倒嚇壞了他的大大夫、中大夫和小大夫們，出現了群龍無首的紛亂局面。大夫們如同熱鍋上的螞蟻，一時無措，想不起來什麼好的辦法，晉國的飯桶御醫也是兩眼抓瞎。

究然間，有個大夫說：「我認識一哥們叫扁鵲，看病挺厲害，不如把他召來看看？」大夫董安于擦擦額頭汗水，無奈歎道：「也只能如此了。」

扁鵲入視病，出。

董安于向扁鵲詢問趙簡子的病情。

扁鵲本來還以為是什麼疑難雜症，當下答道：「何必驚怪？趙老闆血脈十分正常，從前秦穆公也曾出現這種情形，昏迷七天才醒，醒來後告訴公孫枝和子輿，『我到天堂玩了七天，那裡非常快樂，之所以去那麼長時間，正好碰上天帝要指教我。天帝告訴我晉國將要大亂，會五代不安定，之後將有人成為霸主，稱霸不久，他就會死去。霸主的兒子將使你的國家男女淫亂。』公孫枝把這些話記下收藏起來，後來秦國的史書才記載此事。」

「晉獻公的混亂，晉文公的稱霸，及晉襄公打敗秦軍後在崤山放縱淫亂，這些都是你所聞知的。現在你們領導的病和他相同，我敢保證，不出三天他就會醒，醒來後也必定會說些奇妙的話。」

董安于等人將信將疑，惴惴不安，過了兩天半，趙簡子果然甦醒。

衆人驚嘆不已，名醫當眞厲害，幾日內醒來都能掐得這麼準，醫術之高，眞是匪夷所思。更匪夷所思的是，趙簡子告訴衆大夫，「適才我去天堂三日遊，天帝告訴我說：『晉國將會一代一代衰微下去，過了七代就會滅亡。秦國人將在范魁的西邊打敗周人，但也不能擁有他的政權。』」

董安于一聽，非同小可，扁鵲果然是神醫！急忙把領導的話記錄收藏起來，又把扁鵲說過的話告訴趙簡子。

趙簡子一聽，這分明是神醫轉世，便重賞扁鵲。

趙簡子出手很大方，家大業大，這麼大個生產隊不在乎那兩根兒蘢，診金給了不老少，賜田地四萬畝。

名將，通常一戰成名，名醫也一樣，一診成名，扁鵲的大名從此登上中國名醫榜。

3. 起死回生的醫術

救了虢國太子，扁鵲更是名聲大噪，因此天下人都認為扁鵲能起死回生。扁鵲卻笑笑，淡淡地說：「我不能使死人復活。」接著便離開了虢國。

扁鵲踏上新的旅程，名氣大了，慕名而來的人也就多了，有送禮的，有送錦旗的，也有拜師的。那年頭不需要讀醫學院，也不需要考取執業醫師資格，只要跟著老師混幾年，就能出師。

扁鵲收了九名弟子，都是中醫學的傳承者。

桃李滿天下，哪位老師都願意看到，扁鵲也不例外，半百之後，找你們這些不肖弟子都很好使。

扁鵲從晉國離開，來到虢國。

虢國是中國周代諸侯國名，東虢在今河南省鄭州市西北，西虢則在今陝西省寶雞縣東，後遷到今河南省陝縣東南。

扁鵲到了虢國覺得很不適應，這裡雖是彈丸小國，民風淳樸，也不至於吃不飽飯，爲什麼民衆個個哭喪著臉，好像死爹了一般？

一打聽後才知道，是比死爹還嚴重的大事——虢國太子暴斃。

扁鵲的直覺告訴他虢國太子暴斃，其中必有蹊蹺。

他率領弟子們來到虢國王宮門前，問一位喜好醫術的中庶子，「太子怎麼了？全國爲什麼這麼哀傷？」中庶子是官名，是戰國時國君、太子、或相國的侍從。

這位喜好醫術的中庶子很專業地說道：「太子病血氣不時，交錯而不得泄，暴發於外，則爲中害。精神不能止邪氣，邪氣蓄積而不得泄，是以陽緩而陰急，故暴厥而死。」

中醫學理論有陰陽、五行、運氣、藏象、經絡等理論組成，之所以博大精深，皆在其內涵哲學思想，這也正是中醫神秘的地方之一。

扁鵲追問：「什麼時候死的？」

中庶子答道：「從雞鳴到現在。」

「收殮了嗎？」

「還沒有。」

今日我們所熟知的望、聞、問、切診療方法，就是扁鵲開創的，當時扁鵲稱它們爲望色、聽聲、寫影和切脈。

扁鵲一聽，便憑藉多年的臨床經驗，下了斷言，「太子沒死。」

此言一出不單單是他的弟子驚愕，更驚詫的是那位中庶子。

中庶子驚愕半晌後，冷冷一笑道：「據我所知，上古時有個叫俞跗的神醫，治病不用湯劑、藥酒、砭石等辦法，一解開衣服診視，就知道病灶所在，再順著五臟，割開皮膚肌肉，疏通經脈，結紮筋腱，改變神情氣色。先生的醫術能如此？你以爲你是扁鵲嗎？」

扁鵲早知他會有此反應，淡淡地說：「在下不才，正是扁鵲。」

中庶子聞言，又愣了好半天。

良久，扁鵲才仰望天空歎息，「您說的那些方法如同以管窺天，實在不靠譜。病應見於大表，不出千里，決者至衆，不可曲止。小兄弟，我告訴你，不能只停留在一個角度看問題，你如果認爲我說得不對，可以試著進去診視太子，應會發現他耳有鳴響、鼻翼搧動，及下陰溫熱等情況。」

這一席話驚得中庶子目瞪口呆，飛也似地跑回宮中報告國君。

虢君聽後十分震驚，連忙走出內廷接見扁鵲。

他和千千萬萬的父親一樣，悲痛不已，親生兒子死了，中年喪子，焉能不悲痛？悲不能止，容貌變更，足可見父了情深。

扁鵲鎮靜地說：「太子得的病是人們所說的『屍厥』（類似今天的休克或者假死），能以術救之。」解釋完病情後，便命學生子陽在百會穴下針。

不多時，虢國太子得救了，他很幸運，因爲遇見了扁鵲。

扁鵲是他的再生父母，救命之恩，當湧泉相報，當恩人不幸遇害後，虢太子收其骨骸而葬之，墓位於今永濟市清華鎮東。

救了虢國太子，扁鵲更是名聲大噪，因此天下人都認爲扁鵲能起死回生。

扁鵲卻笑笑，淡淡地說：「我不能使死人復活。」

4. 名醫之死

派人護送扁鵲師徒出了咸陽城，李醯轉念又一想，扁鵲不走，自己太醫令難保，他早晚有一天還會回來搶我飯碗的，不如就……

「諱疾忌醫」的故事大家都知道，出自《韓非子》，寫的是神醫扁鵲發現蔡桓公身體有病，三番五次勸說蔡桓公治病的事。

蔡桓公固執地認為自己沒病，不聽扁鵲勸告，堅決不治療，結果最後病入膏肓時才想找扁鵲治病。

扁鵲知蔡桓公延誤了治療期，不可能再治好，於是逃向秦國。

不久，蔡桓公病死。

這個故事裡主角是蔡桓公，而《史記》原文卻是：「扁鵲過齊，齊桓侯客之。」問題來了，扁鵲到底見了誰？真是蔡桓公嗎？

戰國名醫扁鵲的生卒年是西元前四〇七年到前三一〇年，而蔡桓公的生卒年則是西元前七一四年到前六九五年，是春秋時蔡國第七代國君。

一個戰國人，一個春秋時期的人。兩者相差好幾百年，扁鵲總不能穿越時空去給蔡桓公看病吧？所以不可能是蔡桓公。

既然不是蔡桓公，那是不是齊桓公呢？

再把扁鵲生卒年套上齊桓公的生卒年（西元前六八五年至前六四三年，姜姓，名小白，春秋時齊國國君）來看，此事還是不可能發生。

既然他們都不是，那見的究竟是誰呢？

一旦有惑時，找回原始史料才是正途，看看《史記》原文自可明白，「扁鵲過齊，齊桓侯客之。」

人家太史公寫的是齊桓侯，可不是齊桓公，一字之差，相去甚遠。

那歷史上有沒有齊桓侯其人呢？有。

齊桓侯田午，戰國人，生於齊康公五年，田氏代齊以後的第三位齊國國君，生卒年也恰好與扁鵲吻合。

扁鵲本是齊國人，齊桓侯六年，扁鵲回齊替田午治病，但田午固執己見，諱疾忌醫，結果掛了。

所以扁鵲見的，應該是田齊桓公田午。

既然扁鵲見的是田齊桓公田午，那麼是韓非弄錯了嗎？

一種可能是韓非弄錯了。

韓非，（約西元前二八〇年——前二三三年）戰國末期唯物主義色彩的哲學家，法家思想的集大成者。人家是哲學家，還兼職作家，不是搞歷史研究的，是以沒有必要較眞，蘇軾不也在黃州赤壁寫下了千古名作嗎？

另一種可能是韓非並沒弄錯。

《喻老》篇裡這個故事來說明老子的「圖難於其易」的道理。因此，它只是寓言，而不是歷史，有可能在這寓言中，蔡桓公當時是田齊桓公的代稱。

不管怎樣，這段歷史說明了扁鵲醫術高超，聖人預知微，上醫治未病。行醫數十載，譽滿天下，醫生當到這個份上，夫復何求？

然而，水滿則溢、月滿則虧，已是耄耋之年的扁鵲或許不知道，秦國那裡正有一柄鋒芒畢露的人性尖刀對準自己。

秦武王病了，眼睛附近長個腫瘤，不得不推遲平定戰國諸雄的計劃，身體是革命的本錢，如果再讓太醫李醯治下去，遲早會被醫死。

「你們這群飯桶！都是幹啥吃的？」

本就性情暴躁的秦武王極爲憤怒，那些臣子見到都是唯唯諾諾。

更爲驚慌的是太醫令李醯，急忙修書一封，把扁鵲請來。

扁鵲進宮，傳說中暴戾的秦武王，已被病折磨得身骨憔悴，形神萎頹。

扁鵲看過病情後，淡淡道：「這種情況，只能做手術了，大王。」

秦武王沉默不語，群臣則是譁然。

「慢著，此疾長在近眼之處，萬一手術失敗，大王豈非耳不聰、目不明？」

太醫令李醯的擔憂有其必要，臉上一半懷疑，一半嘲弄，實在不相信扁鵲的能力。

扁鵲見狀，無奈地搖搖頭，轉身要走，秦武王急忙拉住扁鵲，溫和笑道，「先生勿走，寡人同意在手術協議書上簽字。」

秦武王貴爲君王，但他不是神仙，當然也怕死。

手術很成功，恢復健康的秦武王很感激扁鵲，想聘請他爲私人醫生。

「李醯醫術足矣。」扁鵲笑笑，不動聲色地說道：「天下百姓更需要我。」

在扁鵲心中，沒有君臣貴賤，所有病人一律平等，從來都不屬於某位君王，只屬於天下人。李醯雖然不服氣，但人家就是治好病了，就是比自己強，不得不向扁鵲道謝，派人護送扁鵲師徒出了咸陽城。

李醯轉念又一想，扁鵲不走，自己太醫令難保，他早晚有一天還會回來搶我飯碗的，不如就……

月黑風高的晚上，一柄尖刀直抵扁鵲的心窩。

一代名醫就這樣被同行刺殺了。

《史記》中對扁鵲的死僅僅只有「秦太醫令李醯自知技不如扁鵲也，使人刺殺之」短短二十個字，給人無限遐想空間，太史公的高明之處，令人折服。

問題來了，李醯爲什麼非要殺扁鵲不可？

同行相嫉，文人相輕，李醯的太醫令做得好好的，中醫學院士扁鵲來了，分明是搶飯碗嘛！縱然他沒這個意思，李醯可不那麼認爲。你搶了我的飯碗，以後還讓我怎麼混！現在市場競爭這麼激烈。

如果把這件事擴大來看，我們得出個結論：競爭無處不在。國人競爭的手段通常不是打價格戰，就是詆毀甚至殺害對方，古已有之，屢見不鮮。

記住扁鵲的同時，也要記住李醯，是他害了中醫祖師，秦武王不會放過他，天下人不會放過他，歷史更不會放過他。

扁鵲一生成就無數，也在醫療方式上立定經典。

首先，他創立了望、聞、問、切四診法，是非常了不起的貢獻，直到今天醫學界仍廣泛運用，不論中醫還是西醫。

‧全書完

《厚黑之王司馬懿》全新修訂 典藏版
天才權謀家司馬懿的人生大謀略！
司馬懿
The Great Chinese Strategist
吃三國
卷八
精采完結
皇圖霸業
三國名人無數，諸葛亮號稱智謀界第一把交椅，
運籌帷幄、喚人坑人樣樣都行，但司馬懿就是讓他搞不定；
曹操挾天子以令諸侯，行事狠辣多疑，是臉厚心黑的代表人物，
但他卻屢次被司馬懿耍得團團轉。
司馬懿有不下於諸葛亮的智商謀略，有不弱於曹操的厚黑狠心，
既會裝病裝窮裝弱，又會裝弱裝傻，暗中默默團結司馬家勢力，
最後篡奪三國成果！
且看新銳作家李浩白如何以全新角度出發，
深刻敘述厚黑之王司馬懿的人生大謀略！
李浩白 著

史記裡的那些怪咖：
春秋戰國篇

作　　者　趙家三郎
社　　長　陳維都
美術總監　黃聖文
編輯總監　王郡凌
出 版 者　普天出版社
新北市汐止區忠二街 6 巷 15 號
TEL / (02) 26435033 (代表號)
FAX / (02) 26486465
E-mail：asia.books@msa.hinet.net
http://www.popu.com.tw/
郵政劃撥 19091443 陳維都帳戶
總 經 銷　旭昇圖書有限公司
新北市中和區中山路二段 352 號 2F
TEL / (02) 22451480 (代表號)
FAX / (02) 22451479
E-mail：s1686688@ms31.hinet.net
法律顧問　西華律師事務所・黃憲男律師
電腦排版　巨新電腦排版有限公司
印製裝訂　久裕印刷事業有限公司
出 版 日　2023 年 12 月第 2 版第 1 刷
ISBN◉978-986-389-894-8　　條碼 9789863898948

國家圖書館出版品預行編目資料
史記裡的那些怪咖：春秋戰國篇
趙家三郎著. —第 2 版. —：新北市, 普天
2023.12 面； 公分. - (群星會；211)
ISBN◉978-986-389-894-8（平裝）

群星會
211